地铁隧道施工地层变形规律
及其灾害减控技术

任建喜　高丙丽　杨　锋　李　强　著

科学出版社

北　京

内 容 简 介

　　本书介绍城市地铁区间隧道施工诱发的地层与地表变形规律及其对地下管线、地面建(构)筑物等的影响规律与灾害减控技术，涉及相应的原理、方法及其在实际工程中的应用。

　　本书可供从事岩土工程设计、施工、科研等有关工作的人员及高等院校土木工程、城市地下空间工程、工程力学、工程地质等相关专业的师生参考。

图书在版编目（CIP）数据

地铁隧道施工地层变形规律及其灾害减控技术 / 任建喜等著. —北京：科学出版社，2024.1

　ISBN 978-7-03-075946-7

Ⅰ. ①地… Ⅱ. ①任… Ⅲ. ①地铁隧道–隧道施工–地层–变形–研究　Ⅳ. ①U231.3

中国国家版本馆 CIP 数据核字（2023）第 121009 号

责任编辑：牛宇锋 罗　娟 / 责任校对：任苗苗
责任印制：赵　博 / 封面设计：蓝正设计

科学出版社 出版
北京东黄城根北街 16 号
邮政编码：100717
http://www.sciencep.com
北京天宇星印刷厂印刷
科学出版社发行　各地新华书店经销

*

2024 年 1 月第　一　版　　开本：720×1000　1/16
2024 年 9 月第二次印刷　　印张：18 1/2
字数：357 000

定价：150.00 元
（如有印装质量问题，我社负责调换）

前　　言

城市地铁区间隧道施工诱发的地层与地表变形规律及其对地下管线、地面建(构)筑物、既有铁路公路的影响规律与灾害防控策略研究是地铁设计与施工人员关注的重要课题之一，开展相关的研究工作对于地铁区间隧道的安全施工具有重要的价值。

西安是我国首个在湿陷性黄土地层修建地铁的城市。西安地铁区间隧道设计和施工不仅要面临黄土的湿陷性问题，还要面临地裂缝的处置问题。另外，西安市文物密集，地铁设计和施工中如何保护既有明城墙、钟楼等文物是设计和施工遇到的又一重要技术问题。近年来，作者针对西安地铁区间隧道设计和施工中的上述问题开展了理论和实践研究工作，内容涉及地铁隧道施工诱发地表沉降主要影响因素、地铁隧道施工对地表变形影响规律理论分析、地铁隧道施工对邻近建(构)筑物影响风险评估、地铁隧道施工对已有管线变形影响规律理论分析、地铁隧道施工地层变形规律数值模拟研究，以及地铁隧道施工中管线变形控制技术、文物保护方法、盾构隧道合理施工参数确定等灾害减控技术研究。

本书的有关研究得到西安市地下铁道有限责任公司曹振教授级高级工程师、中铁十五局集团有限公司杨锋高级工程师的帮助，以及中铁第一勘察设计院集团有限公司杨智国教授级高级工程师的鼎力支持。西安科技大学谷拴成教授、郅彬副教授、张琨高级工程师、邓博团高级工程师对有关研究提出了有价值的建议，课题组成员张引合、李庆园、刘杰、冯超、张保圆等参与了相关理论和实验研究工作，在此表示衷心的感谢。最后感谢张海祥、杨聪聪、陈世豪、王常赢、黄钟琼、杜洁、闻浩、任博等硕士研究生在本书成书过程中给予的帮助。

本书的撰写分工是：任建喜撰写第1、2、3章，高丙丽撰写第4、6、8章，杨锋撰写第5章，李强撰写第7章及参考文献部分。

我国著名岩土力学专家、西安科技大学刘怀恒教授审阅了书稿，提出了许多建设性的修改意见。在此，向刘怀恒教授深表谢意。

本书引用了大量同行的文献，并列出了主要的参考文献，在此向列出文献著者和未及列出文献的国内外同仁表示衷心的感谢。由于作者水平有限，书中难免存在不足之处，敬请读者批评指正。

作　者
2023年9月于西安

目　　录

第1章 绪 论

1.1 概 述

城市地铁区间隧道施工诱发的地层与地表变形规律及其引起的地下管线、地面建筑物、桥梁、道路、铁路的安全问题一直是地铁设计与施工人员关心的重要课题之一。开展城市地铁隧道施工引起的地层变形特性及其对地面、地下既有建(构)筑物的影响规律研究对于地铁隧道安全施工具有重要价值。如何科学合理地预测隧道施工对地面、地下既有建(构)筑物的影响规律，提出技术可行且经济合理的控制策略来保证隧道施工期间既有建(构)筑物的安全运营十分必要，亟须开展地铁隧道施工地层变形规律及其灾害减控技术研究。

西安是我国首个在湿陷性黄土地层修建地铁的城市。由于黄土地层和西部地质构造环境条件的特殊性，西安地铁建设面临诸如地铁隧道穿越活动地裂缝带、湿陷性黄土地层和地铁施工与建设对钟楼、城墙等古建筑的影响等一系列重大工程地质和岩土工程问题，湿陷性黄土地层变形减控技术、地铁隧道安全穿越地裂缝技术和文物保护技术是影响西安地铁安全建设的三个关键技术问题。

西安市作为西北经济和文化的中心，高速的经济发展和城市化进程促进了地铁建设。西安地铁规划线路共23条，2006年9月29日，首建2号线试验段张家堡站，目前已开通了1号线、2号线、3号线、4号线、5号线、6号线、9号线、14号线、16号线、西户线，在建的有1号线三期、10号线一期、8号线和15号线一期。西安城区至今已先后出现了14条地裂缝，其活动时间之长、规模之大和危害之重，在国内外大城市中属罕见，相关理论和技术更是十分缺乏。其中，2号线从北到南共穿越10条地裂缝，1号线从东到西共穿越4条地裂缝，3号线从东到西共穿过8条地裂缝，4号线共穿越12条地裂缝。随着西安地铁建设的进行，地裂缝问题日益引起国内工程界和学术界的高度关注。图1.1为西安地裂缝及地铁分布图。

城市地铁修建的方法有很多种，如明挖法、盖挖法、暗挖法和盾构法等，但无论采用哪种方法施工，均会不可避免地对隧道周围岩土体产生扰动，扰动后的岩土体将产生固结与次固结变形，从而使隧道周围的地层产生变形。这种现象在含水的松软地层或其他不稳定地层中表现显著。承担设计和施工的工程师需要预测地表移动，以便估计邻近建筑是否存在过多的差异沉降(即同一结构体中，相邻

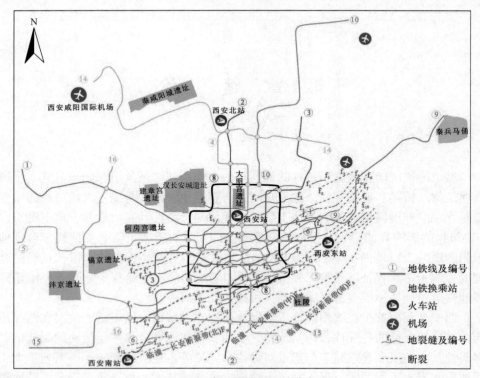

图 1.1　西安地裂缝及地铁分布图

两个基础沉降量的差值)。另外，城市地表以下地层中埋设的各式各样的管线，如满足日常生活用水所需的供水管线、排放各类生活污水和工业污水所需的污水管线、满足生产和生活用的煤气或天然气管线、排除城市积水的雨水管线等，这些管线是否安全运营与人们的生活密切相关。这些管线大部分沿着城市的主要道路或垂直于主要干道进行布置，而城市地铁也基本上沿着城市的主要干道进行布置，地铁施工会引起地层产生变形，由于地层岩土体的刚度和地下管线的刚度不同，两者抵抗变形的能力也是不一样的，管线的刚度大于地层的刚度，即管线的抗变形能力大于地层的抗变形能力，当地层变形大于管线变形时，会使管线处于悬空及上部地层下沉压力的复杂受力状态，这样很容易使管线发生折断破坏，而管线破坏将会产生严重的后果。例如，北京地铁复八线修建时发生了管线破裂从而引起大面积地面塌陷的安全事故；1999 年，广州地铁某区间段采用矿山法施工时发生了混凝土供水管突然爆裂的事故；北京地铁 10 号线修建过程中熊猫环岛基坑发生坍塌事故，导致工地内多条污水、自来水管线断裂或弯曲；2005 年，北京地铁 10 号线靠近农展桥一工地施工时，一根直径 300mm 的自来水管线发生爆裂，造成农展桥辅路塌陷；2013 年，西安地铁 3 号线修建过程中科技路—太白路区间自来水管线发生爆裂，受爆管影响，科技路路面发生塌陷，形成一个深七八米的大坑；等等。从西安地铁 1 号线、2 号线、3 号线、4 号线等施工经验来看，目前西安地铁施工采用的方法主要有盾构法和暗挖法，这两种施工方法虽然经过长期的工程实践，技术已相当成熟，但采用这两种方法施工仍会不可避免地对施工区域以外一定范围地层产生扰动作用，土体受到扰动后会产生沉降变形，当其变形量超过一定的范围时会对埋设在该地层中的地下管线产生影响。因此，在城市地铁施工过程中，如何科学地预测和控制盾构掘进引起的地层移动以保证地下和地面既有构筑物的安全，如何减小因地铁施工而产生的地层位移量以最大限度地保证地下管线处于安全运营状态十分重要，亟须开展地铁隧道施工地层变形规律及其灾害减控技术研究。

纵观国内外的研究现状，很多学者和工程技术人员都对这方面展开了深入的研究，并取得了一定的研究成果，但他们都是针对某一具体的工程或地区展开研究的，由于岩土工程是一个极其复杂的学科，而对于一个具体的工程项目，工程地质条件、工程水文条件、工程周围环境条件等是不可能完全相同的，这些条件的不同所引起的岩土工程问题也是不同的。西安作为一个古城，地下构筑物比较密集而复杂，特别是典型的黄土地区，目前国内外学者的研究还比较少，存在一些欠缺，因此还需要对该方面进行深入的研究。

本书以西安地铁 2 号线、3 号线地铁隧道工程为背景，采用现场调查、理论分析、室内试验、数值模拟、现场实践等手段相结合的方法，对地铁隧道施工引起的地表及建筑物沉降规律进行研究，提出地面建筑物的保护措施；同时对西安地铁施工对上覆既有地下管线的风险源、变形规律展开研究，在此基础上提出西安地铁施工地下管线安全保护技术措施，该研究可为西安地铁其他线路的施工提供技术支撑和参考，开展西安地铁区间隧道施工灾害发生机理与控制技术的研究具有重要的理论意义和工程价值。

1.2 地铁隧道施工对邻近建(构)筑物影响的研究概述

1.2.1 地铁隧道施工引起的地层变形研究

地铁隧道施工后其周围地层的变形量与地铁所处的地层条件、埋深、支护形式、开挖断面尺寸的大小和所采用的施工方法等因素有关。对地铁隧道施工引起的地层变形及其对管线的影响采用的研究方法主要有以下几种：经验法、解析法、数值分析法、模型试验法、半解析半数值法等。

1. 经验法

地铁隧道施工后地表变形呈现为一条沉降曲线，这一条曲线称为"沉降槽"。

Lee 等[1]提出了等效土体损失间隙参数 a，给出了土体损失量计算表达式。Mair 等[2]分析了大量工程实例后发现，在硬黏土地层中采用开胸开挖法修建隧道，则隧道施工后其地层损失率一般介于 1%～2%；如果采用闭胸开挖法施工，砂土地基中的隧道地层损失率小于 0.5%，软黏土中的隧道地层损失率则介于 1%～2%。侯学渊等[3]基于修正剑桥模型及毕奥固结分析法，提出了既能考虑施工间隙又能考虑固结因素的地表横向沉降槽 Peck 修正表达式；刘建航[4]在大量收集上海延安东路隧道施工地表实测沉降数据的基础上，对该地区地铁施工地表沉降曲线的分布规律进行研究，提出了"负地层损失"概念，并对 Peck 经验公式中用于预测地表纵向沉降的表达式进行了相应的修正。

2. 解析法

解析法不仅能够考虑地基地层的变形，还可将地基地层看作弹性体、弹塑性体或黏弹塑性体等介质来考虑，因此可以获得更为贴近实际的结果，可较为合理地解释地层位移机理。然而，这种研究方法比较复杂，因此只有对所求问题进行恰当的简化假定后，才能得到解析解。一般情况下，只有当所要研究的问题比较简单、边界条件比较理想时，才能得到解析解，否则很难得到。Sagaseta[5]采用绝对位移作为变量，分析了地面以下土体的应力场和位移场；在分析中，采用"虚像技术"考虑了顶部自由地表的存在对位移场和应力场的影响，并给出三维地表变形计算表达式，但该公式仅考虑了地层损失对地表变形的影响，忽略了施工方法等其他因素对地表变形的影响，因而该公式无法解释地表隆起等现象。Loganathan 等[6]在考虑地层损失系数的基础上，结合间隙参数相关概念，同时考虑隧道施工后土体向隧道内的变形呈现椭圆形变形的特点，给出了地层中任意一点土体的竖向位移和水平位移计算式。通过大量的试验验证可知，在单一的黏性土地层中，该解析法所预测的地表沉降值和地表水平位移值与实测结果一致。Mindlin[7]基于弹性力学基本原理，对埋设于弹性介质中的圆形隧道开挖问题进行研究，通过坐标变换，推导出开挖面处于自由状态和地表处于自由状态两种边界条件下的解析解。魏纲[8]在假定土体是均匀的线弹性半无限体，同时处于不排水固结状态的基础上，仅考虑施工期间隧道的变形情况，利用 Mindlin 位移解推导出顶管施工时正面附加推力、掘进机和后续管道与土体之间的摩擦力等因素所导致的土体变形三维计算公式。魏新江等[9]在半径为 a 的圆平面上建立了作用一锥形扰动荷载的简化模型，根据弹性半空间的布西内斯克(Boussinesq)解，推导出盾构隧道施工所引起的地表最大沉降量的计算简化公式。阳军生等[10]对 Litwiniszyn 提出的随机介质理论进行了完善，推导出了隧道开挖面和地表沉降变形的位移表达式。施成华等[11]基于随机介质理论，推导出各种隧道断面形状的土体开挖所引起的地层竖向位移、水平位移和地表弯曲曲率表达式。陈枫等[12]基于 Sagaseta 提出的地面沉降理论，并结合隧道工程施工具体情况，提出了模拟盾构推进过程中的三维地层损失概念，给出了地表变形计算解析式。

3. 数值分析法

Lee 等[13]基于自行开发的三维弹塑性有限元分析技术，模拟了软土地层中盾构施工时，盾构掘进及其所导致的地层损失，推导出非线性问题的求解步骤，提出了适用于三维隧道分析的弹塑性土体本构模型。孙钧等[14]基于有限元法，考虑了注浆量和盾尾空隙等因素所产生的地层损失对隧道变形的影响，分析了上海地铁交叠隧道盾构法施工的隧道变形问题。朱合华等[15]采用有限元法模拟了隧道开挖过程中施工工序、注浆加固、管片拼装等过程，模拟了均布与非均布两种条件下的注浆加固效果，并进行了对比分析。郭建峰等[16]运用数值模拟及现场监测的方法对石家庄地铁浅埋暗挖大断面隧道施工过程中引起的地表沉降变形规律进行了研究，结果表明采用双侧壁导坑法(9 导洞)能够将地表沉降控制在允许范围之内；在不同的施工步，地表沉降速率存在较大差异，在隧道的拱脚处塑性区较为发育，隧道两侧地表会出现拉伸破坏区。王忠昶等[17]运用 FLAC3D 软件对盾构双隧道同向先后施工过程进行三维精细数值模拟，在考虑土体的分层以及隧道施工过程中盾构推进、注浆和衬砌拼装等工序的前提下，分析了施工对于两隧道中心线和轴线附近地表不同方向地层变形的不良影响。

4. 模型试验法

Rowe 等[18]采用离心模型试验法研究了砂性土、黏性土中浅埋隧道施工后地表的沉降曲线理论解。马险峰等[19]采用离心模型试验法，对盾构隧道的地层损失进行了模拟，研究了地层损失与施工期及施工后地表沉降的关系。吴波等[20]基于离心模型试验法，对台阶法、交叉中隔墙法(cross diaphragm，CRD)两种不同施工方法中不同施工工序对隧道周围环境的变形影响进行了研究。

5. 半解析半数值法

易宏伟等[21]采用沿隧道横向引入解析函数，纵向、竖向离散的半解析方法，将隧道盾构施工对周围环境影响的三维问题进行了简化，即将其简化为二维问题，研究了隧道盾构施工对周围土体的扰动和地层移动问题。曾小清等[22]采用半解析半数值法，结合时变力学、黏弹塑性理论基本原理，提出了双线地铁隧道盾构法施工引起的地层位移半解析函数的构造方法，模拟了两平行隧道开挖面距离大小对地表变形的影响；研究表明，两隧道开挖面距离越小，其相互影响越大。方从启等[23]采用沿轴向离散而沿径向和环向引入解析函数的半解析方法，研究了软土地层中隧道顶管施工所引起的地层位移问题。施建勇等[24]基于竖向离散、轴向和横向解析的方法，研究了隧道施工引起的地层变形问题。Chen 等[25]结合解析解和简化边界元法研究了桩基在邻近隧道施工时的水平和竖向反应。曾晓清等[26]将系统工程方法与岩石力学常规理论和方法结合起来，对隧道围岩进行了稳定性分析。

6. 智能预测法

刘建航[27]通过总结研究成果，首次把专家系统运用于上海地铁 1 号线隧道施工引起的地表沉陷预估中，并与现场监测数据进行了对比；结果表明，该方法取得了较为满意的成果。刘宝琛[28]完善了随机介质理论，并将其运用于隧道施工后的地表沉降预估中。Shi 等[29]基于 BP 神经网络算法，研究了巴西利亚 6.5km 隧道盾构法施工所引起的地表沉降问题。孙钧等[30]对地铁隧道盾构法施工对周围地层变形的影响机理进行了研究，并采用人工智能神经网络算法对地表沉降变形进行了预测，论证了神经网络预测的可行性和实用性。王穗辉等[31]采用改进的 BP 神经网络算法和其他变形预估方法相结合的方法，对上海地铁 2 号线盾构法施工引起的地表变形趋势进行了预测，并进行现场监测；现场监测与预测曲线对比结果表明，改进的 BP 神经网络算法预测效果优于其他方法。安红刚等[32]通过遗传算法获得小样本进化神经网络，并对上海某盾构隧道的施工变形进行了合理的预测，表明预测精度较高。

1.2.2　地铁隧道施工管线变形及控制措施研究

随着城市地铁建设规模的不断扩大，很多地铁线路都直接下穿或旁穿城市管网，而地铁隧道施工时必然会对这些管网产生影响。在地铁隧道施工过程中，如何保证这些管网的安全运营是城市地铁设计和施工过程中必须认真考虑的一个技术课题，因此国内外的科技工作者都对该课题进行了大量的研究，并取得了一定的研究成果。

Attewell 等[33]通过研究发现，隧道施工引起的土体移动对管线的变形影响可根据隧道推进方向和管线的相对空间位置来确定。隧道掘进方向与管线延伸方向位置关系如何，对管线的变形有重要的影响。吴波等[34]运用 ANSYS 软件，采用弹塑性有限元建立了隧道施工对近邻管线影响的三维数值模拟，对地下管线的安全性进行预测并给出了评价标准。苏留锁[35]基于 Winkler 地基模型，研究了由不同隧道施工方法所引起的地层损失对其周围邻近管线的变形影响，总结了平行于隧道轴线和垂直于隧道轴线的地下管线变形、应变和转角等参数与地表最大沉降量的关系。吴小刚等[36]在考虑管土耦合作用、管道在动力作用下的非线性特性的基础上，研究了不同隧道埋深下管土耦合应力在各种典型工况下的变化规律。吴为义等[37]针对现有管周土压力计算方法的不足，基于上海轨道交通 7 号线新村路站—铜川路站区间隧道工程施工现场监测数据,提出了管底土压力分布计算模型,并推导出柔性接口管线的竖向位移计算解析解。叶跃平[38]在大量调查城市地下管线破坏资料的基础上,对管线的破坏原因进行了分析,得出管线破坏的原因主要有:①土体挤压;②土体变形;③不均匀沉降;并在此基础上提出了管线的保护措施。王霆等[39]发现,隧道施工引起的地层差异沉降是管线发生破坏的主要原因,管线的主要破坏形式有纵向弯矩引起的横向断裂和非刚性连接的管线接头张开等。吴贤国等[40]基于管线相对地铁结构的竖直距离和水平距离,将管线与地铁的邻近等级划分为五级,提出地铁施工诱发邻近管线安全风险等级,并提出相应的地下管线保护措施,通过武汉某隧道竖井基坑工程进行实际应用,达到较好的效果。毕继红等[41]采用 ABAQUS 有限元分析软件模拟隧道开挖对地下管线的影响;结果表明,管线周围土的性状、与双线隧道的相对位置,以及管线自身刚度、管径等不同,将对地下管线变形和内力产生较大影响。王绍君[42]对地铁暗挖过程中由于土体应力损失造成的既有管线结构性状影响展开研究,通过建立理想暗挖隧道模型,提出了通过分析地表沉降来控制地下管线变形及应变的有效方法。高丙丽等[43]基于 Winkler 弹性地基梁理论模型,分别推导出与隧道轴线平行和垂直情况下的刚性接口地下管线由隧道暗挖施工引起的变形计算公式。高丙丽等[44]基于模糊综合评判法确定了不同管线的风险等级,给出了不同安全风险等级的管线保护措施,建立了地铁施工邻近管线安全风险评估体系,为管线安全管理控制提供了可靠依据。乔世范等[45]系统总结了国内外隧道施工对地下管线影响的已有研究成果,从地下管线初始应力、接口模拟、失效模式、管土相互作用、控制标准、评估简化算法、离心模型试验,以及有限元数值分析等方面研究影响管线变形的主要因素,建立一套完整实用的管线安全性评估体系。吴为义等[37]采用弹性地基梁理论及管线-土-盾构相互耦合的 FLAC3D 数值方法,分析盾构隧道施工后,管线变形分布曲线与最大变形点位置等,与实测结果的比较表明,弹性地基梁法可用于估算管线的最大变形,FLAC3D 数值方法可较准确地模拟盾构隧道对管线的影响。李兴高等[46]在认识地层移动基本规律的基础上,提出了一种经验或半经验的基于变形控制的柔性管线的安全评价方法,可快速评估柔性管线的潜在损害,更好地应用于工程实践。魏纲等[47]基于 Winkler 弹性地基梁模型,建立连续管线应变与地表沉降关系式以及非连续管线接头转角与地表沉降关系式,建立一种通过测量地表沉降值即可判断管线安全性的方法;该方法将不易监测的管线状态转化为可见的地表沉降。吴波等[48]结合深圳地铁大剧院—科学馆区间隧道非降水施工对管线的影响问题,首先利用土工离心模型试验,模拟了隧道开挖对管线的影响,然后利用三维弹塑性有限元法模拟了隧道施工过程中管线的动态响应,给出了管线安全性的评价标准。朱叶艇等[49]采用相似物理模型试验研究盾构隧道开挖对上方垂直于隧道轴线的地下管线的影响;分析表明,隧道开挖对管线的影响范围随管隧距离的增大而减小，管线竖向变形曲线的反弯点位置随管隧垂直间距的增大而有所内移，管线刚度对管线竖向变形的影响相对较小。吴锋波等[50]对隧道工程地表沉降预测 Peck 公式进行了改进，建立了地下管线变形预测公式。

1.2.3　地铁隧道施工对邻近建筑物的变形影响规律研究

隧道开挖和掘进施工往往会造成建筑物一定的变形，这种变形影响规律研究始于 20 世纪 50 年代。Skempton 等[51]根据 95 个隧道工程实例的对比分析，认为地表位移曲线的曲率半径与建筑物结构是否出现裂缝有直接关系，一般来说，曲率半径越小则隧道上方建筑结构就越容易产生裂缝，其实质还是因为不均匀沉降。但是，实际工程中建筑物变形的曲率半径因无法量测而难以获得。因此，为了判断建筑物受损程度，将容易观测的建筑物边角变形作为判断依据。在隧道下穿建筑物群的地下工程中，评估隧道施工对邻近建筑物变形的安全影响程度的方法主要是经验法。例如，Mair 等[52]近似地将天然地表沉降值作为隧道邻近建筑物的竖向变形。Storer[53]假设隧道施工邻近建筑物基础符合完全柔性特性，并能够完全符合隧道拱顶上方的地表变形曲线，在此假设的基础上，探讨了隧道周围地层位移变化对邻近建筑物安全稳定的影响。考虑到深梁法无法适用于建筑物类型分析的缺陷，Finno 等[54]通过对大量建筑物变形机理的分析，得到墙体位移很大程度上受限于楼板这一影响规律，建议在分析隧道施工对邻近框架结构楼房位移时，可以把结构的剪切强度、结构变形后的挠度以及楼房的偏差比率三个变形指标综合起来作为建筑物有无受损的判据。为了研究隧道施工对邻近框架结构建筑物的变形影响规律，Mroueh 等[55]建立了有限元法计算模型，模拟过程严格按照实际工程的施工步骤；结果表明，建筑物位移与天然地表变形不相等，前者明显小于后者。Mroueh 等[56]建立三维数值计算模型，该模型分别考虑了建筑物存在与不存在的情况，并将两种计算结果分析比较，得出有建筑物的情况下地表变形更大的结论。任建喜等[57]以西安地铁 2 号线区间隧道下穿南门古城墙工程为依托，通过建立 FLAC3D 数值模型，比较真实地再现隧道开挖城墙变形过程及结果，对可能的 3 种施工方案进行了分析比较。根据预测结果制定了监测方案，建议的古城墙变形控制施工技术保证了隧道施工时引起的城墙和地表变形值处于安全值范围内。雷江松[58]依托某地铁区间隧道工程，采用数值模拟的方法，对注浆加固前和注浆加固后盾构掘进(先下洞后上洞)地下室底板沉降和承台沉降及桩基变形进行了分析；分析表明，重叠隧道在隧道开挖过程中应采取注浆加固等手段来控制各项变形指标，减小盾构开挖对建筑物的影响。王长虹等[59]利用 ANSYS 软件建立了三维非线性有限元模型，结合盾构隧道-地层-建筑物相互作用机理、经典地表沉降计算经验公式，以及有限元数值计算方法等综合手段，分析了控制地面沉降和建筑物力学状态变化的影响。贺美德等[60]采用有限元计算和现场监测相结合的方法，对新建隧道施工所引起的邻近高层建筑物的结构沉降、基础倾斜进行深入研究，并对盾构掘进过程中地表的沉降变形提出了有效的控制措施。张旭辉等[61]通过数值模拟与工程实测研究了在大直径盾构推进过程中施工参数的改变对周边敏感性建筑物的影响规律；研究得出，有效控制注浆浆体弹性模量、注浆压力以及盾构机推进力对邻近建筑物沉降有重要意义。姜忻良等[62]利用有限元软件ANSYS 10.0 建立三维非线性有限元模型，研究计算了盾构法地铁隧道穿越建筑物时对建筑物自身沉降和内力的影响，并就盾构隧道开挖对建筑物基础沉降、横向倾斜与纵向倾斜的影响提出有效的措施。张海彦等[63]采用理论分析、数值模拟、试验数据相结合的方法，研究了盾构隧道施工影响下邻近桥梁桩基的力学响应规律及风险控制指标。徐帮树等[64]在合肥市潜山路地铁车站的数值模拟计算中采用位移叠加法，把复杂的地铁基坑工程计算模型剖分为整体模型和一个局部模型，将整体模型计算的变形结果作为局部模型计算的初始位移场，在该基础上对局部模型进一步开挖以模拟基坑工程施工对邻近建筑物的影响。宋建等[65]根据沈阳地铁中街站大跨度隧道洞桩法开挖施工过程中引起地表沉降变形的现场跟踪监测数据，分析得出隧道开挖过程影响地表沉降变形的特征和规律。孔文涛等[66]基于厦门成功大道一期工程 JC3 标段的实测数据，分析了在不同隧道开挖方法条件下地表及地面建筑物的沉降规律，比较研究了建筑物沉降与邻近地表沉降之间的差异，探讨了地表沉降在有无建筑物情况下的区别；结果表明，采用不同隧道开挖方法，地表、建筑物的沉降规律也不相同，隧道开挖持续时间对地表、建筑物的沉降有较大影响，地表沉降除受到隧道开挖的影响外，毗邻建筑物对其约束作用也十分明显。于丹丹等[67]分析了地铁隧道施工对邻近建筑物的影响因素及建筑物本身抵抗变形的因素，对地铁施工引起的环境建筑物的风险进行评价；应用可变模糊集理论，建立了地铁施工区间多个邻近建筑物安全风险排序模型及邻近建筑物安全风险评估模型，对隧道施工引起的各邻近建筑物的安全风险进行了排序，并进一步评价了建筑物安全风险等级。孙曦源等[68]以北京地区 6 处地铁隧道下穿的砌体结构建筑物典型工程实例为依托，在对其基础实测变形资料进行详细分析的基础上总结了地铁隧道下穿施工对砌体结构建筑物基础沉降变形的影响规律。漆泰岳[69]采用 FLAC3D 软件建立了三维数值模型，对无或有建筑物条件下的地层和建筑物沉降特征进行了对比研究，揭示了建筑物与隧道不同空间位置的地层和建筑物的沉降特征，探讨了地铁隧道施工引起建筑物沉降的安全控制标准。黄龙湘等[70]归纳总结了国内外地层位移公式计算参数的确定经验；对建筑物损坏变形控制指标进行了总结，并考虑了建筑物易损性指数，对建筑物变形控制指标进行了修正；建立了隧道施工对建筑损坏风险的评估体系，针对建筑物损坏等级提出了相应的风险控制措施，将其运用于长株潭城际铁路隧道施工引起的建筑物损坏风险评估。孔恒等[71]基于层次分析法(analytic hierarchy process，AHP)建立了城市地铁工程邻近施工风险源重要性等级评价与控制模型，分析并确定了邻近施工风险源影响因素的相对重要性程度，提出了邻近既有线、邻近建(构)筑物及邻近管线施工的沉降控制指标值。漆泰岳等[72]基于 FLAC3D 软件建立了复杂断面隧道和建筑物的三维数值模型，以最优工法开挖隧道，预测了开挖引起的塑性破坏区，并提出有针对性的预加固措施，对地铁隧道开挖的环境控制有重要意义。

1.2.4　隧道工程施工安全风险评估及灾害防控技术

安全风险评估在隧道工程领域的应用是在 20 世纪 70 年代之后，国内外许多学者和工程技术人员对此开展了大量的研究，取得了一些重要成果。

Sturk 等[73]给出了地下工程风险评估与决策中可用的几种评估方法，有故障树法、危险和可操作性分析法、专家调查法等，并且应用故障树法对公路隧道风险进行了评估分析。黄宏伟[74]针对隧道及地下工程建设中的特点，对风险的定义、风险发生的机理、目前国内外研究进展、当前实施风险管理中存在的主要问题，以及风险管理研究的进展等进行了讨论。吴贤国等[75]根据武汉地铁工程实际经验，分析了地铁隧道施工邻近建筑物安全风险评估流程，基于建筑物与隧道的邻近等级划分、建筑物现状评价、隧道工程条件等因素，将地铁施工邻近建筑物安全风险等级划分为五级，提出了地铁施工邻近建筑物安全风险等级划分方法和标准，为对不同风险等级建筑物给出相应的控制标准和施工保护措施提供了依据。Reilly[76]将地下隧道工程的风险分为四类：人员受伤或死亡、财产和经济损失、项目造价增加、工期延误和造成不能满足设计使用，并提出隧道工程的建设过程是全面的风险管理和风险分担的过程。杨小伟等[77]采用灾害风险评估矩阵法结合专家调查法对某隧道盾构掘进段施工可能存在的风险进行了分析和评价，并根据评估结果提出了相应的风险对策和风险控制措施，以降低和控制盾构掘进段的施工风险。王岩等[78]分析了影响地铁区间隧道安全体系的各因素，建立了层次结构模型，得出影响因素对各评价目标的相对权重，并运用模糊综合评判法对整个安全体系进行了多层次的综合评估，建立了一套科学合理的地铁区间隧道安全评估方法。陈自海等[79]采用模糊层次分析法，对杭州某地铁盾构隧道施工进行了风险识别和风险估计，并在此基础上采用模糊综合评判法进行了风险评价，得出该地铁盾构隧道施工的风险等级，制定了相应的风险应对措施。苏洁等[80]针对地铁隧道施工对邻近既有桥梁的安全影响问题，建立了包含工前检测、工前评估、工中动态控制、工后评估及恢复四个方面的既有桥梁安全风险评估及控制体系，对隧道穿越施工风险控制达到预期的控制目标，实现了既有桥梁在地铁隧道施工过程中的安全运营。吴贤国等[81]针对地铁施工对邻近桥梁的安全影响问题，分析了地铁施工邻近桥梁安全风险管理流程,构建了地铁施工邻近桥梁安全风险管理体系，为不同风险等级的邻近桥梁安全管理控制提供了可靠依据，并提出相应风险等级的应对保护措施。李兴高等[82]借助区间分析理论估计建(构)筑物对于地铁施工的响应，通过两个指标可以按建(构)筑物受施工影响是否安全将风险事件分为三个等级，并建议了相应的应对措施。李俊松等[83]研究了地铁区间隧道邻近公路桥风险评估技术：首先，结合工程实际辨识出安全风险影响因素，建立了以安全为目标的风险评价指标体系；其次，引入层次分析法计算出指标体系各层因素的相对权重，判断出主要风险源；最后，从施工方法、工程措施和监控量测三个方面对大连地铁海高区间隧道邻近凌水河二号桥区段进行了专项设计。王晶等[84]以南京地铁 2 号线为例，具体分析了地铁隧道施工过程的风险因素，从成本和工期的角度对每一标段的风险进行了量化，并结合风险接受准则，提出了相应的风险应急措施，说明了风险管理在地铁隧道工程施工中的重要性。郑余朝等[85]将风险评估、数值模拟和工程设计结合起来形成反馈机制，首先采用安全风险层次-模糊综合评价法对工程进行了初步评估，然后采用数值模拟方法进行了施工模拟，得到主要风险源相关指标的预测值，并提出了系列控制措施，在此基础上，再一次采用安全风险模糊评估理论对工程进行了风险分析，提高了风险评估的准确性和合理性。侯艳娟等[86]在简要分析隧道开挖对建筑物影响机制及因素的基础上，对工程暗挖隧道穿越的 63 栋建筑物的查勘结果进行了详细分类，然后引入模糊数学综合评判方法，总结了主要作用因素，建立了隶属函数并选取不同权重，对建筑物风险的不同程度用模糊语言进行了评价，对施工风险分析与评估具有一定的指导和借鉴意义。

1.2.5 地铁隧道施工对周围环境影响的研究现状评价

1. 地铁施工对周围环境影响研究现状评价

纵观研究文献，国内外对于地铁施工对周围环境影响的研究方法主要有经验公式法、解析法、数值分析法、半解析半数值法、离心模型试验法等。每种方法有各自的优缺点，从目前的研究来看，更多场合是将不同的方法结合起来一起应用，这样可以取得更好的效果。虽然众多学者对此展开了深入的研究，并取得了重要的成果，但由于岩土工程具有复杂性的特点，在该问题上还存在一些值得研究的问题。

1) 经验公式法

经验公式法的优点：概念简单，思路明确，在工程实际运用时只要确定了公式中相关参数就能方便地预测出地表沉降槽曲线。该方法能够在一定程度上反映出地层性质、隧道埋深、断面尺寸等特点对沉陷的影响，在土质条件比较好、施工技术成熟、施工设备较为完善、且已有类似工程实测资料时，实践表明，现场量测结果与计算结果较为接近，具有很大的优越性。

虽然经验公式法具有众多优点，但也存在一些不足：①只能粗略地预测地铁施工后地表沉降槽的计算公式或沉降范围，计算结果与实测值偏差较大；同时，经验公式法无法反映出衬砌形式、衬砌刚度、施工条件和地层条件等对沉降曲线的影响。②地表沉降曲线的表达式需要通过估算地层损失率来确定，而该参数的确定具有较大的随意性，受隧道工程条件和施工参数等方面的影响，因此很难准确地确定。③只能反映出地表沉降槽的沉降曲线，而不能反映出地表以下地层的沉降曲线。

2) 解析法

从上述国内外研究现状来看，解析法得到的都是理论解，具有精度高、计算量小的特点，但其对边界条件限制较为复杂，只有在少数简单边界条件下可以得到解析解，因此其求解范围有限，实际工程运用并不是很多。

3) 数值分析法

常见的数值分析法有二维数值模拟法和三维数值模拟法两种，二维数值模拟建模简单方便，数值模拟计算量小，可以在一定程度上反映土体性质、施工参数对地层位移的影响。但二维数值模拟法也存在一些局限性：①横剖面模型沿着垂直于地铁线路的断面逐一进行剖切，每个剖切面上的实际工况各不相同，因此需要根据研究者的经验判断采取相应的加载方式，同时如何加入一些能够反映土体三维损失和工艺等的经验参数也是一个重要的问题，这样就增加了分析中的人为臆断性。②纵剖面模型的模拟更为适合沿隧道轴线很长的地铁结构。因此，二维数值模拟也存在不少缺点。

三维数值模拟去除了上述二维数值模拟的局限性，能够反映出地铁隧道施工导致的地层三维方向的真实位移情况，能够综合反映出地铁施工的部分过程。但三维数值模拟建模比较复杂，同时也存在一些问题：①考虑的因素还不够全面。②对于一些具体因素的模拟还不够合理，如开挖面卸荷、千斤顶推力等。③对衬砌结构的受力分析还有待加强。

4) 半解析半数值法

半解析半数值法是在处理三维问题时，通过在一个或两个方向上采用解析函数，可以降低离散方向维数，降低计算工作量。半解析半数值法在某种程度上既保留了纯解析的优点，也保留了纯数值的优点，避免了两种方法的缺点，能够提高求解问题的适用范围。但也存在一定的缺陷：①对几何形状的适应性、程序的统一性较差，不如有限元法、FLAC 数值方法等灵活。②解析函数的选择直接关系到计算结果的精度和能否计算成功，同时半解析半数值法的单元劲度矩阵随着解析函数的项数增加而急剧增大，项数越多，越趋于收敛值，因此对解析函数的选取有较高的要求，且边界条件也存在很多假设，运用范围具有一定的局限性。

5) 离心模型试验法

通过离心模型试验，可以模拟隧道施工引起的地层变形机理，以及各施工因素对地层变形影响的大小，可以在施工前进行模拟，预测施工后隧道、地层等的变形情况，因此离心模型试验在岩土工程中具有重要的理论意义。但其试验方法复杂、费用昂贵，同时难以模拟精确的实际工程地质条件和施工参数，且得到的信息有限，因此该方法也仅在某些重要工程中采用。

2. 地铁施工对邻近管线变形影响研究现状评价

地铁施工如何保证地下管线的安全是城市地铁修建过程中的重要技术问题，国内外很多学者和工程技术人员都对此展开了研究，从国内外研究成果来看，主要是从管土相互作用、管线变形预测、管线变形控制标准等方面进行研究，虽然取得了一定的成果，但地下工程是一个非常复杂的学科，地下管网也是十分复杂的，因此还存在一些不足，主要体现在以下几个方面。

1) 地下管线材料多样化

城市地下管线的材料各不相同，有铸铁管、钢管、混凝土管、陶瓷管等，不同的管线材料对抵抗破坏的能力各不相同，即使是同一种材料经过不同时间的使用也会出现老化现象，抵抗变形能力发生衰减，这使研究变形更为复杂。

2) 地下管线位置难以准确确定

埋设在地层中的地下管线，其埋深不是固定不变的，而是随着管线的走向而发生变化，同时地铁线路的埋深也是变化的，这使得管线与隧道之间的相对位置是变化的。管线与隧道的距离不同，隧道施工对管线变形的影响也不同，制定的保护措施也是不一样的，这就增加了研究的难度。

3) 缺少黄土地区地铁施工对管线影响的研究

地层条件的好坏也是影响地下管线变形的一个重要因素，目前国内外学者对管线的研究主要还是以某一特定的工程背景来进行的，而现有的研究针对西安黄土地区的成果还很少，使得工程上可借鉴的成果很少，很有必要对该问题展开研究。

4) 缺乏对复杂工程环境的研究

西安作为一个历史古城，地面建筑物密集，地下管网也十分复杂，地面交通拥挤，施工环境很复杂，同时西安还存在地裂缝，目前对于过地裂缝施工对管线变形影响的研究非常少，而西安就有过地裂缝施工的情况，因此对这方面展开研究具有重要的意义。

3. 地铁施工对邻近建筑物变形影响研究现状评价

上述相关科研成果均是基于数值分析软件做的相应研究，为解决隧道开挖引起地面建筑物的变形这一问题提供了有力的支持，但这些研究都是基于某一工程实例的模拟，因此结果往往不具有普遍意义，难以直接推及其他工程。此外，模拟隧道、地层、结构三者相互作用的问题需要对相关的计算软件很精通才能做到，这也是数值分析法没办法得到普遍应用所存在的局限性之一。

综上所述，目前数值分析对天然地层的位移预测尚未取得令人满意的成果，若再加上考虑复杂的各类建筑结构的影响，无疑很难得到符合实际的结果，其工程实用价值也就具有局限性。

总体来说，目前对于由地下开挖引起的建筑物变形还缺乏有效而实用的分析方法。现有主要的手段是进行数值模拟。这虽然是一个可以充分考虑隧道-地基-建筑物之间复杂相互作用的较为先进的方法，但是对复杂施工过程的模拟、结构的模拟以及地层参数的选取等仍有很多不确定性。另外，也存在前面所提到的模拟工作量大的问题。因此，充分利用现有的实测资料，提出一种类似 Peck 公式那样的经验公式作为工程中初步快速分析的手段，具有明显的工程价值和现实意义。

4. 隧道工程施工安全风险评估及灾害防控技术研究现状评价

基于以上国内外关于工程风险研究及风险控制技术措施的研究分析可以看出，地下工程安全风险的研究处于不断探索的发展过程中，尚存在以下主要问题。

1) 对地铁隧道施工安全风险的重视程度不高

一方面，由于地铁隧道项目在规划和设计阶段属于项目的实施准备阶段，其安全风险只能在施工或运营阶段才能形成安全风险事故，容易被视为施工或运营过程所产生的安全风险事故。因此，规划或设计过程的安全风险容易被忽视；另一方面，项目建设的各个阶段，某些阶段带有固有风险，但大部分是相互关联的。前一阶段的风险在没有得到有效规避的情况下即延续到下一阶段，形成难以处理的风险事故。因此，在充分认识项目建设各个阶段风险关联性的同时，通过有效的风险辨识查出安全风险因素并在相应的阶段进行有效规避至关重要。但大量的地铁隧道施工安全事故表明，人们对地铁隧道施工安全风险的重视程度不高，安全意识有待进一步加强。

2) 地铁隧道施工阶段安全风险评估的合理性不够

由于其组成及结构信息不完全，赋存环境的温度、水、压力信息不完全、作用荷载的大小及过渡过程和历时信息不完全(包括支护体与围岩相互作用关系、岩石的时间效应及流变)等，地铁隧道的施工过程实际上是一个信息部分明确、部分不明确的灰色系统，其结构处在一个极为复杂的物理环境中，在不同规模的地质运动中发生变质或破坏，使得影响隧道结构体稳定性的指标具有相当程度的随机性和模糊性，简单的数学模型不能正确反映围岩的稳定状况，传统的以二值逻辑为基础、以"精确概念"及"精确问题"为研究对象和内容的精确数学对此得出的定量风险分析并不精确，其结果的客观合理性不能满足安全施工的要求。

3) 缺乏对黄土地层下地铁隧道施工的安全风险分析

一方面，西安地区分布着广阔的黄土，作为一种特殊土，黄土具有与一般粉土和黏性土不同的特性，主要是具有大孔隙和湿陷性。在自然界用肉眼即可见土中具有大孔隙，在一定压力作用下浸水后，黄土的结构会迅速破坏，强度显著降低，并发生显著的湿陷；另一方面，建筑物是一个地基基础与上部结构密切作用的整体，对外界变形影响敏感，与其他地区不同，湿陷性黄土地区建筑物在结构上更具有复杂性和特殊性，对地表变形更加敏感，破坏机制更加复杂，一旦发生破坏将严重威胁人民生命财产安全。西安拥有大量年代久远的国家珍贵古建筑，其基础埋藏大多较浅。西安地铁隧道施工不可避免地会遇到穿越既有建(构)筑物的情况，穿越既有建(构)筑物的安全是决定整个施工环境安全和地铁工程顺利施工的关键。

4) 缺乏对黄土地层下地铁隧道施工风险控制技术的研究

作为黄土地区首批开建的地铁隧道工程，针对其规划、设计及施工过程中各种风险的有效控制措施尚需进一步修正、完善和补充，以对西安地铁施工形成完整的系统理论指导和技术支撑。

1.3 本书主要内容

本书以西安地铁 2 号线、3 号线有关区间隧道工程为依托，采用理论分析、数值模拟和现场监测相结合的方法开展研究工作。主要包括以下研究内容。

(1) 西安地铁区间隧道施工引起地表沉降的主要影响因素。

(2) 西安地铁隧道施工引起地表沉降的机理，基于地表沉降实测数据分析及 Peck 经验公式拟合研究，提出可用于西安地铁区间隧道盾构施工诱发的地表沉降预测的修正 Peck 公式，同时开展盾构隧道施工过程的地表变形规律半解析半数值法研究。

(3) 采用层次分析法以及模糊综合评价方法，建立适合西安地铁盾构隧道施工对邻近建筑物安全影响的等级评估体系，确定盾构隧道施工邻近建筑物安全影响等级的评估标准，提出盾构施工引起邻近建筑物变形的控制标准。

(4) 基于 Winkler 弹性地基梁理论模型分别对盾构施工和暗挖施工、管线轴线与隧道轴线平行和垂直、刚性接口管线和柔性接口管线等不同情况下开挖隧道引起的管线沉降、弯矩和转角等进行计算分析，揭示地铁隧道施工对既有管线变形的影响规律。

(5) 基于 FLAC 数值模拟分析方法，开展地铁区间隧道盾构施工引起的地表及邻近建筑物变形规律、地铁隧道盾构施工和矿山法施工对既有管线的变形影响规律研究。

(6) 提出地表沉降控制标准及地铁隧道引起邻近建(构)筑物变形的减控技术，并提出各破坏等级的管线变形控制标准，给出不同风险等级对应的管线保护措施。

第2章 地铁隧道施工诱发地表沉降主要影响因素

地铁隧道开挖是在复杂的岩土体中进行的，无论采用矿山法、盾构法还是明挖法，均会不可避免地对隧道周围岩土体产生扰动，扰动会导致土体强度和压缩模量降低，从而引起长时间内的固结和次固结沉降，当变形波及地表时会产生地表沉降，沉降达到一定的程度时会对原有隧道周围的地下管线、地表建(构)筑物的安全使用产生影响。一般导致地表变形的影响因素有岩土体性质、上部荷载、断面形式、隧道埋深、支护结构等。另外，本书研究对象西安地铁隧道还面临有湿陷性黄土和地裂缝的特殊因素，这两项因素对西安地铁隧道地表变形的影响较大。西安地铁隧道建设中诱发地表变形的因素更加复杂，面临的工程问题也更加烦琐，因此研究地铁隧道施工引起地表沉降的主要影响因素具有重要意义。

2.1 黄土的工程性质

2.1.1 黄土的一般工程性质

1) 密度小、孔隙率高

黄土的干密度较小，一般为 $1.3 \sim 1.5 \mathrm{g/cm^3}$。孔隙较大，孔隙率高，常为 $45\% \sim 55\%$(孔隙比 $0.8 \sim 1.1$)。

2) 含水较少

含水率一般为 $10\% \sim 25\%$，常处于半固态或硬塑状态，饱和度一般为 $30\% \sim 70\%$。

3) 塑性较弱

黄土的液限一般为 $23\% \sim 33\%$，塑限常为 $15\% \sim 20\%$，塑性指数为 $8 \sim 13$。

4) 透水性强

由于大孔隙和垂直节理发育，黄土的透水性比粒度成分类似的一般细粒土要强得多，渗透系数可达 $1\mathrm{m/d}$ 以上，且各向异性明显，竖直方向比水平方向要强得多，渗透系数大数倍甚至数十倍。

5) 抗水性弱

黄土遇水强烈崩解，膨胀量较小，但失水收缩明显，遇水湿陷较明显。

6) 压缩性中等，抗剪强度较高

天然状态下的黄土，压缩系数一般介于 $0.2 \sim 0.5\mathrm{MPa^{-1}}$，内摩擦角 φ 一般为 $15° \sim 25°$，黏聚力 c 一般为 $0.03 \sim 0.06\mathrm{MPa}$。随着含水率增加，黄土的压缩性急剧

增大，抗剪强度显著降低。不同地层时代黄土的物理力学性质的变化趋势具有一定的规律性，如表 2.1 所示。

表 2.1　不同地层时代黄土的物理力学性质

地层时代	物理性质		力学性质			
	干重度 γ_d	孔隙比 e	压缩性	渗透性	抗剪强度	湿陷性
Q_4	小	大	高	强	低	强
Q_3	较小	较大	较高	较强	较低	较强
Q_2	较大	较小	较低	较弱	较高	弱
Q_1	大	小	低	弱	高	无

2.1.2　黄土的湿陷性

黄土在压力下受水浸湿后，结构迅速破坏而产生显著附加沉陷的性能，称为湿陷性。

1. 黄土产生湿陷性的原因

黄土产生湿陷性的内因是其有利于湿陷的特殊成分和结构。黄土以石英和长石组成的粉粒为主，矿物亲水性较弱，粒度细而均一，颗粒间存在黏土颗粒及碳酸盐胶结，联结较强但不抗水，结构疏松多孔，大孔性明显。

黄土产生湿陷性的外因是水的浸润和压力作用。水浸入孔隙率高、含碳酸盐的粉质黄土，将软化和溶解颗粒接触部位的胶结物，削弱结构联结，从而使其结构迅速破坏，土粒向大孔滑移，粒间孔隙减小，从而导致大量的附加沉陷，这在宏观上表现为土在压力作用下因浸水而发生体积缩减。

2. 湿陷性黄土的特征

(1) 黄土中具有大量孔隙，尤其是大孔隙，这是具有湿陷性和判断湿陷性强弱的基础。

(2) 颗粒间的联结因水分增加而易于削弱和破坏。

(3) 黏粒含量低，尤其是具有活动晶格的黏土矿物含量低。

3. 影响黄土湿陷性的主要物理性能指标

影响黄土湿陷性的主要物理性能指标为天然孔隙比和天然含水率。当其他条件相同时，黄土的天然孔隙比越大，则湿陷性越强。实测资料表明：西安地区的黄土，如孔隙比 $e < 0.9$，则一般不具有湿陷性或湿陷性很小。黄土的湿陷性随其天然含水率的增加而减弱。在一定的天然孔隙比和天然含水率情况下，黄土的湿陷变形量将随浸湿程度和压力的增加而增大，但当压力增加到某一个定值以后，湿陷变形量却又随着压力的增加而减小。

4. 黄土湿陷性的分类

黄土的湿陷性可分为自重湿陷性和非自重湿陷性两种类型。前者是指黄土遇水后，在其本身的自重作用下产生沉陷的现象；后者是指黄土浸水后，在附加荷载作用下产生的附加沉陷。野外无荷载试坑浸水试验表明，西安地区黄土大部分为非自重湿陷性黄土，仅在部分地区有自重湿陷性黄土。

2.2　西安地铁隧道主要施工方法

西安地铁隧道施工方法中主要有明挖法、矿山法、盾构法和辅助工法，各方法的主要工序与适用范围如表 2.2 所示。

表 2.2　西安地铁隧道常见施工方法

施工方法	主要工序与特点	适用范围
明挖法	(1) 敞口开挖：现场灌注混凝土，回填	地面开阔，建筑物稀少，土质稳定
	(2) 用工字钢桩或灌注桩支护侧壁开挖：现场灌注混凝土，回填	施工场地较窄，土质自立性较差
	(3) 地下连续墙：修筑导槽，分段挖槽，连续成墙，开挖土体，灌注结构，回填	地层松软，地下水丰富，建筑物密集地区，修建深度较大
	(4) 盖挖法：用桩或连续墙支护侧壁，加顶盖恢复交通后在顶盖下开挖，灌注混凝土	街道狭窄或地面交通繁忙地区
矿山法	(1) 对坚硬地层采用分部或全断面开挖，锚喷支护或锚喷支护复合衬砌，然后做二次衬砌 (2) 对地层加固后再开挖、支护、做衬砌	如岩层、埋置较深的土层
盾构法	采用盾构机开挖地层，并在其内装配管片衬砌或浇筑挤压混凝土衬砌	松软地层，地下水地区
辅助工法	(1) 注浆固结法：向地层注入凝结剂，增加地层强度后再进行土体开挖，立钢拱架，喷混凝土，灌注混凝土	松散地层
	(2) 管棚法：顶部打入钢管，压注水泥砂浆，在管棚保护下开挖，立钢拱架，喷混凝土，灌注混凝土	松散地层
	(3) 降低地下水位法：采用地下水位降低技术，抽出地下水，达到无水作业	渗透系数较大的地层
	(4) 人工冻结法：在松软含水土壤中，打入冷冻管，将地层冻结，形成冻土壁再开挖地层及浇筑混凝土结构	松软富水地层

1. 明挖法

在地面场地满足要求的条件下，隧道施工采用明挖法。该法以基坑开挖为特点，以支挡隧道侧向压力与基坑底部围岩抗滑涌为支护设计理念，进行围护结构作业、支撑体系作业、分层分段土方开挖作业，同时进行主体结构施作、回填覆盖作业，是常用但会影响环境的一种施工方法。

2. 矿山法

该法是针对隧道埋深浅的工况，在岩层、埋置较深的土层中均可使用，环保要求高，施工难度大，强调保护，提高围岩的自承能力，按照"管超前、严注浆、短开挖、强支护、快封闭、勤量测"的方针，采用复合式衬砌和中小型机械开挖，以应用多种辅助工法为特征的、重要的、首选的施工方法。

3. 盾构法

盾构法是进行软岩、埋置较深的土层地铁隧道施工的机械化施工方法。采用管片支护，施工安全性高，对地层的扰动小。

4. 辅助工法

该法是指在各种施工方法中，为满足安全、快速、环保等目的，对软弱围岩和地下水进行处理，保证围岩稳定的一系列技术方法。其应用范围涉及前面三种主要施工方法。每种施工方法都需要辅助工法配套，隧道才能安全优质建成。

2.3　隧道施工引起地表沉降的主要影响因素

从目前国内外的研究现状来看[19,20,35,60]，影响地表沉降的因素很多，如施工方法、地质性质、覆土厚度、隧道上部荷载、结构断面形式与大小、支护结构形式、地层损失、施工管理等。工程实践表明，影响地表沉降的各个因素并不是孤立的，而是相互影响的。对于不同的工程，各个因素所起的作用不尽相同，因此对于具体工程应具体分析。

2.3.1　黄土地层性质

西安地铁隧道主要穿越黄土地层，黄土的物理力学特性直接影响隧道施工诱发的地表沉降规律。黄土地层的厚度、是否具有湿陷性及其湿陷性类别、地下水位等直接影响西安地铁隧道施工过程中地表沉降量的大小。

由于人类活动的影响，西安明城墙内地铁隧道穿越的黄土地层的湿陷性几乎消除完毕。其他地区的黄土地层存在厚度大、具有自重湿陷性或者非自重湿陷性，此地层隧道施工引起的地表沉降规律复杂。

需要指出的是，饱和软黄土是西安地区分布较广泛的一种特殊性地层，其分布主要与既有河流、湖泊、地下水分布状况有关。饱和软黄土位于地下水位以下，一般处于流塑状态，其承载力较低，属于软弱地基。但降水后其强度较高，这与上海等软土地区的软土特性不同。当隧道穿越饱和软黄土地层或在饱和软黄土地层进行施工降水时，会出现地基不均匀沉降、地表凹陷、建筑物裂缝甚至破坏、管线破坏等一系列问题。

2.3.2 地裂缝

地裂缝是在内外力作用下岩石和土层发生的变形，当力的作用与积累超过岩土层内部的结合力时，发生破裂，其连续性遭到破坏，形成裂隙。这些裂隙在地下一定深度内因遭受周围岩土层的限制和上部岩土层的重压作用，其闭合比较紧密，而在地表则由于围压作用减小，裂缝一般较宽，表现为地裂缝。地裂缝几何形态多样，长度和宽度变化较大，长度可从几米变化到几万米，宽度可以从几毫米变换到几万毫米，在地表可表现为潜蚀缝、塌陷坑、张裂纹、错断、拉断和陡坎等现象。

地裂缝的形成是内外地质动力作用、人类工程作用耦合效应的结果，有时人类作用甚于地质作用，有时地质作用甚于人类作用。因此，在地裂缝的划分过程中就不得不考虑其主导因素，按照这一因素划分是可行而必要的。地裂缝的形成大致可以分成三个主导因素：自然内营力作用、自然外营力作用和人类活动作用，按照这一划分，可将地裂缝的类型划分成两个大类：非构造地裂缝和构造地裂缝，如表2.3所示。

表 2.3 地裂缝成因分类表

地裂缝大类	主导因素	动力类型	地裂缝类别
非构造地裂缝	人类活动作用	工程作用型	采矿塌陷地裂缝
			石油、水等地下流体抽采沉降地裂缝
			工程诱发次生灾害地裂缝
			地面负重下沉地裂缝
			强烈爆炸或机械振动地裂缝
	自然外营力作用	介质响应型	膨胀土地裂缝
			黄土湿陷地裂缝
			冻土和盐丘地裂缝
			干缩地裂缝

地裂缝大类	主导因素	动力类型	地裂缝类别
非构造地裂缝	自然外营力作用	自然重力作用型	构造沉降地裂缝
			滑坡、崩塌地裂缝
			地震次生地裂缝
			暴雨冲蚀地裂缝
构造地裂缝	自然内营力作用	断层活动型	速滑地裂缝-地震构造地裂缝
			蠕滑地裂缝
			构造节理开启地裂缝
		盆地伸展作用型	盆地伸展拉张地裂缝
			盆地伸展剪切地裂缝
			盆地伸展挤压地裂缝
		基底构造作用型	基底伸展构造地裂缝
			基底起伏地裂缝
		区域微破裂开启型	应力诱导地裂缝
		岩溶作用型	喀斯特溶蚀地裂缝

　　地裂缝的成因类型多样，其影响因素也众多，其中我国地裂缝的影响因素主要有超采地下水、地下采矿、断裂蠕滑、地震活动、强降雨、黄土湿陷及古河道坍塌等。

　　地裂缝灾害属于地面变形灾害，它不仅威胁人类的生命财产安全，还会造成农田变形龟裂、房屋变形开裂、道路变形错断、管道变形破坏以及高铁和地铁隧道变形扭曲等。以西安地铁为例，地裂缝与地铁线路都具有显性特征，当两者以不同角度相交时，地裂缝对地铁线路的破坏方式也不尽相同。地裂缝与地铁隧道小角度相交时，对整体式马蹄形隧道衬砌结构变形破坏模式主要为扭转、弯曲和剪切变形破坏；地裂缝与地铁隧道正交时，整体式衬砌隧道变形破坏模式为拉张破坏和环向开裂；地裂缝与地铁隧道近距离平行时，裂缝上盘下降不会导致结构发生明显的变形破坏，但在靠近地裂缝一侧由于地裂缝的活动上盘地层(土体)会对结构产生水平挤压作用，形成偏压现象，结构整体存在向远离地裂缝带一侧弯曲的趋势，但变形不明显，地铁隧道相对安全。因此，地裂缝与地铁隧道的空间位置不同时，地裂缝对地铁的破坏程度和破坏方式也不相同，就其破坏程度来说，地裂缝与地铁隧道小角度相交最严重，正交次之，平行最小。

2.3.3　隧道埋深

在城市中修建地铁的一个重要的技术问题便是确定合理的埋深。最大沉降量与隧道埋深表现为非线性关系，而且隧道埋深增大时，地表最大沉降量反而减小。因此，增大隧道的埋深有助于减小地表沉降，对地表设施的保护有利。隧道埋深对地层位移的影响因地层情况而异。

2.3.4　隧道上部荷载

隧道上方的竖直压力对地层沉降的影响极大，隧道上方的桥梁、道路、构筑物等的自重及其动力载荷的大小直接影响隧道施工过程中及隧道运营期间的地表沉降规律。

2.3.5　隧道断面形式与大小

地铁隧道的断面形式与断面的面积大小对地表沉降规律的影响很大，断面形式与断面尺寸大小的不同引起地表沉降差异的主要原因有：①开挖断面大时，施工作业时间长，对土体扰动更严重；②开挖宽度大，结构稳定性差；③由于土体软弱，对开挖宽度所导致的荷载变化更敏感。圆形、马蹄形的结构形式较扁平结构对地表沉降影响小。

2.3.6　支护结构形式

一般情况下，支护结构刚度越小，对地层约束性越小，地层移动越大。盾构法隧道一般采用管片衬砌，管片厚度、拼装方式等影响衬砌的刚度，对地层变形有明显的影响。

2.3.7　地层损失

地层损失就是实际开挖土体体积和竣工时地下工程体积之差。工程经验表明，引起地层损失的因素与所采用的施工方法有关。

对于盾构法施工，由于盾尾间隙的产生与回填注浆不足，受盾壳支撑的地层向盾尾间隙变形而产生地表变形，这是由应力释放引起的弹塑性变形。地表变形的大小受衬砌背后注浆材料性质、注入时间、位置、压力、数量等影响。周围土体在弥补地层损失时，发生地层移动，引起地表沉降。盾构法施工引起地层损失的主要因素如下。

(1) 开挖面土体移动。当盾构掘进时，开挖面土体受到的水平应力小于原始侧向应力，则开挖面土体向盾构内移动，引起地层损失而导致盾构上方地表沉降；

当盾构推进时，如作用在正面土体的推力大于原始侧向应力，则正面土体向上向前移动，导致盾构前上方土体隆起。

(2) 盾构后退。在盾构暂停推进时，盾构推进千斤顶漏油回缩而可能引起盾构后退，使开挖面土体坍落或松动，造成地层损失。

(3) 土体挤入盾尾空隙。由于向盾尾建筑空隙中压浆不及时，注浆量不足，注浆压力不适当，盾尾后周边土体失去原始三维平衡状态，而向盾尾空隙中移动，引起地层损失。在含水不稳定地层中，这往往是引起地层损失的主要因素。

(4) 改变推进方向，盾构在曲线推进、纠偏、抬头或叩头推进过程中，实际开挖断面不是圆形而是椭圆形，因此引起地层损失。盾构轴线与隧道轴线的偏角越大，对土体扰动和超挖程度及其引起的地层损失也越大。

(5) 随盾构推进而移动的盾构正面障碍物，使地层在盾构通过后产生空隙而又无法及时压浆填充，引起地层损失。

(6) 特别是推进的盾构外周黏附一层黏土时，盾尾后隧道外周环形空隙会有较大量的增加，若不相应增加压浆量，地层损失必然大量增加。

(7) 盾壳移动对地层的摩擦和剪切作用对地层产生扰动。

(8) 在土压力作用下，隧道衬砌产生的变形也会引起少量的地层损失。

(9) 隧道衬砌沉降较大时，会引起不可忽略的地层损失。

(10) 由于隧道渗水、涌水等携带泥沙、塌方等，引起地层损失。

2.3.8　施工方法与管理

施工方法与管理是影响地层沉降特性的一个重要主观因素。工程实践表明，对于不同的场地环境应该采用不同的施工方法，而不同的施工方法对地表沉降的影响程度、影响范围等规律差别是很大的。地铁区间隧道开挖主要是采用明挖法、矿山法、盾构法等。

明挖法包括放坡开挖、明挖顺作、盖挖顺作、盖挖逆作等方法。放坡开挖法一般适用于场地条件好，周边环境对地表沉降要求不高时；明挖顺作法是采用最多的一种方法，根据周边环境条件，采用不同的围护结构设计和相应的辅助施工措施来控制施工引起的地表沉降；盖挖顺作法通常是在场地条件受限时采用，如道路下施工等；盖挖逆作法同样是在场地条件受限时采用，且周边环境对地表沉降控制要求高。

矿山法(城市地下工程主要是指浅埋暗挖法)包括全断面法、台阶法、分部开挖法等。通常台阶法控制地表沉降优于全断面法，中隔墙法、眼镜法控制地表沉降优于台阶法，眼镜法控制地表沉降优于中隔墙法。因此，一般全断面法适合地层稳定的隧道，台阶法适合地层较好、断面较小的隧道(70~100m²)，中隔墙法适合地层较好、断面稍大的隧道(90~120m²)，眼镜法适合地层较差、断面较大的隧道($>100m^2$)。

盾构法包括敞开式、气压平衡、土压平衡、泥水平衡等,在选择盾构机时,以保持开挖面的稳定为原则。不同盾构机对地层的适应情况不同。在软土地区,一般情况下,泥水盾构通过泥水压力与水土压力平衡,泥水压力容易控制,有利于开挖面的稳定,比土压平衡盾构更有利于地表沉降控制。敞开式盾构一般在开挖地层能自稳时采用。

根据城市地铁的监测资料统计,盾构法引起的地表沉降约为浅埋暗挖法的50%,但明挖法引起的地表沉降与浅埋暗挖法相当。

影响地表变形的有些因素主要是在设计阶段进行控制,一般情况下当线路走向、功能、用途确定以后,施工方法、地层性质、结构断面大小、覆土厚度等一般很难改变,但在特殊情况下,可以采用辅助施工措施来改变地层性质、地下水位、覆土厚度等,如降水、冷冻、注浆、覆土回填等。而施工方法、支护形式、地层损失、地下水位等因素,可通过加强施工管理进行控制。

对于盾构法隧道,开挖时由于推进量与排土量不等、开挖面水土压力与压力仓压力不平衡等原因,开挖面失去平衡状态,从而引发地表变形。开挖面水土压力大于压力仓压力时地表产生沉降,小于压力仓压力时则地表产生隆起,这是由于开挖面的应力释放、附加应力等引起弹塑性变形。盾构推进时,盾构的壳板与地层摩擦和对地层的扰动,引起地表变形,特别是蛇行修正和曲线推进时的超挖,是产生地层松动的原因。因此,在推进过程中加强施工管理,保持推进量与排土量平衡,控制压力仓压力,防止蛇行修正和控制曲线推进时的超挖等措施,是控制地表变形的有效方法。

2.4 小 结

地铁隧道开挖的各种方法均会不可避免地对隧道周围岩土体产生扰动,扰动到一定程度时会对原有隧道周围的地下管线、地表建(构)筑物的安全使用产生影响。地表变形的影响因素有岩土体性质、上部荷载、断面形式、隧道埋深、支护结构等,西安地铁建设中湿陷性黄土和地裂缝对隧道地表变形影响较大,具有一定的工程特性,具体如下。

(1) 黄土具有密度小、孔隙率大、含水较少、塑性较弱、透水性强、抗水性弱、压缩性中等、抗剪强度较高等物理力学特性,不同地层时代黄土的物理力学性质的变化具有一定的规律性;关中地区黄土一般具有湿陷性,湿陷性也是触发黄土场地次生灾害的重要因素。

(2) 西安地铁隧道建设中主要采用的方法有明挖法、矿山法、盾构法和辅助工法。盾构法是西安地铁隧道施工的主要方法；在地裂缝段，考虑到运营期间地裂缝活动对隧道安全的影响，西安地铁隧道地裂缝段采用了扩大断面面积和设计变形缝的技术，由于地裂缝段属于非标准断面，采用矿山法对其施工。在部分地面场地开阔地带极小部分区间隧道采用明挖法施工。辅助工法在盾构法、矿山法、明挖法中均有使用。

(3) 影响区间隧道施工地表沉降特性的主要因素有黄土地层性质、地裂缝、隧道埋深、上部荷载、隧道断面形式及大小、支护结构形式、地层损失和施工方法与管理等。

第 3 章　地铁隧道施工对地表变形影响规律理论分析

本章开展西安地铁隧道施工引起地表沉降机理的研究，基于地铁隧道工程施工引起的地表沉降监测数据分析，提出 Peck 公式用于西安黄土地区隧道施工地表沉降规律分析时的修正方法，给出有关经验参数的取值范围，完成考虑盾构隧道施工过程的地表变形特性半解析半数值法研究。

3.1　地铁隧道施工引起地表沉降的机理

3.1.1　地层初始应力状态的改变

在某一深处地层中，由于上部土体的作用，存在一定的初始应力场。地铁区间隧道开挖时必然会引起地层初始应力重新分布，形成二次应力场。二次应力场是由地层初始应力场与开挖引起的附加应力场叠加而形成的。对应于二次应力场的位移场是由开挖引起的附加应力场。产生地表沉降的主要机理是开挖面的应力释放、附加应力等引起地层的弹塑性变形。

除了地铁隧道工程开挖引起的附加应力对地层的扰动和地层损失，地下水渗流引起的水位变化及产生的渗流压力等都可能引起地层应力状态的改变。

这里以圆形隧道为例，剖析地铁隧道工程开挖引起的地层应力场变化。隧道开挖后，在隧道周围将形成三个不同的区域，即松动圈、应力增高区和原始应力区。洞室开挖后增加了临空面，洞壁的应力状态由原来的三向状态转化成二向状态，洞室周边土体应力得到释放，使得洞周切向应力较大，径向应力被释放使得洞室周边围岩松动，洞室围岩的重力和侧向压力共同作用于支护结构上，从而形成了作用于支护结构上的荷载。如果支护结构刚度比较大，支护也及时，即支护结构能够提供的支撑力大于松动圈的荷载，则支护结构便会限制岩土体的变形，减小塑性区的开展半径。如果支护结构刚度比较小，支护不及时，支护结构就不能有效地限制岩土体的变形，这样会增加塑性区半径，增大松动圈范围。

隧道开挖后会引起洞室周边岩土体的扰动，岩土体受到扰动后，其应力场发生了变化，应力场变化最为明显的是隧道四周。隧道开挖破坏了地层初始应力场，一般情况下，重新分布的应力场在隧道四周相对集中。洞室开挖后，毛洞或初期支护所能提供的抗力很小，因此在隧道周边存在切向应力和径向应力。

浅埋隧道位移的产生和发展过程与上述情况基本一致，即隧道开挖的一瞬间，隧道周边由于应力重新分布而造成向隧道内的位移。这种位移在隧道的两侧和底部有类似深埋隧道的特点，所不同的是顶部位移直至地表，而且在横向波及一定范围，形成沉降槽。

3.1.2　土体的固结沉降

1. 土体固结沉降机理

引起地表沉降的另一个重要机理是土体开挖后，土体的固结沉降。天然土体一般是由固体颗粒、孔隙水和气体组成的三相体系。固体颗粒压缩性很小，一般认为其不可压缩。因此，土体的压缩变形是孔隙水渗出及气体体积减小、颗粒重新排列、颗粒间距离缩短、骨架错动的结果。

对于饱和的两相土，土体体积的变化是由孔隙水体积减小造成的，孔隙水体积的减小主要是因为孔隙水的渗出。对于非饱和的三相土，土体体积的压缩量不仅与孔隙水渗出量有关，还与饱和度有很大关系。孔隙气体的渗出、压缩及溶解度的改变等，都会引起饱和度的变化，孔隙气体的压缩不容忽视。

土体中孔隙体积变化和颗粒重排需要一定的时间，因此土体固结变形与时间有关。地铁隧道工程开挖以后，土体受到外力的作用，孔隙体积受到压缩，孔隙水逐渐渗出，孔隙压力消散，有效应力逐渐增加。土体骨架在有效应力作用下产生的变形可分为瞬时变形和蠕变变形，蠕变变形是土体颗粒重新排列和骨架错动的结果，而这两者的变化与时间有关。土体的变形可分为瞬时弹性变形、瞬时塑性变形、蠕变弹性变形和蠕变塑性变形。

2. 土体固结沉降的主要原因

由于地铁隧道工程具有其特殊性，引起固结沉降的主要原因如下。

(1) 地下水位以下施工时，由于降水作用，地下水位下降引起固结沉降。

(2) 施工时，由于外荷载的作用，土体受压，土体孔隙水压力发生变化，引起土体的固结沉降。

(3) 土体的开挖作用，对地层产生了扰动，扰动后的土体，重新固结后产生沉降。

(4) 土体的次固结和蠕变。

3.2　黄土地区地表沉降规律研究及 Peck 公式修正

3.2.1　Peck 公式

1. Peck 公式理论及参数确定

1969 年，Peck 通过对大量隧道施工引起的地表沉降实测数据进行分析，认为隧道开挖引起的地面沉降是在不排水情况下发生的，所以地表沉降槽的体积应等于地层损失的体积[87]。其基本概念是：在盾构掘进过程中产生了一定的地层损失，相当于从土体中挖去一块土体，从而导致上部的土体移动，在不考虑土体排水固结与蠕变的情况下，认为地层移动是一个随机的过程，在盾构掘进后地表形成的横向沉降槽为一个近似正态分布的曲线，如图 3.1 所示。

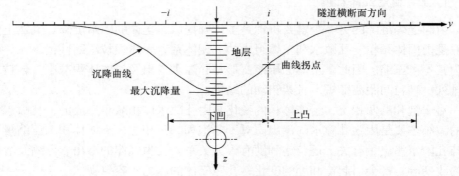

图 3.1　隧道地表横向沉降曲线

据此，Peck 提出了地表沉降分布的预计公式为

$$S(y) = S_{\max} \exp\left(-\frac{y^2}{2i^2}\right) \tag{3.1}$$

$$S_{\max} = \frac{V_l}{i\sqrt{2\pi}} \approx \frac{V_l}{2.5i} \tag{3.2}$$

式中，y 为计算点距隧道轴线的垂直距离；$S(y)$ 为距离隧道轴线垂直距离为 y 处地表沉降量；V_l 为施工引起的隧道单位长度地层损失；$S_{\max}$ 为隧道中心线处地表最大沉降量；i 为地表沉降槽宽度。

从上述计算公式可以看出，Peck 公式有两个重要参数：沉降槽宽度 i 和单位长度地层损失 V_l（或地层损失率 η）。这两个参数与隧道开挖深度、断面尺寸、地层条件和施工条件等密切相关。

1) 沉降槽宽度系数 K 的确定

O'Reilly 等[88]总结了伦敦地区地铁隧道施工的经验，认为在单一地层中隧道掘进时引起的近地表沉降和隧道施工方法、隧道直径没有关系，且沉降槽宽度 i 和隧道轴线埋深 z_0 之间存在以下关系：

$$i = K z_0 \tag{3.3}$$

式中，K 为沉降槽宽度系数。对介于硬黏土和软黏土之间的地层，K 取值范围为 0.4～0.7；对于砂性土且埋深在 6～10m 的浅埋隧道，K 取值范围为 0.2～0.3。

2) 地层损失率 η 的确定

单位长度地层损失经常表示为隧道理论开挖面积与体积损失率的乘积。地层损失率主要与工程地质情况、水文地质情况、隧道施工方法、施工技术水平以及工程管理经验等因素有关。在采用经验预测法进行预测时，地层损失率一般是采用反分析法进行确定的。通过地面沉降实测数据，由式(3.1)反分析可以得到 i 值，再反分析可以得到 η 的值：

$$\eta = \frac{S_{\max} i \sqrt{2\pi}}{\pi R^2} \tag{3.4}$$

式中，R 为隧道半径。

2. Peck 公式的适用条件

由于 Peck 公式是在某一特定的工程背景条件下提出来的，其应用范围具有局限性，故适用条件受到限制。经典 Peck 公式只适用于埋深稍大且半径小的隧道。对于浅埋的大断面隧道，用 Peck 公式预测的沉降曲线与实际沉降曲线会有较大的误差。如 $z_0 / D < 1.0 \sim 1.5$ (D 为隧道直径)时，用 Peck 公式预测会产生较大的误差，实测的地表沉降曲线与 Peck 公式计算出来的沉降曲线相比显得"宽而浅"，地表最大沉降量比 Peck 公式计算结果小，而沉降槽的宽度比 Peck 公式计算结果大。

采用地层损失法来预测地表沉降曲线时，仅考虑地层损失系数对地表沉降的贡献，忽略了隧道施工方法、断面形状等因素的影响。Peck 公式成立的主要条件如下。

(1) 隧道周围土体是均匀的、不承受拉力的散体介质。

(2) 埋深较浅，埋深范围应该为 3～5 倍的开挖半径，使隧道开挖扰动区范围能达到地表。

(3) 土体在隧道开挖前后不发生张拉破坏。

3.2.2　基于 Peck 公式的实测沉降数据回归方法研究

虽然每一监测点的沉降值都有与其对应的隧道埋深，也就是实测地表沉降数据和测点与隧道轴线的距离存在一一对应关系。通过对实测资料的分析，实测的地表沉降数据并非一条光滑的曲线，但沉降值和测点与距轴线距离存在对应关系，因此通过一元线性回归分析后可将实测数据拟合成一条曲线。

Peck 公式是一个非线性函数，对式(3.1)两边同时取对数可得

$$\ln S(y) = \ln S_{\max} + \frac{1}{i^2}\left(-\frac{y^2}{2}\right) \tag{3.5}$$

令 $\hat{y} = \ln S(y)$，$\hat{a} = \ln S_{\max}$，$\hat{b} = \dfrac{1}{i^2}$，则式(3.5)可化为

$$\hat{y} = \hat{a} + \hat{b}\left(-\frac{y^2}{2}\right) \tag{3.6}$$

式中，$\hat{a}$ 为回归后常数项；$\hat{b}$ 为回归后线性系数。

以 $\ln S(y)$ 和 $-\dfrac{y^2}{2}$ 为回归变量进行分析，以 $\ln S_{\max}$ 为回归后的常数项，以 $\dfrac{1}{i^2}$ 为回归后线性系数。根据数理统计知识，回归过程如下：

$$S_{yy} = \sum\left(-\frac{y_i^2}{2}\right)^2 - \frac{1}{n}\left(\sum\frac{y_i^2}{2}\right)^2$$

$$S_{yx} = \sum\left[\left(\frac{-y_i^2}{2}\right)^2 \ln S(y_i)\right] - \frac{1}{n}\sum\left(\frac{-y_i^2}{2}\right)\sum\ln S(y_i)$$

$$S_{xx} = \sum\ln^2 S(y_i) - \frac{1}{n}\left[\sum\ln S(y_i)\right]^2$$

$$\hat{b} = \frac{S_{yx}}{S_{yy}}$$

$$\hat{a} = \overline{\ln S(y_i)} - \hat{b}\times\overline{(-y_i^2/2)}$$

式中，y_i 为第 i 个样本点距隧道轴线的代表值；n 为样本点个数。

由上述回归后可得

$$S_{\max} = \exp(\hat{a}) \tag{3.7}$$

$$i = 1/\hat{b}^{0.5} \tag{3.8}$$

回归曲线为

$$S(y) = \exp(\hat{a})\exp\left(-\frac{\hat{b}y^2}{2}\right) \tag{3.9}$$

3.2.3　典型区间断面实测数据的回归分析

3.2.2 节介绍了由实测数据到回归曲线的理论计算公式，本节以西安地铁 2 号线工程的实测数据为例进行回归分析，取钟楼到南门区间，起始里程为 YCK13+264，终止里程为 YCK14+496，全长 1232m，左右线中心距离 17.0m，在钟楼、南门处左右线分别以半径 600m 绕行，两条线路间距为 70~150m。左右线设计轨顶标高 383.52~391.12m，相应埋深为 16~25m。该区间拟采用盾构法施

工，盾构施工地表沉降监测方案如下。

1) 观测仪器及要求

采用精密水准仪、铟钢水准尺、30m 检定过的钢卷尺进行沉降观测。

2) 沉降观测点的布设

在正常情况下，沿隧道中线上方地面每隔 5m 布设一个沉降观测点，每隔 20～30m 建立一个监测横断面，该横断面垂直于隧道中线。

3) 沉降观测频率

盾构机机头前 10m 和后 20m 范围每天早晚各观测一次，并随施工进度递进；在这范围以外的监测点每周观测一次，直至稳定。当沉降值或隆起值超过规定限差(-30～10mm)或变化异常时，则加大监测频率和监测范围。

根据监测方案，对钟楼到南门区间隧道地表沉降规律进行现场监测。根据监测结果选取五个典型断面的实测数据进行回归分析。区间断面分别为：左线里程 13290 处断面、左线里程 13460 处断面、左线里程 13680 处断面、左线里程 13782 处断面、左线里程 13849 处断面。

1. 左线里程 13290 处断面地表沉降实测数据回归分析

1) 工程概况

左线里程 13290 处断面的工程地质条件如图 3.2 所示。根据施工组织可知，在里程 13290 处断面，先开挖左洞，待左洞地表沉降稳定时再开挖右洞，因此开挖左洞时，地表沉降可视为单孔隧道开挖引起的地表沉降问题。地表监测点的布置情况如图 3.3 所示。

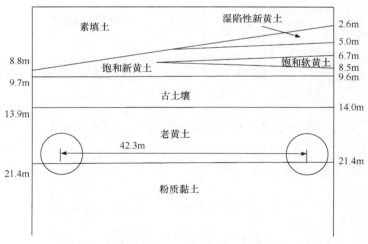

图 3.2　左线里程 13290 处断面工程地质剖面图

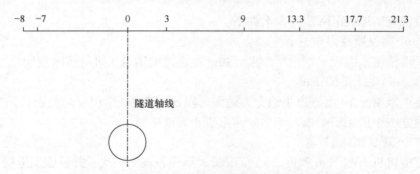

图 3.3　左线里程 13290 处断面地表沉降监测点布置图

2) 实测沉降回归分析

根据现场实际监测资料可知，监测点的沉降数据见表 3.1。

表 3.1　左线里程 13290 处断面实测数据

与隧道轴线距离/m	累计沉降值/mm	与隧道轴线距离/m	累计沉降值/mm
−8	9.27	9	7.75
−7	10.01	13.3	4.68
0	13.38	17.7	2.25
3	12.45	21.3	0.68

利用 3.2.2 节计算公式计算可得

$$S_{yy} = \sum\left(-\frac{y_i^2}{2}\right)^2 - \frac{1}{n}\left(\sum\frac{y_i^2}{2}\right)^2 = 46000.1\,(\text{mm})$$

$$S_{yx} = \sum\left[\left(\frac{-y_i^2}{2}\right)^2 \ln S(y_i)\right] - \frac{1}{n}\sum\left(\frac{-y_i^2}{2}\right)\sum \ln S(y_i) = 581.28\,(\text{mm})$$

$$S_{xx} = \sum \ln^2 S(y_i) - \frac{1}{n}\left[\sum \ln S(y_i)\right]^2 = 7.40\,(\text{mm})$$

$$\hat{b} = \frac{S_{yx}}{S_{yy}} = 0.013$$

$$\hat{a} = \overline{\ln S(y_i)} - \hat{b}\times\overline{(-y_i^2/2)} = 2.614$$

$$S_{\max} = \exp(\hat{a}) = 13.65\,(\text{mm})$$

$$i = 1/\hat{b}^{0.5} = 8.90\,(\text{m})$$

经过上述回归分析计算，可将实测数据拟合成函数：

$$S(y) = \exp(\hat{a})\exp\left(-\frac{\hat{b}y^2}{2}\right) = 13.65 \times \exp\left(-\frac{y^2}{2 \times 8.90^2}\right) \text{(mm)}$$

实测数据与拟合函数关系曲线图如图 3.4 所示。

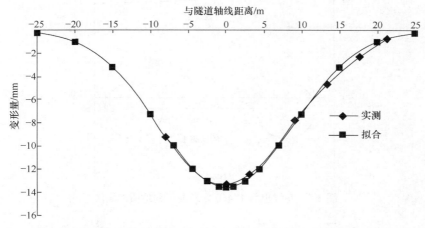

图 3.4　左线里程 13290 处断面实测沉降曲线与 Peck 拟合曲线对比图

由图 3.4 可知，拟合沉降曲线与实测数据具有很好的吻合效果，证明在左线里程 13290 处断面的沉降曲线可以采用修正后的 Peck 公式来表示，地表最大沉降量为 13.65mm，沉降槽宽度为 8.90m，地层损失率为

$$\eta = \frac{S_{\max} i\sqrt{2\pi}}{\pi R^2} = \frac{13.65 \times 10^{-3} \times 8.90 \times \sqrt{2\pi}}{\pi \times 3.1^2} \times 100\% = 1.01\%$$

$$K = \frac{i}{z_0} = \frac{8.90}{20.6} = 0.432$$

2. 左线里程 13460 处断面地表沉降实测数据回归分析

1) 工程概况

根据勘察报告，左线里程 13460 处断面的工程地质条件如图 3.5 所示。根据施工组织可知，开挖方法与左线里程 13290 处断面相似。地表的监测点布置情况如图 3.6 所示。

2) 实测沉降回归分析

根据现场实际监测资料可知，监测点的沉降数据见表 3.2。

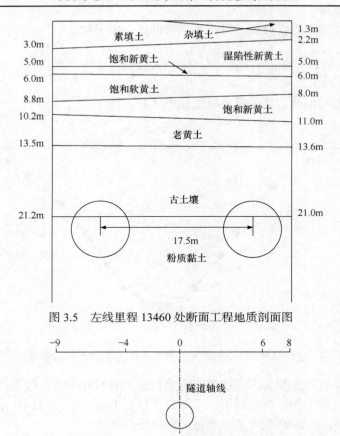

图 3.5　左线里程 13460 处断面工程地质剖面图

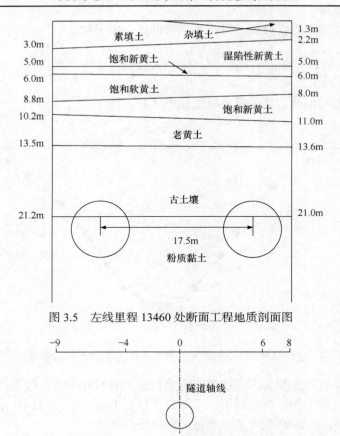

图 3.6　左线里程 13460 处断面地表沉降监测点布置图

表 3.2　左线里程 13460 处断面实测数据

与隧道轴线距离/m	累计沉降值/mm	与隧道轴线距离/m	累计沉降值/mm
−9	8.23	6	10.54
−4	12.14	8	8.07
0	13.48		

根据 3.2.2 节的计算公式计算可得

$$S_{yy} = \sum\left(-\frac{y_i^2}{2}\right)^2 - \frac{1}{n}\left(\sum\frac{y_i^2}{2}\right)^2 = 2948.3\,(\text{mm})$$

$$S_{yx} = \sum\left[\left(\frac{-y_i^2}{2}\right)^2 \ln S(y_i)\right] - \frac{1}{n}\sum\left(\frac{-y_i^2}{2}\right)\sum \ln S(y_i) = 32.9\,(\text{mm})$$

$$S_{xx} = \sum \ln^2 S(y_i) - \frac{1}{n}\Big[\sum \ln S(y_i)\Big]^2 = 0.379\,(\text{mm})$$

$$\hat{b} = \frac{S_{yx}}{S_{yy}} = 0.011$$

$$\hat{a} = \overline{\ln S(y_i)} - \hat{b} \times \overline{(-y_i^2/2)} = 2.561$$

$$S_{\max} = \exp(\hat{a}) = 12.95\,(\text{mm})$$

$$i = 1/(\hat{b})^{0.5} = 9.47\,(\text{m})$$

经上述回归分析计算，可将实测数据拟合成函数：

$$S(y) = \exp(\hat{a})\exp\!\left(-\frac{\hat{b}y^2}{2}\right) = 12.95 \times \exp\!\left(-\frac{y^2}{2 \times 9.47^2}\right)\,(\text{mm})$$

实测数据与拟合函数关系曲线如图 3.7 所示。

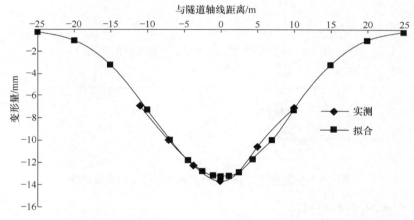

图 3.7　左线里程 13460 处断面实测沉降曲线与 Peck 拟合曲线对比图

由图 3.7 可知，拟合沉降曲线与实测数据较吻合，证明在左线里程 13460 处断面的沉降曲线可以采用修正后的 Peck 公式表示。地表最大沉降量为 12.95mm，沉降槽宽度为 9.47m，地层损失率为

$$\eta = \frac{S_{\max}i\sqrt{2\pi}}{\pi R^2} = \frac{12.95 \times 10^{-3} \times 9.47 \times \sqrt{2\pi}}{\pi \times 3.1^2} \times 100\% = 1.02\%$$

$$K = \frac{i}{z} = \frac{9.47}{22.3} = 0.425$$

3. 左线里程 13680 处断面地表沉降实测数据回归分析

1) 工程概况

根据施工组织可知,开挖方法与左线里程 13290 处断面相同。左线里程 13680 处断面工程地质条件如图 3.8 所示。地表的监测点布置情况如图 3.9 所示。

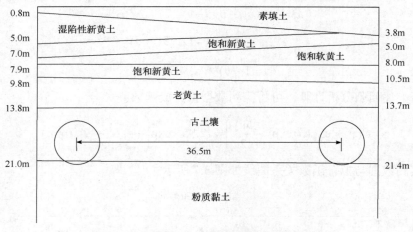

图 3.8　左线里程 13680 处断面工程地质剖面图

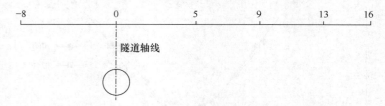

图 3.9　左线里程 13680 处断面地表沉降监测点布置图

2) 实测沉降回归分析

根据现场实际监测资料可知,监测点的沉降数据见表 3.3。

表 3.3　左线里程 13680 处断面实测数据

与隧道轴线距离/m	累计沉降值/mm	与隧道轴线距离/m	累计沉降值/mm
−8	7.11	9	6.79
0	12.11	13	3.71
5	10.05	16	1.54

根据 3.2.2 节的计算公式计算可得

$$S_{yy} = \sum\left(-\frac{y_i^2}{2}\right)^2 - \frac{1}{n}\left(\sum\frac{y_i^2}{2}\right)^2 = 11593.71\,(\text{mm})$$

$$S_{yx} = \sum\left[\left(\frac{-y_i^2}{2}\right)^2 \ln S(y_i)\right] - \frac{1}{n}\sum\left(\frac{-y_i^2}{2}\right)\sum\ln S(y_i) = 181.49\,(\text{mm})$$

$$S_{xx} = \sum \ln^2 S(y_i) - \frac{1}{n}\left[\sum \ln S(y_i)\right]^2 = 2.866\,(\text{mm})$$

$$\hat{b} = \frac{S_{yx}}{S_{yy}} = 0.0156$$

$$\hat{a} = \overline{\ln S(y_i)} - \hat{b}\times\overline{(-y_i^2/2)} = 2.513$$

$$S_{\max} = \exp(\hat{a}) = 12.34\,(\text{mm})$$

$$i = 1/\hat{b}^{0.5} = 7.99\,(\text{m})$$

经上述回归分析计算，可将实测数据拟合成函数：

$$S(y) = \exp(\hat{a})\exp\left(-\frac{\hat{b}y^2}{2}\right) = 12.34\times\exp\left(-\frac{y^2}{2\times7.99^2}\right)(\text{mm})$$

实测数据与拟合函数关系曲线如图 3.10 所示。

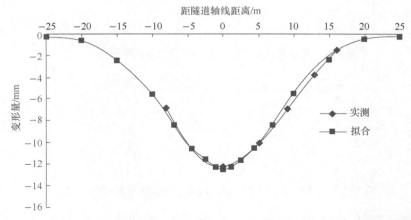

图 3.10　左线里程 13680 处断面实测沉降曲线与 Peck 拟合曲线对比图

由图 3.10 可以看出，拟合沉降曲线与实测数据具有很好的吻合效果，证明在左线里程 13680 断面的沉降曲线可以采用修正后的 Peck 公式表示。地表最大沉降量为 12.34mm，沉降槽宽度为 7.99m，地层损失率为

$$\eta = \frac{S_{\max}i\sqrt{2\pi}}{\pi R^2} = \frac{12.34\times10^{-3}\times7.99\times\sqrt{2\pi}}{\pi\times3.1^2}\times100\% = 0.82\%$$

$$K = \frac{i}{z_0} = \frac{7.99}{18.3} = 0.437$$

4. 左线里程 13782 处断面地表沉降实测数据回归分析

1) 工程概况

根据施工组织可知,开挖方法与左线里程 13290 处断面相同。左线里程 13782 处断面工程地质条件如图 3.11 所示。地表的监测点布置情况如图 3.12 所示。

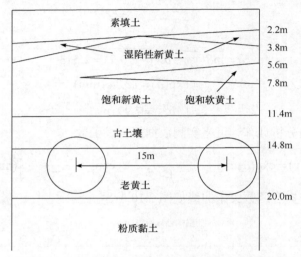

图 3.11　左线里程 13782 处断面工程地质剖面图

图 3.12　左线里程 13782 处断面地表沉降监测点布置图

2) 实测沉降回归分析

根据现场实际监测资料可知,监测点的沉降数据见表 3.4。

表 3.4　左线里程 13782 处断面实测数据

与隧道轴线距离/m	累计沉降值/mm	与隧道轴线距离/m	累计沉降值/mm
−7	19.64	4	23.09
−3	27.53	6	19.13
0	29.32	8	13.97

根据 3.2.2 节的计算公式计算可得

$$S_{yy} = \sum \left(-\frac{y_i^2}{2} \right)^2 - \frac{1}{n} \left(\sum \frac{y_i^2}{2} \right)^2 = 771 \,(\text{mm})$$

$$S_{yx} = \sum \left[\left(\frac{-y_i^2}{2} \right)^2 \ln S(y_i) \right] - \frac{1}{n} \sum \left(\frac{-y_i^2}{2} \right) \sum \ln S(y_i) = 16.29 \,(\text{mm})$$

$$S_{xx} = \sum \ln^2 S(y_i) - \frac{1}{n} \left[\sum \ln S(y_i) \right]^2 = 0.37 \,(\text{mm})$$

$$\hat{b} = \frac{S_{yx}}{S_{yy}} = 0.0211$$

$$\hat{a} = \overline{\ln S(y_i)} - \hat{b} \times \overline{(-y_i^2 / 2)} = 3.3729$$

$$S_{\max} = \exp(\hat{a}) = 29.16 \,(\text{mm})$$

$$i = 1 / \hat{b}^{0.5} = 6.88 \,(\text{m})$$

经上述回归分析计算，可将实测数据拟合成函数：

$$S(y) = \exp(\hat{a}) \exp\left(-\frac{\hat{b}y^2}{2} \right) = 29.16 \times \exp\left(-\frac{y^2}{2 \times 6.88^2} \right) (\text{mm})$$

实测数据与拟合函数关系曲线如图 3.13 所示。

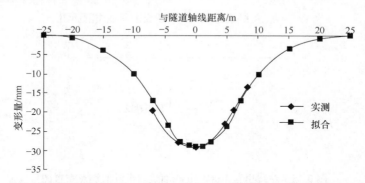

图 3.13　左线里程 13782 处断面实测沉降曲线与 Peck 拟合曲线对比图

由图可知，拟合沉降曲线与实测数据吻合较好，证明在左线里程 13782 断面的沉降曲线可采用修正后的 Peck 公式表示。地表最大沉降量为 29.16mm，沉降槽宽度为 6.88m，地层损失率为

$$\eta = \frac{S_{\max} i \sqrt{2\pi}}{\pi R^2} = \frac{29.16 \times 10^{-3} \times 6.88 \times \sqrt{2\pi}}{\pi \times 3.1^2} \times 100\% = 1.67\%$$

$$K = \frac{i}{z_0} = \frac{6.88}{16.2} = 0.425$$

5. 左线里程 13849 处断面地表沉降实测数据回归分析

1) 工程概况

根据施工组织可知，开挖方法与左线里程 13290 处断面相同，故可按同一方法考虑。左线里程 13849 处断面工程地质条件如图 3.14 所示。地表的监测点布置情况如图 3.15 所示。

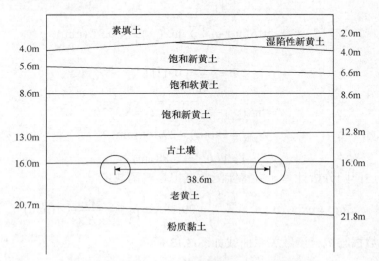

图 3.14　左线里程 13849 处断面工程地质剖面图

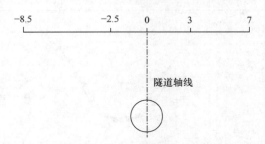

图 3.15　左线里程 13849 处断面地表沉降监测点布置图

2) 实测沉降回归分析

根据现场实际监测资料可知，监测点的沉降数据见表 3.5。

表 3.5　左线里程 13849 处断面实测数据

与隧道轴线距离/m	累计沉降值/mm	与隧道轴线距离/m	累计沉降值/mm
−8.5	14.44	3	24.17
−2.5	26.31	7	18.64
0	27.70		

根据 3.2.2 节计算公式计算可得

$$S_{yy} = \sum \left(-\frac{y_i^2}{2} \right)^2 - \frac{1}{n} \left(\sum \frac{y_i^2}{2} \right)^2 = 1003.67 \, (\text{mm})$$

$$S_{yx} = \sum \left[\left(\frac{-y_i^2}{2} \right)^2 \ln S(y_i) \right] - \frac{1}{n} \sum \left(\frac{-y_i^2}{2} \right) \sum \ln S(y_i) = 17.15 \, (\text{mm})$$

$$S_{xx} = \sum \ln^2 S(y_i) - \frac{1}{n} \left[\sum \ln S(y_i) \right]^2 = 0.297 \, (\text{mm})$$

$$\hat{b} = \frac{S_{yx}}{S_{yy}} = 0.017$$

$$\hat{a} = \overline{\ln S(y_i)} - \hat{b} \times \overline{(-y_i^2 / 2)} = 3.308$$

$$S_{\max} = \exp(\hat{a}) = 27.32 \, (\text{mm})$$

$$i = 1 / \hat{b}^{0.5} = 7.65 \, (\text{m})$$

经上述回归分析计算，可将实测数据拟合成函数：

$$S(y) = \exp(\hat{a}) \exp \left(-\frac{\hat{b} y^2}{2} \right) = 27.32 \times \exp \left(-\frac{y^2}{2 \times 7.65^2} \right) (\text{mm})$$

实测数据与拟合函数关系曲线图如图 3.16 所示。

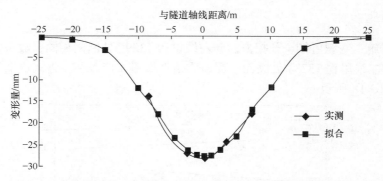

图 3.16　左线里程 13849 处断面实测沉降曲线与 Peck 拟合曲线对比图

由图可知，拟合沉降曲线与实测数据吻合较好，证明在左线里程 13849 处断面的沉降曲线可采用修正后的 Peck 曲线表示。地表最大沉降量为 27.32mm，沉降槽宽度为 7.65m，地层损失率为

$$\eta = \frac{S_{\max} i \sqrt{2\pi}}{\pi R^2} = \frac{27.32 \times 10^{-3} \times 7.65 \times \sqrt{2\pi}}{\pi \times 3.1^2} \times 100 = 1.74\%$$

$$K = \frac{i}{z_0} = \frac{7.65}{17.8} = 0.430$$

6. 典型断面实测沉降数据回归分析总结

前面分别对几个典型断面的实测沉降数据进行了回归分析，结果见表 3.6。

表 3.6   典型断面实测沉降数据回归分析表

里程编号	地层情况	隧道轴线埋深/m	实测最大沉降值/mm	拟合 Peck 公式沉降曲线			
				最大沉降值/mm	沉降槽宽度/m	沉降槽宽度系数	地层损失率/%
13290	图 3.2	16.2	13.38	13.65	8.90	0.432	1.01
13460	图 3.5	22.3	13.48	12.95	9.47	0.425	1.02
13680	图 3.8	18.3	12.11	12.34	7.99	0.437	0.82
13782	图 3.11	20.6	29.32	29.16	6.88	0.425	1.67
13849	图 3.14	17.8	27.70	27.32	7.65	0.430	1.74

通过对几个典型断面的分析可知，盾构施工引起的横向地表沉降规律可以用修正后的 Peck 拟合曲线来表示。从拟合的效果来看，拟合后的沉降曲线能较好地和实测沉降曲线相吻合。在西安地区，沉降槽宽度系数取 $K = 0.42 \sim 0.44$ 是比较合适的，而对地层损失率来说，由于地层地质条件，施工时的注水量、注浆量、盾构推力不同，其变化比较大。地层损失率越大，则地表沉降量越大。

3.2.4   修正后的 Peck 公式的验证

1. 工程概况

根据施工组织可知，开挖方法与左线里程 13290 处断面相同，故可按同一方法考虑。左线里程 13734 处断面工程地质条件如图 3.17 所示。地表的监测点布置情况如图 3.18 所示。

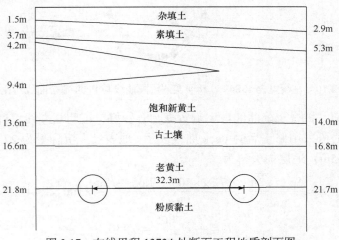

图 3.17   左线里程 13734 处断面工程地质剖面图

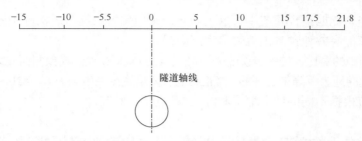

图 3.18　左线里程 13734 处断面地表沉降监测点布置情况

2. 实测沉降与 Peck 预测沉降曲线对比

根据现场实际监测资料可知，监测点的沉降数据见表 3.7。

表 3.7　左线里程 **13734** 处断面实测数据

与隧道轴线距离/m	累计沉降值/mm	与隧道轴线距离/m	累计沉降值/mm
−15	2.69	10	6.05
−10	5.84	15	3.12
−5.5	9.98	17.5	1.95
0	12.06	21.8	0.59
5	10.24		

根据上述的分析和左线里程 13734 处实测地表沉降值，现选取：① $K = 0.420$，$\eta = 0.85\%$；② $K = 0.425$，$\eta = 0.90\%$；③ $K = 0.430$，$\eta = 1.0\%$；④ $K = 0.440$，$\eta = 0.95\%$。按这四组数据对地表沉降进行预测，作出预测沉降曲线与实测沉降值对比图，如图 3.19 所示。

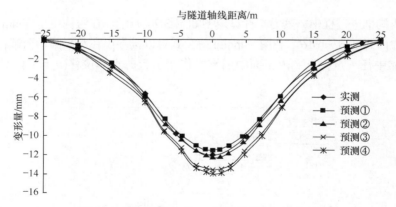

图 3.19　左线里程 13734 处断面地表沉降曲线

从图 3.19 可以看出，当采用 $K = 0.425$，$\eta = 0.90\%$ 为左线里程 13743 处断面预测地表沉降值时，预测结果与实测沉降值是比较吻合的。从图 3.19 来看，地表实测沉降值均比四组预测值小，这说明无论采用哪组数据对盾构施工地表沉降进行预测，都能有效地预测出地表最大沉降量。

通过图中的对比，进一步说明采用修正后的 Peck 经验公式预测西安地区地铁盾构施工引起的地表沉降是合理的，修正后的沉降槽宽度系数为 $K = 0.420 \sim 0.440$，地层损失率应根据不同的地层情况和施工参数进行确定。

3.3　考虑盾构施工过程的地表变形规律半解析半数值法研究

盾构施工过程中会引起可观测到的地表变形，地表变形对地铁安全施工及周边建筑物的安全十分重要，其研究重点内容主要有：盾构施工时正面附加推力对地表沉降的影响；盾构推进时与周围土体之间的摩擦力对地表沉降的影响；盾构施工土体损失对地表沉降的影响。

3.3.1　盾构施工时正面附加推力对地表沉降的影响

土压平衡式盾构机施工时是边挤压边切削土体，刀头的顶进、土的切削和出土是完全同步的，以达到土压力与支护压力平衡。但在实际操作中土压力与支护压力并不能完全保持平衡，当支护压力大于被动土压力时，土被挤出而产生挤土效应；当支护压力小于主动土压力时，临空面可能会产生坍塌。在实际施工中，为了使开挖面土体稳定，开挖面通常保证有足够的支护力，以产生正面附加推力 P。本书研究的西安地铁盾构施工所采用的主要为土压平衡式盾构机，具体计算过程如下。

1. 正面附加推力引起的地面变形计算

在盾构推进过程中，其力学计算模型如图 3.20 所示。在盾构机工作面的圆形区域内选取面元微分 $r \mathrm{d} r \mathrm{d} \theta$，利用 Mindlin 解公式可以推导出在水平圆形荷载作用下半无限土体中任一点 (x, y, z) 由正面附加推力作用引起的土体位移 (u, v, w)，计算公式如下[7]。

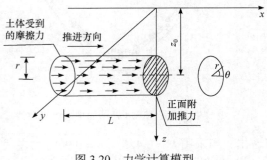

图 3.20　力学计算模型

$$u_1 = \int_0^{2\pi} \int_0^R \frac{P}{16\pi G(1-\mu)} \left\{ \frac{3-4\mu}{M_1} + \frac{x^2}{M_1^3} + \frac{1}{N_1} + \frac{(3-4\mu)x^2}{N_1^3} + \frac{2(z_0 - r\sin\theta)z}{N_1^3} \right.$$

$$\left. \times \left(1 - \frac{3x^2}{N_1^2}\right) + \frac{4(1-\mu)(1-2\mu)}{N_1 + z + z_0 - r\sin\theta} \times \left[1 - \frac{x^2}{N_1(N_1 + z + z_0 - r\sin\theta)}\right] \right\} r\mathrm{d}r\mathrm{d}\theta \quad (3.10)$$

$$v_1 = \int_0^{2\pi} \int_0^R \frac{Px(y + r\cos\theta)}{16\pi G(1-\mu)} \left[\frac{1}{M_1^3} + \frac{3-4\mu}{N_1^3} - \frac{6z(z_0 - r\sin\theta)}{N_1^5} \right.$$

$$\left. - \frac{4(1-\mu)(1-2\mu)}{N_1(N_1 + z + z_0 - r\sin\theta)^2} \right] r\mathrm{d}r\mathrm{d}\theta \quad (3.11)$$

$$w_1 = \int_0^{2\pi} \int_0^R \frac{P(x-l)}{16\pi G(1-\mu)} \left[\frac{z - h + r\sin\theta}{M_1^3} + \frac{(3-4\mu)(z - h + r\sin\theta)}{N_1^3} \right.$$

$$\left. - \frac{6z(h - r\sin\theta)(z + h - r\sin\theta)}{N_1^5} + \frac{4(1-\mu)(1-2\mu)}{N_1(N_1 + z + h - r\sin\theta)} \right] r\mathrm{d}r\mathrm{d}\theta \quad (3.12)$$

$$M_1 = \sqrt{x^2 + (y + r\cos\theta)^2 + (z - z_0 + r\sin\theta)^2}$$

$$N_1 = \sqrt{x^2 + (y + r\cos\theta)^2 + (z + z_0 - r\sin\theta)^2}$$

式中，x 为盾构推进方向离开挖面的水平距离(m)；μ 为土体泊松比；P 为盾构机正面附加推力(kPa)；r 为盾构机半径(mm)；z_0 为隧道轴线埋深(m)；y 为垂直于隧道轴线的水平距离(m)；z 为任意一点与地面的竖向距离(埋深)(m)；G 为土体剪切模量(MPa)，$G = \dfrac{(1 - 2\mu K_0)E_s}{2(1+\mu)}$，$E_s$ 为土体压缩模量(MPa)，K_0 为静止土压力系数。

对于地表处，$z = 0$，则以上计算公式可简化为

$$u_1 = \int_0^{2\pi} \int_0^R \frac{P}{4\pi G} \left\{ \frac{1}{M_1} + \frac{x^2}{M_1^3} + \frac{1 - 2\mu}{M_1 + z_0 - r\sin\theta} \times \left[1 - \frac{x^2}{M_1(M_1 + z_0 - r\sin\theta)}\right] \right\} r\mathrm{d}r\mathrm{d}\theta$$

$$(3.13)$$

$$v_1 = \int_0^{2\pi} \int_0^R \frac{Px(y + r\cos\theta)}{4\pi G} \left[\frac{1}{M_1^3} - \frac{1 - 2\mu}{M_1(M_1 + z_0 - r\sin\theta)^2} \right] r\mathrm{d}r\mathrm{d}\theta \quad (3.14)$$

$$w_1 = \int_0^{2\pi} \int_0^R \frac{Px}{4\pi G} \left[\frac{-z_0 + r\sin\theta}{M_1^3} + \frac{(1 - 2\mu)}{M_1(M_1 + z_0 - r\sin\theta)} \right] r\mathrm{d}r\mathrm{d}\theta \quad (3.15)$$

式中，$M_1 = N_1 = \sqrt{x^2 + (y + r\cos\theta)^2 + (-z_0 + r\sin\theta)^2}$。

式(3.13)～式(3.15)很难直接积分计算,在本书中采用数学软件 MATLAB 进行

计算。

2. 正面附加推力对地表沿 x 轴方向的土体变形影响研究

由式(3.13)，利用数学软件 MATLAB 进行计算可得出以下结果。

1) 在相同隧道埋深，不同正面附加推力作用下地表沿 x 轴方向变形研究

在计算过程中，$z=15\mathrm{m}$，$y=0\mathrm{m}$，$G=1.1683\mathrm{MPa}$，$\mu=0.35$，$R=3.05\mathrm{m}$，则相同隧道埋深时地表沿 x 轴方向变形量随正面附加推力的变化曲线如图 3.21 所示。

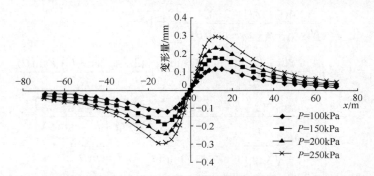

图 3.21　相同隧道埋深时地表沿 x 轴方向变形量随正面附加推力的变化曲线

对图 3.21 分析可得，在相同隧道埋深条件下，地表沿 x 轴方向变形量随正面附加推力增大而增大，地表最大变形量与正面附加推力增大量呈线性增长的关系，地表变形影响范围也随着正面附加推力的增大而增大。盾构开挖面前方由于正面附加推力的作用，开挖面前方土体向上隆起或沉降，隆起量或沉降量最大处一般在距盾构开挖面 $\pm(3.0\sim3.5)R$ 处；在距开挖 $\pm(3.0\sim3.5)R$ 范围内，随着与开挖面距离的增大，隆起量或沉降量也逐渐增大；在距开挖前方 $\pm(3.0\sim3.5)R$ 范围外，随着与开挖面距离的增大，隆起量或沉降量逐渐减小，当距离超过一定的范围时，地表基本不产生变形。

2) 在相同正面附加推力作用下，不同隧道埋深 z 处地表沿 x 轴方向变形研究

在计算过程中 $P=200\mathrm{kPa}$，$y=0\mathrm{m}$，$G=1.1683\mathrm{MPa}$，$\mu=0.35$，$R=3.05\mathrm{m}$。

对图 3.22 分析可得，在相同正面附加推力作用下，地表沿 x 轴方向变形量随隧道埋深的增加而减小。在距盾构开挖面 $\pm(9.0\sim10.5)R$ 范围内随隧道埋深变化比较大，在距隧道开挖面 $\pm(9.0\sim10.5)R$ 范围以外，变形量随隧道埋深变化很小。在盾构开挖面前方，正面附加推力的作用导致开挖面前方土体向上隆起或沉降，隆起量或沉降量最大处一般在距盾构开挖面 $\pm(3.0\sim3.5)R$ 处；在距开挖前方 $\pm(3.0\sim3.5)R$ 范围内，随着与开挖面距离的增大，隆起量或沉降量也逐渐增大；在距开挖面 $\pm(3.0\sim3.5)R$ 范围外，随着与开挖面距离的增大，隆起量或沉降量逐渐减小，当距离超过一定范围时，地表基本不产生变形。

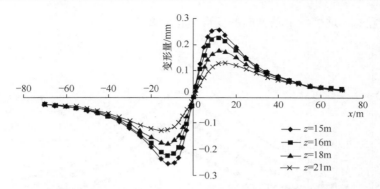

图 3.22　相同正面附加推力时地表沿 x 轴方向变形量随隧道埋深的变化曲线

3) 土体参数对地表沿 x 轴方向变形影响研究

土体沿 x 轴方向的变形量 u_1 与土体剪切模量 G 呈反比例关系，而

$$G = \frac{(1-2\mu K_0)E_s}{2(1+\mu)}$$ (3.16)

式中，E_s 为土体压缩模量(MPa)；K_0 为静止土压力系数。

$$\frac{1}{G} = \frac{2(1+\mu)}{(1-2\mu K_0)E_s}$$ (3.17)

对式(3.17)分析可得，当 K_0、E_s 不变 μ 增大，或者当 μ、E_s 不变 K_0 增大时，$1/G$ 随 μ 或 K_0 增大而增大，土体沿 x 轴方向的变形量也随之增大。当 μ、K_0 相同 E_s 增大时，$1/G$ 随 E_s 增大而减小，土体沿 x 轴方向的变形量也随之减小。

由以上分析可得，在不同地层中施工即使采用相同的施工方法，引起的地表沿 x 轴方向的变形量是不一样的，变形量的大小与地层的参数息息相关。

因此，盾构施工时，正面附加推力对地表沿隧道轴线方向变形量的影响因素是多方面的，正面附加推力的影响要比隧道埋深对地表沿 x 轴方向变形的影响大。当对地层沿隧道轴线方向变形有严格要求时，应该合理地控制盾构正面附加推力的大小，同时考虑不同的隧道埋深及地层相关参数。

3. 正面附加推力对地表沿 y 轴方向的土体变形影响研究

由式(3.14)，利用数学软件 MATLAB 进行计算可得出以下结果。

1) 在相同隧道埋深，不同正面附加推力作用下地表沿 y 轴方向变形研究

在计算过程中 $z = 15\text{m}$，$x = 0.5\text{m}$，$G = 1.1683\text{MPa}$，$\mu = 0.35$，$R = 3.05\text{m}$。

分析图 3.23 可知，在相同隧道埋深条件下，地表沿 y 轴方向变形量随正面附加推力变化特征与 x 轴方向相同。对于正面附加推力引起的地表沿 y 轴方向变形情况为：随着与隧道轴线距离的增大，地表沿 y 轴方向的变形量逐渐减小，在隧

道轴线位置处，地表沿 y 轴方向的变形量达到最大。

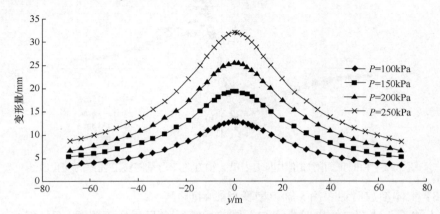

图 3.23　相同隧道埋深时地表沿 y 轴方向变形量随正面附加推力的变化曲线

2) 在相同正面附加推力作用下，不同隧道埋深地表沿 y 轴方向变形研究

在计算过程中 $P=150\text{kPa}$ ，$x=0.5\text{m}$ ，$G=1.1683\text{MPa}$ ，$\mu=0.35$ ，$R=3.05\text{m}$ 。

分析图 3.24 可以发现，在相同正面附加推力的情况下，随着隧道埋深增加，地表沿 y 轴方向变形量逐渐减小。在距隧道轴线 $\pm(9.0\sim10.5)R$ 范围内随隧道埋深变化比较大，在距隧道轴线 $\pm(9.0\sim10.5)R$ 范围以外，变形量随隧道埋深变化很小。正面附加推力对 y 轴方向变形量的影响范围基本不随隧道埋深的变化而变化。

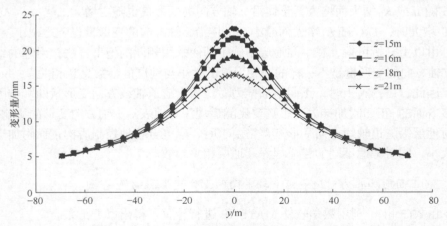

图 3.24　相同正面附加推力时沿 y 轴方向变形量随隧道埋深的变化曲线

3) 土体参数对地表沿 y 轴方向变形影响研究

通过对式(3.17)分析可得以下结论。

当 K_0 、E_s 不变 μ 增大，或者 μ 、E_s 不变 K_0 增大时，$1/G$ 随 μ 或 K_0 增大而增

大，土体沿 y 轴方向的变形量 v_1 也随之增大。

当 μ、K_0 不变，E_s 增大时，$1/G$ 随 E_s 增大而减小，土体沿 y 轴方向的变形量 v_1 也随之减小。

经分析可得，采用相同的施工方法在不同的地层中施工时，引起地表沿 y 轴方向的变形量不一样，变形量和地层的参数有直接关系。

因此，盾构施工时，正面附加推力对地表沿 y 轴方向变形量的影响因素是多方面的。正面附加推力对于维持开挖面的稳定具有相当大的作用，如果正面附加推力过小，开挖面的土体会发生塌方；但如果正面附加推力过大，会导致开挖面前方土体产生隆起而后方土体产生沉降。正面附加推力对地表沿 y 轴变形的影响要比隧道埋深对地表沿 y 轴的影响大。因此，当对地层沿隧道轴线方向的变形有较高的要求时，就应该控制盾构正面附加推力大小，并结合隧道埋深及地层相关参数及时调整施工参数。

4. 正面附加推力对 z 轴方向的土体变形影响研究

由式(3.15)，可得出以下计算结果。

1) 在相同隧道埋深处，不同正面附加推力作用下地表沿 z 轴方向变形研究

在计算过程中，$z=15\mathrm{m}$，$x=0.5\mathrm{m}$，$G=1.1683\mathrm{MPa}$，$\mu=0.35$，$R=3.05\mathrm{m}$。

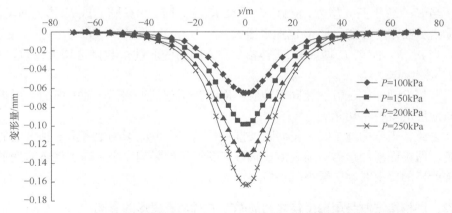

图 3.25　相同隧道埋深时地表沿 z 轴变形量随正面附加推力的变化曲线

对图 3.25 分析可得，在相同隧道埋深条件下，地表沿 z 轴方向变形量随正面附加推力增大而增大。地表沿 z 轴方向变形增大量与正面附加推力增大量呈线性增长的关系，地表变形沉降槽宽度基本保持不变。从图中可以看出，正面附加推力对地表沿 z 轴方向变形的影响比对 x、y 轴的影响小得多。

2) 在相同正面附加推力作用下，不同隧道埋深地表沿 z 轴方向变形研究

在计算过程中 $P=200\mathrm{kPa}$，$x=0\mathrm{m}$，$G=1.1683\mathrm{MPa}$，$\mu=0.35$，$R=3.05\mathrm{m}$。

对图 3.26 分析可得，在相同正面附加推力作用下，地表沿 z 轴方向变形量随隧道埋深增大而减小，但地表沉降槽宽度略有增大。在隧道轴线±(6.0～7.0)R 范围内，地表沿 z 轴方向的变形量随隧道埋深的增大而减小，但在距隧道轴线±(6.0～7.0)R 范围以外，地表沿 z 轴方向的变形量随隧道埋深的增大而增大。

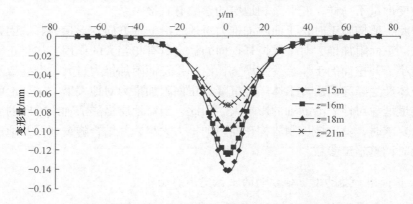

图 3.26　相同正面附加推力时地表沿 z 轴变形量随隧道埋深的变化曲线

3) 土体参数对地表沿 z 轴方向变形影响研究

根据式(3.17)分析可得：

当 K_0、E_s 不变 μ 增大，或 μ、E_s 不变 K_0 增大时，$1/G$ 随 μ 或 K_0 增大而增大，土体沿 z 轴方向的变形量 w_1 也随之增大。

当 μ、K_0 不变，E_s 增大时，土体沿 z 轴方向的变形量 w_1 也随之增大，但是 $1/G$ 随 E_s 增大而减小。

分析发现，施工方法相同但地层不同时，引起的地表沿 z 轴方向的变形量大小与地层的参数密切相关。

因此，当盾构施工时，正面附加推力将从多个方面影响地表沿 z 轴方向的变形量。但正面附加推力对地表沿 z 轴方向变形量的影响很小，除了地表对变形有非常严格的要求时，一般情况下可不予考虑。

3.3.2　盾构推进时与周围土体之间的摩擦力对地表变形的影响

在盾构施工过程中，盾构机与周围土体会产生摩擦力，当盾构机向前推进时，摩擦力会带动土体移动，从而引起地表变形。盾构机与土体之间的接触面积较大，会产生较大的摩擦力。

盾构机向前推进时与土体之间相互作用关系如图 3.20 所示。取盾构机表面的微分面积 $r\mathrm{d}r\mathrm{d}\theta$，利用 Mindlin 解，通过直接积分得到盾构机与土体之间的摩擦力引起的地表垂直变形近似计算公式为

$$u_2 = \int_0^{2\pi} \int_0^L \frac{p_i r}{16\pi G(1-\mu)} \left\{ \frac{3-4\mu}{M_2} + \frac{(x+l)^2}{M_2^3} + \frac{1}{N_2} + \frac{(3-4\mu)(x+l)^2}{N_2^3} + \frac{2(z_0 - r\sin\theta)z}{N_2^3} \right.$$

$$\left. \times \left(1 - \frac{3(x+l)^2}{N_2^2} \right) + \frac{4(1-\mu)(1-2\mu)}{N_2 + z + z_0 - r\sin\theta} \times \left[1 - \frac{(x+l)^2}{N_2(N_2 + z + z_0 - r\sin\theta)} \right] \right\} \mathrm{d}l\mathrm{d}\theta$$

$$(3.18)$$

$$v_2 = \frac{p_i r}{16\pi G(1-\mu)} \int_0^{2\pi} \int_0^L (x+l)(y+r\cos\theta) \left[\frac{1}{M_2^3} + \frac{3-4\mu}{N_2^3} \right.$$

$$\left. - \frac{6z(z_0 - r\sin\theta)}{N_2^5} - \frac{4(1-\mu)(1-2\mu)}{N_2(N_2 + z + z_0 - r\sin\theta)^2} \right] \mathrm{d}l\mathrm{d}\theta \qquad (3.19)$$

$$w_2 = \frac{p_i r}{16\pi G(1-\mu)} \int_0^{2\pi} \int_0^L (x+l) \left[\frac{z - z_0 + r\sin\theta}{M_2^3} + \frac{(3-4\mu)(z - z_0 + r\sin\theta)}{N_2^3} \right.$$

$$\left. - \frac{6z(z_0 - r\sin\theta)(z + z_0 - r\sin\theta)}{N_2^5} + \frac{4(1-\mu)(1-2\mu)}{N_2(N_2 + z + z_0 - r\sin\theta)} \right] \mathrm{d}l\mathrm{d}\theta \qquad (3.20)$$

式中,

$$M_2 = \sqrt{x^2 + (y + r\cos\theta)^2 + (z - z_0 + r\sin\theta)^2}$$

$$N_2 = \sqrt{x^2 + (y + r\cos\theta)^2 + (z + z_0 - r\sin\theta)^2}$$

p_i 为盾构机与土体之间单位面积的摩擦力(kPa),p_i 等于正压力(即隧道轴线的法向应力 σ_N)乘以摩擦系数 f,即 $p_i = \sigma_N \times f$;σ_N 为隧道轴线的法向应力(kPa),等于土压力和地下水压力的合力,土压力一般按朗肯主动土压力理论计算,摩擦系数 f 与土的特性密切相关,其大小随土体强度的增大而增大。p_i 的取值与埋深和土质有关,埋深越大、土质越好,取值也越大。

对于地表处,$z = 0$,则以上计算公式可简化为

$$u_2 = \int_0^{2\pi} \int_0^L \frac{p_i r}{4\pi G} \left\{ \frac{1}{M_2} + \frac{(x+l)^2}{M_2^3} + \frac{1-2\mu}{M_2 + z_0 - r\sin\theta} \times \left[1 - \frac{(x+l)^2}{M_2(M_2 + z_0 - r\sin\theta)} \right] \right\} \mathrm{d}l\mathrm{d}\theta$$

$$(3.21)$$

$$v_2 = \frac{p_i r}{4\pi G} \int_0^{2\pi} \int_0^L (x+l)(y+r\cos\theta) \left[\frac{1}{M_2^3} - \frac{1-2\mu}{M_2(M_2 + h - r\sin\theta)^2} \right] \mathrm{d}l\mathrm{d}\theta \quad (3.22)$$

$$w_2 = \frac{p_i r}{4\pi G} \int_0^{2\pi} \int_0^L (x+l) \left[\frac{-h + r\sin\theta}{M_2^3} + \frac{(1-2\mu)}{M_2(M_2 + h - r\sin\theta)} \right] \mathrm{d}l\mathrm{d}\theta \quad (3.23)$$

式中，$M_2 = N_2 = \sqrt{(x+l)^2 + (y + r\cos\theta)^2 + (-z_0 + r\sin\theta)^2}$。

式(3.21)～式(3.23)直接积分计算很麻烦，因此本书采用数学软件MATLAB进行计算。

1. 盾壳与周围土体之间的摩擦力对x轴方向的土体变形影响研究

通过式(3.21)，可得出如下结果。

1) 在相同隧道埋深，不同摩擦力作用下地表沿x轴方向变形研究

在计算过程中，$z = 15\text{m}$，$y = 0\text{m}$，$G = 1.1683\text{MPa}$，$\mu = 0.35$，$R = 3.05\text{m}$。

对图3.27分析可得，在相同隧道埋深条件下，地表沿x轴方向变形量随摩擦力的增大而增大，地表变形量与摩擦力的增大量呈线性增长的关系，地表变形影响范围随着摩擦力的增大而增大。在盾构开挖时，由于盾壳与土体之间的摩擦力作用，开挖面前方土体向上隆起，最大的隆起量一般会出现在距盾构开挖面$\pm(3.0\sim3.5)R$处；在距开挖面$\pm(3.0\sim3.5)R$范围内，离开挖面越远，隆起量越大；在距开挖面$\pm(3.0\sim3.5)R$范围外，离开挖面越远，隆起量越小，当距离超过一定的范围时，地表基本不产生变形。而开挖面后方由于摩擦力的作用，带动周围土体向前移动导致开挖面后方的地表产生沉降，沉降情况如下：沉降量最大处一般在距盾构开挖面$(-3.0\sim-3.5)R$处；在距开挖面$(-3.0\sim-3.5)R$范围内，随着与开挖面距离的增大，沉降量也逐渐增大；在距开挖面$(-3.0\sim-3.5)R$范围外，随着与开挖面距离的增大，沉降量逐渐减小，当距离超过一定的范围时，地表基本不产生变形。

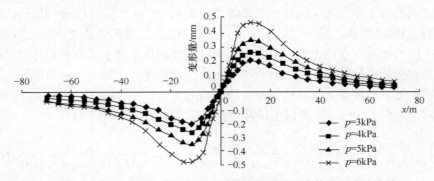

图3.27　相同隧道埋深时地表沿x轴方向变形量随摩擦力的变化曲线

2) 在相同摩擦力作用下，不同隧道埋深地表沿x轴方向变形研究

在计算过程中$P = 4\text{kPa}$，$x = 0\text{m}$，$G = 1.1683\text{MPa}$，$\mu = 0.35$，$R = 3.05\text{m}$。

对图3.28分析可得，在相同摩擦力作用下，地表沿x轴方向变形量在距隧道轴线$\pm(9.0\sim10.5)R$范围内随隧道埋深变化比较大，在距隧道开挖面$\pm(9.0\sim10.5)R$范围以外，变形量随隧道埋深变化很小。地表变形量随隧道埋深增大而减小，但

地表变形影响范围基本上保持不变。变形量的大小与隧道开挖面之间的关系和相同隧道埋深时地表变形量随摩擦力的变化一样。

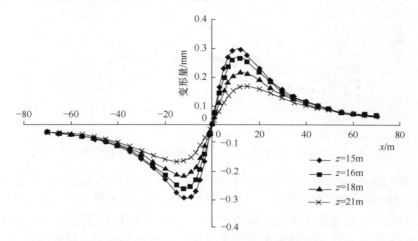

图 3.28　相同摩擦力时地表沿 x 轴方向变形量随隧道埋深的变化曲线

3) 土体参数对地表土体沿 x 轴方向变形影响研究

根据式(3.17)分析可得:

当 K_0、E_s 不变,μ 增大时,$1/G$ 随 μ 增大而增大,土体沿 x 轴方向的变形量 u_2 也随之增大。

当 μ、E_s 不变,K_0 增大时,$1/G$ 随 K_0 增大而增大,土体沿 x 轴方向的变形量 u_2 也随之增大。

当 μ、K_0 不变,E_s 增大时,$1/G$ 随 E_s 增大而减小,土体沿 x 轴方向的变形量 u_2 也随之增大。

由以上分析可得,相同的施工方法在不同的地层中施工时,引起的地表沿 x 轴方向的变形量是不一样的,变形量的大小与地层的参数息息相关。

因此,盾构施工时,盾壳与周围土体间的摩擦力对地表沿 x 轴方向变形量的影响是多方面的,不仅与摩擦力的大小相关,还与隧道的埋深、地层参数等息息相关。摩擦力对地表沿 x 轴方向变形量的影响比隧道埋深对地表沿 x 轴方向变形量的影响大。

2. 盾壳与周围土体之间的摩擦力对 y 轴方向的土体变形影响研究

通过式(3.22),计算结果如下。

1) 在相同隧道埋深,不同摩擦力作用下对地表沿 y 轴方向变形研究

在计算过程中,$z=15m$,$x=0m$,$G=1.1683MPa$,$\mu=0.35$,$R=3.05m$,则地表沿 y 轴方向变形量随摩擦力的变化曲线如图 3.29 所示。

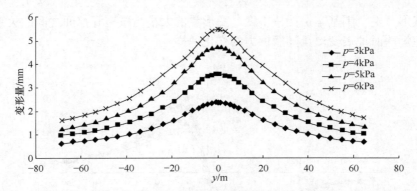

图 3.29　相同隧道埋深时地表沿 y 轴方向变形量随摩擦力的变化曲线

由图 3.29 可知，当隧道埋深相同时，随着盾壳与周围土体之间摩擦力的增大，地表沿 y 轴方向变形量也增大，并且地表变形量与摩擦力呈线性增长关系，随着摩擦力的增大，地表变形影响范围也增大。土体与隧道轴线距离越近，摩擦力引起的变形量越大，在隧道轴线上变形量最大，随着土体与隧道轴线距离的增加，变形量逐渐减小。

2) 在相同摩擦力作用下，不同隧道埋深地表沿 y 轴方向变形研究

在计算过程中 $p=4\text{kPa}$，$x=0\text{m}$，$G=1.1683\text{MPa}$，$\mu=0.35$，$R=3.05\text{m}$，则地表沿 y 轴方向变形量随隧道埋深的变化曲线如图 3.30 所示。

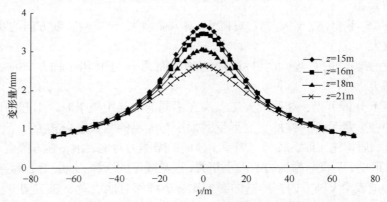

图 3.30　相同摩擦力时地表沿 y 轴方向变形量随隧道埋深的变化曲线

分析图 3.30 发现，当盾壳与土体间摩擦力相同时，在距隧道轴线±(9.0～10.5)R 范围内，若隧道埋深发生变化，则地表沿 y 轴方向变形量也发生变化并且变化比较大，在距隧道轴线±(9.0～10.5)R 范围以外时，变形量随隧道埋深变化比较小。地表变形量与隧道埋深成反比，但地表变形影响范围基本上是保持不变的。

3) 土体参数对地表沿 y 轴方向变形量影响研究

根据式(3.17)分析可知:

当 K_0、E_s 不变, μ 增大时, $1/G$ 随 μ 增大而增大, 土体沿 y 轴方向的变形量 v_2 也随之增大。

当 μ、E_s 不变, K_0 增大时, $1/G$ 随 K_0 增大而增大, 土体沿 y 轴方向的变形量 v_2 也随之增大。

当 μ、K_0 不变, E_s 增大时, $1/G$ 随 E_s 增大而减小, 土体沿 y 轴方向的变形量 v_2 随之增大。

由以上分析可得, 相同的施工方法在不同的地层中施工时, 引起的地表沿 y 轴方向的变形量是不一样的, 变形量与地层的参数息息相关。

因此, 盾构施工时, 摩擦力对地表沿 y 轴方向变形量的影响因素是多方面的, 当对地表沿 y 轴方向变形有严格要求时, 应该合理控制盾构正面附加推力, 同时考虑不同的隧道埋深及地层相关参数。

3. 盾壳与周围土体之间的摩擦力对 z 轴方向的土体变形影响研究

通过式(3.23), 计算结果如下。

1) 在相同隧道埋深, 不同摩擦力作用下地表沿 z 轴方向变形研究

在计算过程中 $z=15\text{m}$, $x=0\text{m}$, $G=1.1683\text{MPa}$, $\mu=0.35$, $R=3.05\text{m}$, 则地表沿 z 轴方向变形量随摩擦力的变化曲线如图 3.31 所示。

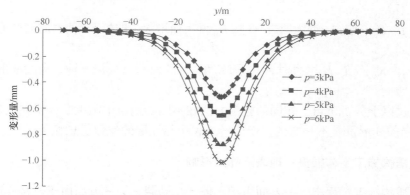

图 3.31　相同隧道埋深时地表沿 z 轴方向变形量随摩擦力的变化曲线

对图 3.31 分析可得, 在相同隧道埋深条件下, 地表沿 z 轴方向的变形量随摩擦力的增大而增大, 变形量的增大量与摩擦力的增大量两者之间呈线性增长关系。地表变形影响范围随着摩擦力的增大而逐渐增大。

2) 在相同摩擦力作用下, 不同隧道埋深地表沿 z 轴方向变形研究

在计算过程中 $p=4\text{kPa}$, $x=0\text{m}$, $G=1.1683\text{MPa}$, $\mu=0.35$, $R=3.05\text{m}$。随

隧道埋深变化的地表沿 z 轴方向变形量曲线如图 3.32 所示。

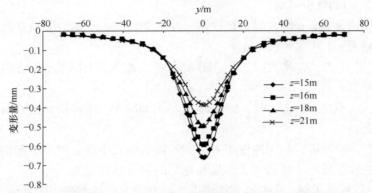

图 3.32　相同摩擦力时地表沿 z 轴方向变形量随隧道埋深的变化曲线

对图 3.32 分析可得，在相同摩擦力作用下，地表沿 z 轴方向变形量随隧道埋深的变化而变化。在距隧道轴线±(6.0~7.0)R 范围内，地表沿 z 轴方向的变形量随隧道埋深的增加而减小，但在距隧道轴线±(6.0~7.0)R 范围以外，地表沿 z 轴方向的变形量随隧道埋深的增加而有所增加，地表变形影响范围基本上保持不变。

3) 土体参数对地表沿 z 轴方向变形影响研究

根据式(3.17)分析可知：

当 K_0、E_s 不变，μ 增大时，$1/G$ 随 μ 增大而增大，土体沿 z 轴方向的变形量 w_2 也随之增大。

当 μ、E_s 不变，K_0 增大时，$1/G$ 随 K_0 增大而增大，土体沿 z 轴方向的变形量 w_2 也随之增大。

当 μ、K_0 不变，E_s 增大时，$1/G$ 随 E_s 增大而减小，土体沿 z 轴方向的变形量 w_2 也随之增大。

通过以上分析可得，相同的施工方法在不同的地层中施工时，引起的地表沿 z 轴方向的变形量是不一样的，变形量的大小与地层的参数息息相关。

3.3.3　盾构施工土体损失对地表沉降的影响

在盾构施工过程中，一方面由于土体开挖卸载，另一方面由于盾构机尾部通过后其外径较管片外径大 2~4cm，从而产生环形空隙，尽管采用了注浆填充措施，但仍不可避免地会产生土体损失，从而引起地面沉降。土体损失是引起地面变形的一个主要因素。土体损失示意图如图 3.33 所示。Loganathan 和 Poulos 考虑了地层损失系数，采用间隙参数，并考虑了土体向隧道内的变形为椭圆形的非均匀分布特征[6]的方法，如图 3.34 所示。本书在该方法的基础上进行了研究。

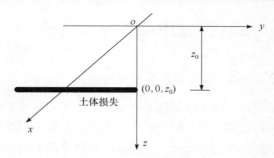

图 3.33　土体损失示意图

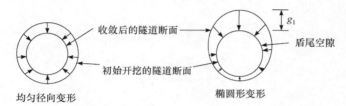

图 3.34　隧道周边土体的均匀径向变形和椭圆形变形

由地层损失引起的地层中任一点的竖向变形和水平变形分别如下：

$$U_z = r^2\left\{-\frac{z-z_0}{x^2+(z-z_0)^2}+\frac{(3-4\mu)(z+z_0)}{x^2+(z+z_0)^2}-\frac{2z\left[x^2-(z+z_0)^2\right]}{\left[x^2+(z+z_0)^2\right]^2}\right\}$$

$$\times\frac{4rg_1+g_1^2}{4r^2}\exp\left\{-\left[\frac{1.38x^2}{(z_0+r)^2}+\frac{0.69z^2}{z_0^2}\right]\right\} \tag{3.24}$$

$$U_x = -xr^2\left\{\frac{1}{x^2+(z-z_0)^2}+\frac{3-4\mu}{x^2+(z+z_0)^2}-\frac{4z(z+z_0)^2}{\left[x^2+(z+z_0)^2\right]^2}\right\}$$

$$\times\frac{4rg_1+g_1^2}{4r^2}\exp\left\{-\left[\frac{1.38x^2}{(z_0+r)^2}+\frac{0.69z^2}{z_0^2}\right]\right\} \tag{3.25}$$

等效地层损失参数定义为

$$\varepsilon_0 = \frac{4rg_1+g_1^2}{4r^2}\times100\% \tag{3.26}$$

式中，g_1 为间隙参数。

对地表而言，上述计算式可简化为

$$u_3 = -\frac{x(1-\mu)\times(4rg_1+g_1^2)}{x^2+z_0^2}\exp\left[-\frac{1.38x^2}{(z_0+r)^2}\right] \tag{3.27}$$

$$w_3 = \frac{z_0(1-\mu)\times(4rg_1+g_1^2)}{x^2+z_0^{\,2}}\exp\left[-\frac{1.38x^2}{(z_0+r)^2}\right] \tag{3.28}$$

1. 地层损失对土体沿 x 轴方向变形的影响研究

1) 相同隧道埋深时，地表沿 x 轴方向变形随土体损失率变化研究

根据式(3.27)进行计算可得：相同隧道埋深时，地表沿 x 轴方向的变形量随地层损失率的变化曲线如图 3.35 所示。在计算时取隧道埋深为 $z=15\text{m}$。

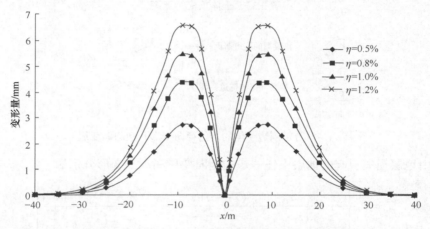

图 3.35　相同隧道埋深时地表沿 x 轴方向变形量随土体损失率的变化曲线

对图 3.35 分析可得，在隧道埋深相同时，地表沿 x 方向的变形量随地层损失率的增大而增加。隧道轴线上的土体不会沿着 x 轴方向发生变形，而隧道轴线两侧土体则会因为土体损伤而发生向隧道轴线方向的变形。在隧道轴线两侧 $\pm(2.7\sim3.2)R$ 范围内，随着与隧道轴线距离的增加，土体沿 x 轴方向的变形量逐渐增大；当超出隧道轴线两侧 $\pm(2.7\sim3.2)R$ 范围时，随着与隧道轴线距离的增加，土体沿 x 轴方向的变形量则逐渐减小，达到一定的距离时则不会因为隧道的开挖产生沿 x 轴方向的变形。

2) 相同地层损失率时，地表沿 x 轴方向变形随隧道埋深变化研究

根据式(3.27)进行计算可得：地层损失率相同时，地表沿 x 轴方向变形随隧道埋深变化曲线如图 3.36 所示。在计算时取地层损失率为 $\eta = 0.8\%$。

对图 3.36 分析可得，在土体损失率相同时，地表沿 x 轴方向的变形在距隧道轴线 $\pm(6\sim7)R$ 范围内随隧道埋深的增大而减小，但在距隧道轴线 $\pm(6\sim7)R$ 范围以外则随隧道埋深的增大而增大，地表影响范围随着隧道埋深的增大也逐渐增大。隧道轴线上的土体不会沿着 x 轴方向发生变形，而隧道轴线两侧土体则会因为土体损伤而发生向隧道轴线方向的变形。在隧道轴线两侧 $\pm(2.7\sim3.2)R$ 范围内，随

着与隧道轴线距离的增加，土体沿 x 轴方向的变形量也逐渐增大；当超出隧道轴线两侧±(2.7～3.2)R 范围时，随着与隧道轴线距离的增加，土体沿 x 轴方向的变形则逐渐减小，达到一定的距离时则不会因为隧道的开挖产生沿 x 轴方向的变形。

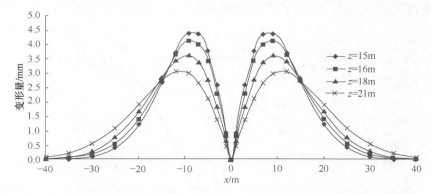

图 3.36　相同地层损失率时地表沿 x 轴方向变形量随隧道埋深的变化曲线

因此，地层损失引起的地表沿 x 轴方向的变形，无论是相同隧道埋深不同地层损失率，还是相同地层损失率不同隧道埋深，地层损失引起的地表变形在地表总变形中所占的比例都是很大的，因此要控制地表沉降，应该严格控制地层损失率。

2. 地层损失对土体沿 z 轴方向变形的影响研究

1) 相同隧道埋深时，地表沿 z 轴方向变形随地层损失率变化研究

由式(3.28)进行计算，计算时取隧道埋深为 $z=15\text{m}$。

对图 3.37 分析可知，在隧道埋深相同时，地表沿 z 轴方向的变形量随土体损失率的增大而增大，但地表沉降槽的宽度基本上不变。在隧道轴线上，地表的沉降

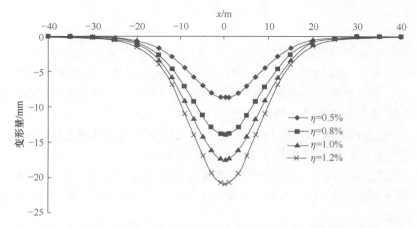

图 3.37　相同隧道埋深时地表沿 z 轴方向变形量随土体损失率的变化曲线

量最大，在隧道轴线两侧随着与隧道轴线距离的增加，地表沉降量逐渐减小。隧道两侧土体到隧道轴线的距离超过一定范围时，地表不会产生沉降。

2) 相同地层损失率时，地表沿 z 轴方向变形随隧道埋深变化研究

根据式(3.28)进行计算，并取地层损失率为 $\eta = 0.8\%$。

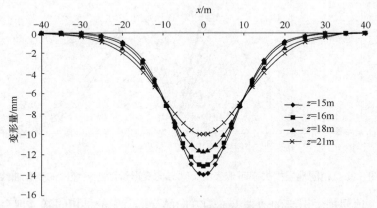

图 3.38　地表沿 z 轴方向变形量随隧道埋深的变化曲线

对图 3.38 分析可得，地层损失率相同时，距离隧道轴线 $\pm(2.7 \sim 3.2)R$ 时，随着隧道埋深的增加，地表沿 z 轴方向的变形量逐渐减小；在距隧道轴线 $\pm(2.7 \sim 3.2)R$ 范围以外时，随着隧道埋深的增加，地表沿 z 轴方向的变形量也增加，但地表影响范围基本不变。

因此，地层损失引起地表沿 z 轴方向的变形，与地层损失引起地表沿 x 轴方向的变形一样，想要控制地表沉降，同样应该严格控制地层损失率。

3.4　小　　结

本章基于施工引起的地表沉降数据，对西安地铁隧道施工引起地表沉降的机理进行了研究，不仅修正了可用于西安黄土地区隧道施工地表沉降规律分析的 Peck 公式，而且对有关经验参数的取值范围进行了限定，完成了考虑盾构隧道施工过程的地表变形特性半解析法研究，详细内容如下。

(1) 在地表沉降实测数据和 Peck 经验公式拟合研究的基础上修正 Peck 公式，用于西安地铁区间隧道盾构施工诱发地表沉降预测。

(2) 修正后的 Peck 公式中沉降槽宽度系数为 $K = 0.420 \sim 0.440$，地层损失率应根据不同的地层情况和施工参数进行确定，一般情况下取 $\eta = 0.7\% \sim 2.0\%$ 是合理的。

(3) 基于 Mindlin 解研究了盾构施工参数对地表三维沉降的影响规律，对黄土

地层地铁区间隧道盾构施工引起的地表沉降规律进行预测研究，主要研究了正面附加推力、盾壳与土体之间的摩擦力、盾尾空隙、隧道埋深对地表沉降的影响规律。

(4) 盾构施工时，正面附加推力可以维持开挖面前方土体的稳定，但正面附加推力对地表竖向变形量是有影响的。当正面附加推力小于土体主动土压力时，地表会产生沉降，沉降量随着正面附加推力的增大而减小；当正面附加推力大于土体主动土压力时，地表会产生隆起，隆起量随正面附加推力的增大而增大。

(5) 盾构施工时影响地表竖向变形的因素很多，而盾尾空隙的大小对地表竖向变形影响最大。对西安老黄土来说，土体结构致密，强度高，开挖后自稳能力比较高，因此盾构施工时应尽量减少超挖，严格控制盾尾空隙以减少地表沉降。

(6) 盾构施工时，地表沉降量随着与隧道轴线距离的增加逐渐减小，在隧道轴线上方变形最大。变形影响范围主要在距轴线$\pm(7.5\sim8.8)R$范围内，因此在该变形影响范围内有建(构)筑物时，地铁隧道开挖前应该进行预加固，加固后方能进行盾构施工。

第4章　地铁隧道施工对邻近建筑物影响风险评估

本章采用层次分析法以及模糊综合评价方法，建立适合西安地铁盾构隧道施工对邻近建筑物安全影响的等级评估体系，确定盾构隧道施工邻近建筑物安全影响等级的评估标准，提出盾构施工引起邻近建筑物变形的控制标准，为盾构施工控制措施及建(构)筑物结构安全防护措施的制定提供依据。

4.1　建筑物安全影响的评估方法

地铁项目受水文地质条件、施工技术水平、经济发展程度以及施工环境等因素影响，开展地铁盾构施工风险评估具有一定的难度。对地铁盾构施工下穿建筑物重大危险源的关键部分应该进行重点评估和分析，找到潜在的失误、缺陷等因素以及需要预防的重点区域，且依据危险源分级标准，进行重大危险源的危险程度分级，采取有效的监控和管理措施。

常用的建筑物安全风险评估分析方法大致可分为三类：定性分析法、定量分析法和综合分析法。

4.1.1　定性分析法

定性分析法是指在借助大量专家意见和工程经验的基础上充分发挥人的敏锐分析能力、洞察力以及逻辑判断能力，并且综合多方面知识对盾构隧道工程的施工风险等进行判断的一类方法。例如，专家打分和发放问卷调查等方法可以为工程风险等级的判定与分析提供参考。分析人员通过获取实际工程中已有的风险信息，综合考虑多种风险影响因素后对实际工程风险直接打分或直观判断，再经过归纳和总结得到工程风险等级。但是，这种分析方法对分析人员的要求较高，分析人员不仅需要具备丰富的工程实践经验和全面的专业知识，同时还应具备能洞察事物本质的能力。

定性分析法简单、易懂，无须建立精确的数学计算方法和数学模型，可以节约时间与资源；同时该方法可以充分发挥分析人员的经验，不受统计数据量的限制，这对于一些统计数据不足或者不精确的工程十分有利。因此，这种方法应用范围较广，适应性较强。但是，正是充分发挥了分析人员的经验，使得分析人员在分析过程中难以把握数据处理的难度和准确度，分析结果与风险概率大小无法进行量化，在很大程度上受到主观因素影响，缺少说服力。

4.1.2　定量分析法

与定性分析法不同，定量分析法是以统计必要的试验数据为依据，建立对应的数学模型，运用数值分析方法进行工程风险量化分析的一种方法，这种分析方法包括敏感性分析法和蒙特卡罗法等。

这种分析方法的优点在于分析得到的数据具备定量和客观这两大特点，人们往往更信服具体数据，科学合理的计算方法可以消除分析人员主观因素的影响，从而使分析结果具备较强的可靠性和说服力，也是人们最容易接受的一种分析方法。随着工程建设不断涌现，以及对风险的重视程度逐渐加强，人们对分析实际工程风险的准确性提出更高的要求。新时代的快速发展也为这方面奠定了基础，计算机的广泛应用与科学技术的快速发展为定量分析问题提供了很多便捷的工具，其中就包括数值计算软件，促进了定量分析法飞速发展，其应用领域也得到了广泛的推广。从目前风险的研究进展来看[40,44,64,68,75,80-88]，定量分析法代表了风险分析方法和技术的主要发展方向，也是应用最为广泛的风险分析方法。该方法的缺点是风险分析过程十分复杂，甚至现有的数学知识都无法进行某些量化的求解，且分析过程耗时。同时，该分析方法结果的准确性一般取决于所建立数学模型的精确性以及初始数据的全面性，在实际分析过程中也很难获取完整的原始数据以建立准确的数学模型。

4.1.3　综合分析法

由于引起风险的影响因素众多，风险分析问题就变得比较复杂，最重要的是其存在不可量化因素和可量化因素。要想准确分析风险就必须同时从定性和定量着手，随之衍生了一种定量和定性相结合的综合分析法。综合分析法采用的是两种单一分析方法相互结合的方式，对所有涉及的风险源进行综合性分析。这种分析方法兼有两种单一分析方法的特点，可以弥补两者各自的不足，从而提高风险分析结果的可靠性和准确性。

这种综合分析法是将定量分析法和定性分析法结合起来，充分发挥各自的优点，尽量避免各自的缺点。目前，该方法没有给出统一的判定标准，因此又称为半定量分析法。根据两者在该方法中发挥作用的大小，将这种综合方法划分为两类：①定量半定性分析法，此方法以定量分析为主，定性分析为辅，且与工程经验相结合。该类分析方法包含故障树分析法、影响图法和事件树分析法等。②定性半定量分析法，此方法以定性分析为主，定量分析为辅，如模糊综合评判法、风险矩阵分析法、层次分析法等。

从风险评估分析方法的结果准确性来看[85]，一般情况下，综合分析法准确性相对较高，在工程中应用也较广泛。目前，综合分析法评判工程风险等级所采用的理论为层次分析法和模糊数学，下面对层次分析法和模糊综合评判法做出简单的分析说明，为后面建立评估建筑物安全影响等级的数学模型提供参考。

1. 层次分析法

层次分析法(analytic hierarchy process, AHP)最早是由 Saaty 提出的一种具有简洁性、系统性且比较实用的多准则决策方法。因为能够综合考虑定量因素和定性因素，所以该方法已经广泛地运用到各个领域的风险评估中。

层次分析法在运用于实际工程项目评估时，它的基本原理可以简单地依次概述为：确定所要分析的指标体系，建立因素集递阶层次结构，确定权重，进行单因素分析，综合分析。

层次分析法的核心是确定权重，以专家打分为基础，运用模糊数学知识建立分析矩阵并进行计算，尽量减小专家主观因素对风险分析的影响。结合相关理论，得到层次分析法的具体实施步骤。

第一步，建立递阶层次结构。

该步在确立权重过程中至关重要。首先，根据具体实际工程可能存在风险的复杂特点将所要分析的问题分解成若干个元素；然后，根据元素属性不同将所有元素划分为若干组，这样就将影响实际工程风险的因素按照属性不同形成不同层次的元素。同一层次元素对应同一个准则，同时还需考虑上下层次的对应关系和支配作用，从而使得各种不同层次的元素影响集形成一个递阶层次，如图 4.1 所示。

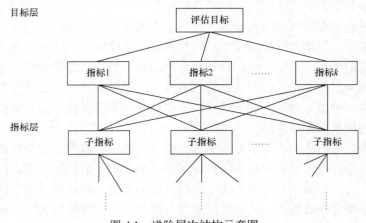

图 4.1　递阶层次结构示意图

第二步，构造判断矩阵。

根据第一步可知，将所有的风险因素依据一定属性建立递阶层次结构，即确定上下层元素的隶属关系。假设在同一层次有 n 个风险子因素 A_1, A_2, $\cdots$, A_n, 比较每一层全部因素相对于上层元素的重要程度, 并采用 $1\sim9$ 的比例标度 a_{ij}, 这种标度能够反映下层对上层的重要程度, 标度的含义见表 4.1。据此类推就可以得到一个 $n\times n$ 的判断矩阵 $A=(a_{ij})_{n\times n}$。

表 4.1　标度的含义表

比例标度	标度含义
1	表示 A_i 与 A_j 相比, A_i 与 A_j 同等重要
3	表示 A_i 与 A_j 相比, A_i 与 A_j 稍微重要
5	表示 A_i 与 A_j 相比, A_i 与 A_j 明显重要
7	表示 A_i 与 A_j 相比, A_i 与 A_j 强烈重要
9	表示 A_i 与 A_j 相比, A_i 与 A_j 极端重要
2、4、6、8	表示相邻两标度之间折中时的标度
以上标度倒数	方案 A_i 对方案 A_j 的标度为 a_{ij}, 方案 A_j 对方案 A_i 的标度为 $1/a_{ij}$

注: 2、4、6、8 为上述相邻判断的中值。

第三步, 计算单一准则下元素的相对权重。

根据第二步构造的矩阵 A, 求得其最大特征值 $\lambda_{\max}$ 和相应的特征向量 W, 即 $AW=\lambda_{\max}W$, 这时 W 的 n 个分量即相应 n 个因素的权重。

第四步, 计算各层元素的组合权重。

获取权重是整个风险分析过程的关键, 权重的精确性将会直接影响风险分析结果的准确性。对第三步计算结果得出的单一准则进行适当的组合, 并进行总的判断检验, 最后得出所建立的递阶层次结构中各层元素对于总目标的相对权重。组合权重的计算步骤是由上及下, 逐层计算、分析和判断, 最后得出递阶层次结构的权重。

2. 模糊综合评判法

模糊评判是基于模糊理论, 对模糊现象所存在的可能性和不确定性进行系统评判。例如, 某工程的地质条件好, 到底好到何种程度属于定性问题, 很难划分, 但是可以引进 0~1 的数值来表示好的程度, 如 0.8 比 0.6 更好, 这种对工程地质条件做出 "好" 的评定从定量上说清了好的程度, 让人容易接受。0.8 和 0.6 分别表示好的可能性大小或可能程度, 即隶属度, 隶属度是模糊数学中一个十分重要的概念。模糊评判一般包括两个集合(即风险因素集 U、指标集 V)和一个模糊变换器。

4.1.4 评估建(构)筑物安全影响的数学模型

本书按照盾构施工对邻近建(构)筑物安全影响评估数学模型的建立方法，计算出各级评价层次下级因素对上级因素的权重，提出运用层次分析法和模糊综合评判法评价西安地铁引起邻近建(构)筑物变形的安全影响的方法。

1. 建立风险因素集 U 和指标集矩阵 V

由分析可知，地铁施工邻近建(构)筑物安全风险有隧道与建(构)筑物相对位置、建(构)筑物结构形式、建(构)筑物使用类型以及地层条件等众多影响因素，这些风险因素比较复杂，增加了辨识风险因素的难度。但是参考相关的专家经验及国家规范，并通过发放调查问卷来统计专家调查意见，可建立具体地下工程的风险因素集 U ：

$$U = \{U_1, U_2, \cdots, U_k\} \tag{4.1}$$

式中，$U_i(i=1,2,\cdots,k)$ 为城市隧道某研究风险影响因素。

结合专家经验和相关规范，将每一因素指标按照该层因素对于上层因素的重要程度不同划分为若干个等级，对定性指标按[0，1]进行取值，以此构建出指标集 V，指标集矩阵 V 可表示为

$$V = [V_1, V_2, \cdots, V_k] \tag{4.2}$$

式中，$V_i(i=1,2,\cdots,k)$ 为由各风险影响因素评估值组成的力矩阵列向量。

2. 确定模糊评价指标隶属度

在采用模糊综合评价方法评估风险等级时，其关键步骤在于确定出施工中全部风险因素所对应各评价等级的隶属程度。经过众多学者的研究，目前确定隶属函数的方法有推理法、模糊分布法、统计法、两两对比排序法及运用较广泛的专家评价打分法等。本工程的风险评价按照多个专家评价打分，确定各种风险因素对评价等级的隶属度。

3. 层次分析法获取权重

从目前模糊评价风险等级的发展状况来看[89,90]，结合现有权重的获取方法，最常用的是和法和根法。

此处的权重是指隧道地铁施工对邻近建(构)筑物的安全影响因素层相对上一层次的重要程度。以分类统计法获得建(构)筑物安全影响因素权重，即

$$a_i = \frac{f_i}{\sum f_i} \tag{4.3}$$

式中，f_i 为属于第 i 类事故的次数；$\sum f_i$ 为安全事故总次数。

1) 和法获取权重

(1) 运用矩阵归一化特性，将判断矩阵 A 中所有元素按列归一化得到矩阵 A°。

(2) 将归一化后得到的矩阵 A° 中的元素按行进行相加。

(3) 相加后的行向量再次归一化，得到排序权向量 W。

(4) 按式(4.4)计算 $\lambda_{\max}$。

$$\lambda_{\max} = \sum \frac{(AW)_i}{nW_i} \tag{4.4}$$

式中，$(AW)_i$ 为向量 AW 的第 i 个元素。

2) 根法获取权重

(1) 将矩阵 A 中的元素按行分别相乘，对最终得到的乘积开 n 次方，即

$$\overline{W_i} = \sqrt[n]{\prod_{j=1}^{n} a_{ij}}, \quad i = 1, 2, \cdots, n \tag{4.5}$$

(2) 将矩阵 $\overline{W_i}$ 归一化整理，即得排序权向量 W_i，即

$$W_i = \frac{\overline{W_i}}{\sum_{i=1}^{n} \overline{W_i}}, \quad i = 1, 2, \cdots, n \tag{4.6}$$

(3) 按式(4.4)计算 $\lambda_{\max}$。

根法是目前求解权重广泛使用的一种方法，该方法最早用来计算层次分析法权向量。在得到 $\lambda_{\max}$ 后，必须检验权重的合理性和准确性，从而保证风险等级评估结果的准确性，具体的检验步骤如下。

① 计算一致性指标 CI。

$$CI = \frac{\lambda_{\max} - n}{n - 1} \tag{4.7}$$

式中，n 为判断矩阵的阶数。

② 平均随机一致性指标 RI。RI 是在多次(一般在 500 次以上)重复进行计算所建立的随机判断矩阵特征值的基础上，取多次计算结果的算术平均值。

③ 计算一致性比例 (consistency ratio，CR)。

$$CR = \frac{CI}{RI} \tag{4.8}$$

当 $CR = 0$ 时，表示判断完全一致，这在实际计算中很难实现，为了便于分析计算，检验过程中只要 $CR < 0.1$ 就默认所检验判断矩阵的一致性可以接受。

4. 建立单因素评判

计算单因素模糊评判矩阵 $\boldsymbol{B}_i$。

在单因素集合 V_i 中，各子因素所占的权重并不一样，因此需要对每个子因素赋予不同的权重 A_i，则单因素集合 V_i 中的模糊子集 A_i 为

$$A_i = \{a_{i1}, a_{i2}, \cdots, a_{in}\} \tag{4.9}$$

$$\sum_{i=1}^{n} a_i = 1$$

第 i 个因素的单因素称为 V 上的模糊子集：

$$R_i = \{r_{i1}, r_{i2}, \cdots, r_{im}\} \tag{4.10}$$

则单因素模糊评估矩阵 $\boldsymbol{R}$ 为

$$\boldsymbol{R} = \begin{bmatrix} r_{11} & r_{12} & \cdots & r_{1n} \\ r_{21} & r_{22} & \cdots & r_{2n} \\ \vdots & \vdots & & \vdots \\ r_{n1} & r_{n2} & \cdots & r_{nn} \end{bmatrix} \tag{4.11}$$

则单因素模糊评判矩阵 $\boldsymbol{B}_i$ 作为该评判对象 V 上的模糊子集，有

$$\boldsymbol{B}_i = \boldsymbol{W} \cdot \boldsymbol{R} = \{b_{i1}, b_{i2}, \cdots, b_{in}\} \tag{4.12}$$

式中，b_{in} 为评判集合对影响因素 u_j 的隶属度。

根据权重集 A 与单因素模糊评估矩阵 $\boldsymbol{R}$ 组合，进行模糊综合评估求出单因素模糊评判矩阵 $\boldsymbol{B}_i$。

5. 建立多级评判矩阵 $\boldsymbol{B}$

影响复杂系统评估的因素有很多，一个因素往往还包含若干个其他因素。因此，在评估时，应先综合评估最低层次的各个影响因素，然后再综合评估上一层次的各个影响因素；依次评估上一层次，直到最高层次，最终得出总的综合评估结果，这种方法称为多因素多层次系统综合评估方法。

一般多级综合评估数学模型的评估步骤如下。

(1) 建立风险因素集：

$$U = \{U_1, U_2, \cdots, U_n\} \tag{4.13}$$

(2) 对 $U_i(i=1,2,\cdots,n)$ 进行细划分：

$$U = \{u_{i1}, u_{i2}, \cdots, u_{im}\} \tag{4.14}$$

(3) 对 $u_{ij}(i=1,2,\cdots,n;\ j=1,2,\cdots,m)$ 再进一步细划分：

$$u_{ij} = \left\{ u_{ij1}, u_{ij2}, \cdots, u_{ijp} \right\} \tag{4.15}$$

（4）按照此细分下去，实质上是先对影响因素进行大分类，然后对大分类因素进行小分类，这样可以反映影响因素的层次性，但评估时，应从最底层因素开始，一层一层往上评估，直至评估到最高层。

$$B = A \times R = A \times \begin{bmatrix} A_1 \times \begin{bmatrix} A_{11} \times R_{11} \\ A_{12} \times R_{12} \\ \vdots \\ A_{1m} \times R_{1m} \end{bmatrix} \\ A_1 \times \begin{bmatrix} A_{11} \times R_{11} \\ A_{12} \times R_{12} \\ \vdots \\ A_{1m} \times R_{1m} \end{bmatrix} \\ \vdots \\ A_1 \times \begin{bmatrix} A_{11} \times R_{11} \\ A_{12} \times R_{12} \\ \vdots \\ A_{1m} \times R_{1m} \end{bmatrix} \end{bmatrix} \tag{4.16}$$

6. 影响评估等级确定方法

单因素模糊评判矩阵 $B_i = \{ b_{i1}, b_{i2}, \cdots, b_{in} \}$ 中 b_j 值是对应于第 j 个风险影响因素（U_j）的隶属度。利用 b_j 值来确定安全评估等级。

4.2　建筑物变形的安全影响等级评估标准

4.2.1　盾构区间隧道邻近建筑物现状调查

通过现场调研，航天城—韦曲南站区间沿线的建筑物共有 75 栋，由于建筑物较多，这里仅列举了部分建筑物的状况，见表 4.2。可以看出，建筑物多为条形基础和砌体结构，且多数建筑物建设年份超过了十年。

表 4.2　航天城—韦曲南站区间邻近建筑物一览表

序号	建筑物名称	建筑层数	建设年份	基础类型	结构形式
1	某建筑	5	2004	灰土垫底	框架
2	长安区气象局	4	2001	条形基础	砌体

续表

序号	建筑物名称	建筑层数	建设年份	基础类型	结构形式
3	长安区气象局家属楼	5	2001	条形基础	砌体
4	农业综合开发办大楼	3	2002	条形基础	砌体
5	长安区残联大楼	6	2002	条形基础	砌体
6	茂盛商贸有限公司	5	1997	桥梁结构	框架
7	兴国中学	5	1999	灰土垫底	砌体
8	汽车运输公司	5	1990	灰土垫底	砌体
9	农机公司	2	1987	砖与过梁	砌体
10	农业机械管理站	2	1993	灰土垫底	砌体
11	御风网络山庄	4	2002	灰土，沙石	框架
12	长安区客运公司	6	2002	灰土垫底	砌体
13	计生委长安门诊	4	1985	条形基础	框架
14	长安区财政局	13	2006	混凝土打桩	框架
15	长安百货商住楼	16	2005	桩基	框架
16	韦曲南街卫生服务中心	4	1996	灰土垫底	砌体
17	中国石油长安公司	5	2001	条形基础	砌体
18	长安区教育局委员会	4	1987	灰土垫底	砌体
19	长安大药房	6	1998	筏板	砌体
20	韦曲街道社区大楼	4	2007	灰土垫底	砌体

4.2.2　建筑物安全影响因素集确定

建筑物安全除了受扰动力的影响，还与建筑物自身的结构形式、基础类型以及建筑物使用类型有关，不同使用类型对应不同的安全等级，综合分析盾构区间75栋建筑物的实际情况，确定出建筑物安全影响因素集，见表4.3。

表 4.3　建筑物安全影响因素集

建筑物与隧道水平距离/m	基础类型	结构形式	地层条件	隧道施工工艺	施工技术条件	建筑物使用类型
0~6	灰土垫层	砖/混凝土	砂砾卵石	断面形状及其受力条件差	施工水平不高，环境恶劣	历史建筑
6~12	条石	混凝土(基础差)	饱和软黄土	较合理，断面形状差	施工水平一般，环境较差	民房、医院、学校
12~18	素混凝土	混凝土(基础好)	人工填土	较合理，断面形状及受力合理	施工水平一般，环境一般	无人平房及仓库
18~24	钢筋混凝土/桩基	框架/钢筋混凝土	粉质黏土	合理，断面形状好(盾构施工)	施工水平高，环境有利	其他建筑

4.2.3　建筑物安全影响等级划分

分析盾构施工中众多建筑物安全影响因素，将盾构施工引起的邻近建筑物安全影响等级划分为四级，给出四个等级的定义，分别为Ⅰ级(非常危险)、Ⅱ级(危险)、Ⅲ级(较危险)、Ⅳ级(安全)。其中，Ⅰ级的安全影响等级最高，Ⅳ级的安全影响等级最低，见表 4.4。

表 4.4　建筑物安全影响等级的定义

建筑物安全等级	安全程度	接受原则	处置原则
Ⅰ	非常危险	不可接受	必须采取措施降低施工风险，加固建筑物
Ⅱ	危险	不可接受	必须降低风险，采取必要的建筑物加固措施
Ⅲ	较危险	不愿意接受	适宜实施风险管理，对建筑物采取一定的措施
Ⅳ	安全	可忽略	无须采取控制措施

4.3　建筑物变形影响因素分析

在西安地铁 2 号线航天城—韦曲南站区间施工期间，采用层次分析法分析盾构施工引起邻近建筑物变形的影响因素。

4.3.1　工程地质条件

根据盾构区间岩体工程勘察报告可知，盾构下穿建筑物段的地貌单元属皂河一级阶地，地质情况从上至下依次为杂填土、饱和软黄土、砂砾卵石、粉质黏土，地下水位埋深为 7～8m，主要为潜水，现分述如下。

(1) 杂填土：土体呈现杂色、松散，该层土体由粉质性黏土、砖瓦碎片等组成，结构杂乱，土质不均。

(2) 饱和软黄土：这类土一般埋藏较浅、厚度大，且不同于湿陷性黄土，其工程性质很差，这种差异性工程地质反映出洼地中黄土的时代成因不单一。

(3) 砂砾卵石：根据勘察报告及现场调研，隧道洞身穿越的地层围岩情况较为复杂，围岩稳定性较差，隧道穿越地层有饱和含水砂层、卵石、圆砾层。特别是 K25+700～K26+400 段，地层以稍密～中密状态的砂砾及卵砾石土为主，最大粒径 100mm，一般粒径在 40mm 以下，盾构穿越砂砾卵石是本标段的一个难点。

盾构穿越砂砾卵石层时，极易造成刀具严重磨损，增大盾构扭矩和推力异常，使得整个盾构隧道掘进十分困难。含水砂砾、卵石地层中盾构掘进容易产生喷涌现象，造成地层沉降甚至坍塌，邻近建筑物安全风险受影响较大；西安地铁 2 号线部分区段盾构隧道穿越砂砾卵石地层，增加了盾构施工难度和施工风险。

采用层次分析法对西安地铁 2 号线工程地质及水文地质因素(U_1)进行分析。一级影响因素工程地质与水文地质因素和杂填土(u_{1-1})等 4 个二级影响因素有关，见表4.5。

表 4.5　工程地质及水文地质因素层次分析结构表

一级影响因素	二级影响因素	风险因素
工程地质及水文地质因素 U_1	杂填土 u_{1-1}	结构松散，易造成地面沉降过大
	饱和软黄土 u_{1-2}	孔隙较大，具有湿陷性
	砂砾卵石 u_{1-3}	盾构扰动较大，易塌孔
	粉质黏土 u_{1-4}	易固结、沉陷

4.3.2　建筑物与隧道相对位置

1. 建筑物与隧道轴线的水平距离

对西安地铁 2 号线南段航天城—韦曲南站区间盾构隧道待穿越建筑物的统计结果表明，长安区气象局及长安区农业综合开发办(农业综合开发办大楼)、长安区残联大楼(残联大楼)等 75 栋建筑中，房屋段覆土厚度集中在 6.3～15m。参照 Peck 公式(式(3.1))进行计算。

任意一点到地面的距离 z 取 1m，2m，3m，…，24m，隧道中心线处地表最大沉降量 S_{max} 取 38mm，按照建筑物相对于隧道最不利位置取值。根据砂砾卵石层开挖掌子面上方地表与隧道中心线不同距离点的地表沉降理论值，即 $S(1)$，$S(2)$，$S(3)$，…，$S(20)$，按照建筑物与隧道的距离划分为四组，计算结果见表4.6。

表 4.6　隧道开挖断面不同范围内地表沉降量及差异沉降

距离/m	0～6	6～12	12～18	18～24
沉降量/mm	29.5～38	13.9～29.5	4.0～13.9	≤4.0
差异沉降/mm	<1	>1	<1	<1

根据表 4.6 中建筑物沉降量及差异沉降，绘制出盾构隧道穿越建筑物诱使开挖断面地表沉降曲线，同时分成四类区域，如图 4.2 所示。

因此，采用按照建筑物所处区域是否发生较大沉降差对盾构施工"建筑物与隧道轴线的水平距离"影响因素进行划分，得出的结果见表4.7。

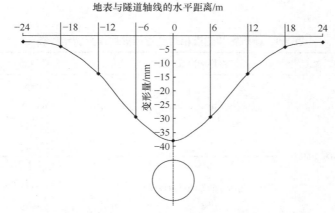

图 4.2 风险控制区横断面地表沉降曲线及区域划分

表 4.7 盾构施工"建筑物与隧道轴线的水平距离"影响因素划分

建筑物与隧道轴线的水平距离	0~6m	6~12m	12~18m	18~24m
建筑物所处区域	A 区	B 区	C 区	D 区

由图 4.2 和表 4.7 可以看出,沉降量最大的区域是 A 区,但是差异沉降很小,因此盾构施工将不会造成该区域的建筑物发生较大倾斜;沉降变化最大的区域是 B 区,盾构施工会造成该区域建筑物发生较大倾斜,威胁建筑物安全;C 区和 D 区的沉降量和差异沉降都不大,盾构施工不会造成该区域建筑物发生较大倾斜。

2. 建筑物所处断面的隧道埋深

经统计,航天城—韦曲南站区间盾构隧道邻近建筑物共 75 栋,穿越建筑物的隧道区段中心线埋深为 9.3~18m。隧道最浅埋深 9.3m,最深埋深 17.89m。

在没有建筑物的影响下,隧道埋深越大,盾构施工对地层的扰动影响范围就会越小。因此,这里将隧道埋深按 2m 一个档次划分为四个埋深区间,不同盾构隧道埋深段建筑物所占的比例见表 4.8。

表 4.8 隧道不同埋深段建筑物所占比例

埋深/m	9~11	11~13	13~15	15~18
建筑物比例/%	8.4	28.7	34.5	28.4

采用结构层次分析法对西安地铁 2 号线建筑物与隧道相对位置影响因素进行分析。由上面分析可知,一级影响因素建筑物与隧道相对位置(U_2)以及建筑物和隧道轴线的水平距离(u_{2-1})及建筑物所处断面的隧道埋深(u_{2-2})两个二级影响因素

有关，见表 4.9。

表 4.9　　建筑物与隧道相对位置因素层次分析结构表

一级影响因素	二级影响因素	数值/m
建筑物与隧道相对位置 U_2	建筑物和隧道轴线的水平距离 $u_{2\text{-}1}$	0～6
		6～12
		12～18
		18～24
	建筑物所处断面的隧道埋深 $u_{2\text{-}2}$	9～11
		11～13
		13～15
		15～17

4.3.3　建筑物结构形式

　　建筑物结构包括基础和上部结构两部分，在建筑物基础类型方面，盾构隧道施工过程中主要关心的是基础抵抗变形的能力和平衡差异沉降的能力。

　　建筑物基础类型按照构造形式划分为独立基础、条形基础、箱型基础、筏板基础和桩基础等。建筑物上部结构形式按照房屋结构分类方式，可分为砖木结构、砌体结构、钢结构和钢筋混凝土结构四类。

　　西安地铁 2 号线航天城—韦曲南站穿越(邻穿)的建筑物上部结构形式大部分为砌体结构和钢筋混凝土结构，建筑物基础类型有独立基础、条形基础以及箱型基础和筏板基础、桩基础，其中条形基础居多。

　　从大量的工程实践经验可知，在抵抗变形能力方面独立基础弱于条形基础，条形基础能够平衡一定量的沉降差；同样，条形基础抵抗变形能力又弱于筏板基础和箱型基础，因为后两者整体性较好；桩基础抵抗变形的能力最强，也在众多工程中得到了验证。根据 Peck 公式计算，在有建筑物的情况下盾构施工引起的地表最大沉降量为 38mm，所以按照不同基础类型及不同结构形式下建筑物抵抗变形能力的大小，对建筑物基础类型及结构形式的影响等级划分见表 4.10。

表 4.10　　建筑物结构形式因素层次分析结构表

一级影响因素	二级影响因素
建筑物结构形式 U_3	独立基础 $u_{3\text{-}1}$
	条形基础 $u_{3\text{-}2}$
	箱型基础、筏板基础、桩基础 $u_{3\text{-}3}$

一级影响因素	二级影响因素
	砖木结构 $u_{3\text{-}4}$
建筑物结构形式 U_3	砌体结构、钢结构 $u_{3\text{-}5}$
	钢筋混凝土结构 $u_{3\text{-}6}$

采用层次分析法对西安地铁 2 号线建筑物结构形式因素进行分析。由上面分析可知，一级影响因素建筑物结构形式(U_3)与独立基础($u_{3\text{-}1}$)等六个二级影响因素有关。

4.3.4　盾构掘进施工工艺

为达到西安地铁 2 号线盾构隧道邻穿建筑物控制区的地表及建筑物变形控制要求，盾构隧道施工掘进过程中严格控制工艺至关重要。

土压平衡盾构法施工在城市地下工程已经得到了推广，其基本原理是盾构掘进过程遵循土压平衡控制原理，盾构掘进施工工艺受很多因素的影响，主要包括正面土体压力、刀盘和土仓压力、排土量和掘进速度、螺旋输送机转速、千斤顶总推力、盾构姿态、注浆等。为了减小盾构施工对地层的扰动以及对建筑物变形的影响，就必须尽量让这些盾构施工参数相匹配，实际工程中，合理的匹配参数往往通过盾构过程不断的修正各参数才能得到。

采用层次分析法对西安地铁 2 号线盾构掘进施工工艺因素进行分析。盾构掘进施工工艺因素(U_4)与正面土体压力($u_{4\text{-}1}$)等七个二级影响因素有关，见表 4.11。

表 4.11　盾构掘进施工工艺因素层次分析结构表

一级影响因素	二级影响因素
	正面土体压力 $u_{4\text{-}1}$
	刀盘和土仓压力 $u_{4\text{-}2}$
	排土量和掘进速度 $u_{4\text{-}3}$
盾构掘进施工工艺 U_4	螺旋输送机转速 $u_{4\text{-}4}$
	千斤顶总推力 $u_{4\text{-}5}$
	盾构姿态 $u_{4\text{-}6}$
	注浆 $u_{4\text{-}7}$

4.3.5　建筑物使用类型

建筑物的用途按照其重要程度可以分为四个类型：①文物古迹等历史建筑，这类建筑物具有历史意义，施工过程中一般都应尽量减少对其扰动；②民宅、医院、学校，这类建筑物人口密集，是盾构施工防范的重点；③无人平房及仓库；④其他建筑。

采用层次分析法对西安地铁 2 号线建筑物使用类型因素进行分析，建筑物使用类型(U_5)与历史建筑(u_{5-1})等四个二级影响因素有关，见表 4.12。

表 4.12　建筑物使用类型因素层次分析结构表

一级影响因素	二级影响因素
	历史建筑 u_{5-1}
	民宅、医院、学校 u_{5-2}
建筑物使用类型 U_5	无人平房及仓库 u_{5-3}
	其他建筑 u_{5-4}

4.4　西安地铁沿线管线调查

4.4.1　西安地铁沿线管线类型调查

1) 排水管线

该类管线主要用于接收、输送和净化城市、工厂以及生活区的各种污水，包括工业废水、生活污水、雨水。排水管线包括污水管线、雨水管线、两污合流管线、工业废水管线。

2) 给水管线

按给水的用途可以分为生活用水管线、工业用水管线、消防用水管线、农业用水管线等输水管线和配水管线。

3) 燃气管线

按输送的燃气性质分为燃气、天然气、液化石油气输配管线。

4) 热力管线

按照其输送介质分为热水管线和蒸汽管线。

5) 工业管线

按其输送的介质不同，可将工业管线分为石油管线、柴油管线、重油管线、液体燃料管线、氢气管线、乙烯管线、氧气管线、乙炔管线、压缩空气管线等。

6) 电力电缆管线

按电力电缆的功能来分，可将其分为照明电缆管线、动力电缆管线、电车电缆管线；按电压的高低来分，可将其分为低压电缆管线、高压电缆管线和超高压电缆管线。

7) 通信电缆管线

通信电缆管线主要包括市话电缆管线、长话电缆管线、光纤电缆管线、广播电缆管线、电视电缆管线。

4.4.2　西安地铁 3 号线沿线管线材质种类

根据现场调查及对收集到的相关材料进行整理分析可知，西安地铁 3 号线沿线管线按材质来分主要有钢筋混凝土管、混凝土管、铸铁管、钢管、石棉水泥管、塑料管、陶管、砌体管等。

排水管线以钢筋混凝土管为主，其内径较为统一，一般为 200～2000mm。

给水管线主要是铸铁管和钢管(直径一般在 150mm 以下)，其次是预应力混凝土管、石棉水泥管、聚乙烯塑料管等。

燃气管线的材质以无缝钢管和焊接钢管为主，其次是承插口的铸铁管和聚氯乙烯塑料管。燃气管线直径一般为 150～1500mm。

工业管线一般为钢管和塑料管。

热力管线一般采用无缝钢管和钢板卷焊管。

4.4.3　西安地铁 3 号线沿线管线连接方式

根据现场调查及收集到的相关资料分析可知，西安地铁 3 号线沿线管线的连接方式主要有承插口、企口、平口、法兰、焊接。其中，不同材质的管线一般连接方式如下。

(1) 铸铁管之间的连接。一般采用承插式、法兰盘式接口形式；按功能可分为柔性接口和刚性接口两种。其中，柔性接口用橡胶圈密封，允许有一定限度的转角和位移，具有良好的抗震性和密封性，比刚性接口安装简便快速，劳动强度小。

(2) 钢管一般采用焊接。

(3) 混凝土管之间的连接口一般为平口和承插口。

不同管材的接口形式具体见表 4.13。

表 4.13 不同管材的接口形式

管材种类	接口形式	接口性能	管道用途
钢筋混凝土管(平口)	平口对接	柔性	排水管线及套管
钢筋混凝土管(企口)	企口对接	柔性	排水管线及套管
钢管	焊接口	刚性	给水管线
铸铁管	承插口	刚性	给水管线或煤气管线
石棉水泥管	外套环对接	刚性	给水管线或煤气管线

4.4.4 西安地铁 3 号线沿线管线管径及位置调查

根据对西安地铁 3 号线沿线管线的现场调查可知沿线管线类别、管线尺寸、管线埋深范围及路中距等具体情况，见表 4.14。

表 4.14 西安地铁 3 号线管线统计表

管线类别	材质	管线尺寸/mm	埋深范围/m	路中距/m
饮用水	铸铁/混凝土	200、300、400、500、600、700、800、1000	0.70~3.2	1.42~42.43
污水	混凝土	400、500、600、800、1000、1200	1.42~7.21	3.38~40.56
雨污合流	混凝土/陶瓷	100、300、400、500、600、700、800、1000、1200、1800、2400、2600	1.20~17.16	1.16~49.36
雨水	混凝土/陶瓷	300、400、500、600、1500	2.24~3.1	5.82~36.99
天然气管线	钢/PE	300、315、325、326、426	1~4.31	7.13~52.04
热力	钢	200、300、500、600、700、800、820	0~2.62	5.57~26.61

电力通信管线（材质：铜/光线）：

尺寸	埋深范围/m	路中距/m	其他尺寸			埋深范围/m	路中距/m
600×800	1.42~7.21	3.38~40.56	1100×500	500×700	800×500		
300×300	1.42~7.21	3.38~40.56	500×400	300×200	1200×1800		
1000×1500	1.42~7.21	3.38~40.56	1000×1800	1200×1000	500×750	0.5~4.14	2.27~58.3
250×250	1.42~7.21	3.38~40.56	800×400	1000×1200	750×500		
800×800	1.42~7.21	3.38~40.56	1000×1000	1200×1200	300×500		

4.4.5　西安地铁沿线管线破坏原因

1. 科学规划及管理意识淡薄

地下管网的规划涉及不同的部门，一般来说管线归属权属于谁就由该单位进行规划，规划后由行政主管部门来审批。这样导致不同部门之间管线规划存在相互重叠或交叉的现象。而行政主管部门则看重地上、轻视地下、重审批、少监管。这样导致规划部门与行政审批部门对地下管线的规划与建设没有形成统一的规划意识。此外，由于城市地下管线种类繁多，如给水管线、排水管线、燃气管线、输油管线等，这些管线的产权归属于不同的部门，管线的规划修建时间各不一样，资金投入也不同步，这样导致各部门缺乏统一协调，容易造成重复开挖，从而使管线呈现出"拉链式道路"的局面，使得地下管线的管位、走向、埋深的分布相当混乱。

2. 地下管线的实际位置与图纸不符

由于城市建设发展与城市的改造，地下管线的相对坐标等也会随着城市建设发展的改变而改变；同时，由于地层的地质构造运动等，地层发生相对运动，这很容易导致地下管线的实际位置与历史遗留下来的图纸不相符。另外，管线相对位置发生改变后并没有及时地补绘或修改相应的图纸，没有形成动态的监控机制，这就容易造成城市地铁建设过程中地下管线的损坏。

3. 地下管线自身原因

在一些旧城区，为了维持城市的发展，一些地下管线很早就铺设，由于保护不当，铺设后的管线会发生老化，老化后的管线材料强度会大大降低，抵抗变形的能力也会降低。城市地铁施工时，如果地层变形过大，会使地层与管线相互脱离，管线会发生折断等破坏现象，从而造成严重的后果。

4. 施工原因

(1) 城市规划方案的不断革新，加之地层的变化，管线自身的埋设年代较久远，导致在工程勘察前期，管线位置的确定存在一定困难，在未探明障碍物的情况下，盲目采用机械开挖，可能导致管线在来不及保护的情况下损坏。

(2) 在地面上大面积堆载时会使地层产生超固结，使得地层不均匀变形；另外，如果过量抽取地下水，也会导致其自重应力增加而引起地表沉降。以上两种情况都会使地层产生不均匀变形，最终导致管线不均匀变形而产生损坏。

(3) 土方开挖后没有进行及时支护使得周围土体产生过大的变形运动和塌方等，从而导致管线损坏。

(4) 在地铁施工时，由于对管线保护的重要性缺乏足够的认识，没有对既有管线采取保护措施，没有制定切实可行的管线保护方案而盲目施工；另外，虽然制定了管线保护措施，但在实际施工中执行力度不够，项目管理参与人员对贯彻管线保护方案不够重视，不履行管线保护措施，无法从根本上保证管线的安全。

(5) 施工人员技术素质不高，管线保护责任心不强，没有意识到管线破坏的严重性，再加上施工单位为了赶工期、压缩成本等诸多因素的影响，很容易忽略对地下管线的保护。另外，当采用新技术、新标准和新规范时，施工人员对此理解程度不够，也容易导致管线的破坏。

4.4.6　西安地铁沿线管线的破坏形式

根据对西安地铁 1 号线和 2 号线管线破坏情况的调查可知，西安地铁沿线管线的破坏形式主要有以下几种情况。

1) 管壁破坏

当管壁内应力达到管材屈服应力时,延性管线发生局部屈服或脆性破裂失效,环向压缩应力在这一性能极限中起主要作用。

管壁破坏也可能受到弯曲应力的影响。承受较大竖向荷载的多数刚性管线和埋设在夯实度很高的土壤中劲度较强的柔性管易发生破坏。

2) 管壁压屈

压屈现象主要发生在承受内部真空、外部静压、夯实土壤中的高压土的柔性管道中。管道柔性越大，管壁结构在抵抗压屈方面就越不稳定。

静水压力作用下的弹性管线材料，管线完全浸没在抗剪强度为零的介质中。管壁的稳定性取决于压屈强度，如过河管、位于饱和土中的管线或承受内真空的管线。

3) 超挠曲

挠曲一般用于柔性管线设计，管线在荷载作用下向着椭圆化发展，柔性管线有挠曲极限，一旦环向挠曲超过一定限度，管线截面在原来的光滑椭圆面上出现凹陷。这一极限是根据安全系数确定的，并不是性能极限。

4) 纵向应力屈服

纵向应力屈服是指管线材料沿轴向拉应变或压应变达到极限，一般是指拉应变，一般管线材料的抗压性能比抗拉性能要好，纵向应变主要来自两个方面。

(1) 纵向弯曲，受纵向弯矩影响而产生，主要来源有：管座的不均匀沉降或底部冲刷，如管座下土壤侵蚀、流入水道或漏毁地下水道，由开挖引起的地层移动，由潮水造成的土壤移动，含水量变化导致土壤升降，地基的不均匀。

(2) 轴向应变，主要来源有：泊松效应(由于内压)；温度应力，当管内流体是热的或凉的，管材膨胀或收缩受到周围土壤的约束时，即产生了应力。

5) 构造破坏

地下管线管壁截面在受拉、大偏心受压或受拉时，截面可能出现裂缝，柔性管线接头转角超过允许值，连接口松脱发生渗漏等问题。

4.4.7　地下管线安全风险管理流程

城市地铁施工引起的邻近管线安全风险的大小，不仅与管线的材料性质、管线的空间位置有关，而且与施工方法、工程地质与水文地质条件等息息相关。地铁施工地下管线安全风险管理流程主要如下。

1) 管线现状调查

在地铁施工之前，通过对业主单位、设计单位等相关单位有关管线资料的收集分析，并进行现场调查，确定地下管线的种类、材质、大小、埋深、用途等资料，为管线的风险等级确定提供依据。

2) 管线风险等级评估

在对现有管线调查的基础上，采用模糊综合评判法对管线的风险等级进行评估，确定出各管线的风险等级。

3) 制定管线变形控制标准

不同类型的管线对抵抗变形的能力各不相同，其变形控制标准也不同，因此在地铁施工之前，应根据管线的材料、管线用途、管线破坏所造成损失等的不同，制定不同管线的变形控制标准。

4) 提出管线保护措施

在具体工程中应该根据管线不同的控制标准，提出合理的管线变形控制措施，这些变形控制措施要实用、经济、可行。在具体工程中，应提出具有针对性的管线保护措施。

4.5　地铁区间隧道施工地下管线风险辨识方法及依据

4.5.1　地铁区间隧道施工地下管线风险辨识方法

本书主要采用层次分析法和模糊综合评判法对西安地铁 3 号线通化门—胡家庙区间地铁施工进行地下管线的风险评估。层次分析法和模糊综合评判法评估的基本方法和步骤详见 4.1.4 节。根据 4.1.4 节所述分析过程，最终分析结果可以用风险等级来表示。风险等级划分标准见表 4.15。

表 4.15　风险等级划分标准

可能性等级		风险等级				
		A	B	C	D	E
		(最大危险)	(比较危险)	(危险)	(基本安全)	(安全)
1	频繁的	I	I	I	II	III
2	可能的	I	I	II	III	IV
3	偶尔的	I	II	III	III	V
4	罕见的	II	III	III	IV	V
5	不可能的	III	III	IV	IV	V

本书在广泛调查阅读西安地铁 1 号线、2 号线、3 号线地铁管线风险等级划分及调查走访工程建设各参与单位对风险等级的接受程度、对风险源的认识程度等资料的基础上,将西安地铁区间隧道施工对管线的变形影响划分为五个风险等级,具体情况见表 4.16。

表 4.16　西安地铁区间隧道施工管线风险等级划分

风险等级	危险程度	处置原则	控制方案	应对部门
I	最大危险	应采取严格的风险控制措施来降低风险程度,以确保风险在可控制范围之内	编制风险控制措施、风险预警值与应急处置措施	政府行政主管部门,工程建设各方
II	比较危险	应着力于降低风险等级,将其降低到可控制的范围之内	制定风险规避措施,制定风险处置预案	
III	危险	适宜实施风险管理,可采取风险处置措施	应加强日常管理与监测	工程建设各方
IV	基本安全	可实施风险管理	可开展日常审视检查	施工单位
V	安全	施工管理	开展日常检查	

4.5.2　地铁施工地下管线风险辨识依据

风险辨识的客体是建设工程项目,没有完整全面的工程资料,风险辨识是没有办法进行的,因此收集资料是风险辨识的关键之一。完整的资料是风险因素全面辨别的有力保障。工程项目风险辨别的主要依据有以下几个方面。

1) 工程相关信息

与本工程相关的资料是风险辨识的重要依据。工程相关资料主要包括勘察报告、设计图纸、设计要求、施工组织设计、专项施工方案、与工程相关的标准及规程等。

2) 周围环境相关信息

工程项目存在于特定的环境中，其建造和运行都与所在的自然和社会环境息息相关。自然环境方面主要有水文、地质、地下管网等；社会环境方面主要有政治、经济、文化、风俗等。因此，在风险辨别时，应着手收集和分析工程建设环境方面的数据资料。

3) 类似工程相关资料

以往类似工程相关资料的收集是新建项目风险辨别的重要依据，对类似工程的分析有助于新工程风险的辨识，因此在风险辨识过程中应重视收集这方面的资料，收集的资料主要包含工程建设档案、工程总结、工程质量与安全事故处理文件等。

4.6 地铁区间隧道施工地下管线安全风险评估方法

4.6.1 风险辨识

根据西安地铁区间隧道施工的具体工程环境与社会环境，选取对地下施工有重要影响的因素作为研究对象，并建立区间隧道施工对邻近管线影响的风险集合 F_r，即

$$F_r = \{F_1, F_2, \cdots, F_n\} \tag{4.17}$$

式中，$F_i(i=1,2,3,\cdots,n)$ 为西安地铁隧道 i 类研究风险。

4.6.2 建立风险因素集

城市地铁施工风险因素主要有：工程地质与水文条件、工程设计、施工技术方案、组织管理措施、周围社会环境等因素。在实际工程中，对于多因素错综复杂的风险因素辨识基本上采用国家推荐的方法来进行辨识，然后采用专家调查表法对风险源进行统计，在此基础上确立风险因素集 U。

4.6.3 构建影响因素权重集合

在专家调查法中，专家意见的稳定性严重影响调查结果的可靠性，因此在本书研究中为了保证专家意见传递的稳定性，采用改进层次分析结构中的传递矩阵算法构建影响因素权重矩阵。本书根据兰继斌等[89]提出的模糊标度来构建影响因素的权重集合。具体取值如表 4.17 所示。

表 4.17　模糊标度

标度	定义	含义
0.50	同等重要	两方案对某属性同等重要
0.70	稍微重要	两方案对某属性，一方案比另一方案稍微重要
0.79	明显重要	两方案对某属性，一方案比另一方案明显重要
0.85	强烈重要	两方案对某属性，一方案比另一方案强烈重要
0.90	极端重要	两方案对某属性，一方案比另一方案极端重要
0.626，0.75，0.83，0.88	相邻标度折中值	表示相邻两标度之间折中时的标度
上述标度互补	互补	方案 A_i 对方案 A_j 的标度为 r_{ij}，方案 A_j 对方案 A_i 的标度为 $1-r_{ij}$

4.6.4　指标集矩阵

在评估集矩阵建立过程中，根据每个指标影响权重的大小不同，将指标划分为五个等级，即Ⅰ、Ⅱ、Ⅲ、Ⅳ、Ⅴ级，每个定性指标等级的取值介于 0～1，则可构建指标集矩阵 V：

$$V = [V_1, V_2, V_3, V_4, V_5] \tag{4.18}$$

式中，V_i 为由风险各影响因素评估值构成的列矩阵向量。

4.6.5　模糊评估矩阵

模糊评估矩阵是由不同的影响因素取值构成的，定性指标中采用以下描述性语言来进行描述：很差、差、较差、较好、好，其对应的数量化指标取值(用 Q 表示，$0 < Q \leqslant 200$)见表 4.18；对于定量指标可直接根据工程资料及专家意见，建立模糊评估矩阵。

表 4.18　定性指标数量化取值

分级	Ⅰ级(很差)	Ⅱ级(差)	Ⅲ级(较差)	Ⅳ级(较好)	Ⅴ级(好)
范围	$130 < Q \leqslant 200$	$110 < Q \leqslant 130$	$90 < Q \leqslant 110$	$70 < Q \leqslant 90$	$0 < Q \leqslant 70$

根据上述思想，西安地铁 3 号线通化门—胡家庙区间工程施工时，由各个不同风险源组成的单因素模糊评估矩阵 R 可以表示为

$$R = [R_1(x), R_2(x), \cdots, R_n(x)] \tag{4.19}$$

4.6.6 模糊运算

指标突出影响程度系数采用层次分析法中的指标突出影响程度系数 λ^k，具体取值标准见表 4.19。

表 4.19 基本的突出影响程度系数 λ^k 取值标准

标度	含义
1.5	指标因素没有突出影响
2.5	指标因素具有稍微的突出影响
3.5	指标因素具有明显的突出影响
4.5	指标因素具有强烈的突出影响
5.5	指标因素具有极端的突出影响
2.0，3.0，4.0，5.0	相邻标度中值，表示相邻两标度之间折中时的标度

众所周知，评估指标的等级不同，其对应的评估结果的突出影响也是不同的。因此，对于任意一个评估指标的最终突出影响程度系数为

$$\lambda_{ji} = \begin{cases} \lambda^{ji} Q_{ji} / \overline{a}_j, & Q_{ji} \geqslant 100 \\ \lambda^{ji} (200 - Q_{ji}) / \overline{a}_j, & Q_{ji} < 100 \end{cases} \tag{4.20}$$

式中，Q_{ji} 为各级评估指标的评估等级定量化处理值；$\overline{a}_j$ 为某一评估指标(u_{ji} 或 U_j)各个等级的评分值 a_k 的平均值。

根据对大量实际工程的调查可知，有时候难免某些指标超过了其警戒值，但实际上并没有出现危险，同时也有些是风险指标并没有达到警戒值却发生了工程事故。鉴于上述特点，地下工程风险属性是模糊的，而从模糊隶属函数来看，其值域会存在交叠部分。

模糊处理矩阵 $\boldsymbol{F}$ 是用模糊隶属函数组成的，即

$$\boldsymbol{F} = \begin{bmatrix} r_{1\text{-}1}(x) & r_{1\text{-}2}(x) & \cdots & r_{1\text{-}5}(x) \\ r_{2\text{-}1}(x) & r_{2\text{-}2}(x) & \cdots & r_{2\text{-}5}(x) \\ \vdots & \vdots & & \vdots \\ r_{n\text{-}1}(x) & r_{n\text{-}2}(x) & \cdots & r_{n\text{-}5}(x) \end{bmatrix} \tag{4.21}$$

式中，$r_{i\text{-}j}(x)$ 为 i 因素 j 级的模糊隶属函数，$r_{i\text{-}j}(x) = 10 H_{i\text{-}j}(x)$ ($i=1,2,\cdots,n$，$j=1,2,\cdots,5$)。

$$H_1 = \begin{cases} 0, & Q < 120 \\ (Q-120)/20, & 120 \leqslant Q \leqslant 140 \\ 1, & Q > 140 \end{cases} \tag{4.22}$$

$$H_2 = \begin{cases} 0, & Q < 100\text{或}Q > 140 \\ (Q-100)/20, & 100 \leqslant Q \leqslant 120 \\ (140-Q)/20, & 120 < Q \leqslant 140 \end{cases} \tag{4.23}$$

$$H_3 = \begin{cases} 0, & Q < 80\text{或}Q > 120 \\ (Q-80)/20, & 80 \leqslant Q \leqslant 100 \\ (120-Q)/20, & 100 < Q \leqslant 120 \end{cases} \tag{4.24}$$

$$H_4 = \begin{cases} 0, & Q < 60\text{或}Q > 100 \\ (Q-60)/20, & 60 \leqslant Q \leqslant 80 \\ (100-Q)/20, & 80 < Q \leqslant 100 \end{cases} \tag{4.25}$$

$$H_5 = \begin{cases} 0, & Q < 60 \\ (80-Q)/20, & 60 \leqslant Q \leqslant 80 \\ 1, & Q > 80 \end{cases} \tag{4.26}$$

4.6.7　模糊综合评估

在一个具体项目中，需要进行多级因素模糊评估时，从低等级因素向高等级因素逐级进行。

第一步，建立评估集矩阵 V，具体方法是：将单因素模糊评估矩阵 R 的元素代入模糊处理矩阵 F 即可得到。

$$V = R \Theta F \tag{4.27}$$

式中，Θ 是指矩阵 R 左乘矩阵 F。

第二步，k 级模糊评估矩阵 M_k 的求解：

$$M_k = W_k^{\mathrm{T}} V \tag{4.28}$$

式中，W_k^{T} 为 k 级模糊评估矩阵的排序权向量的转置。

第三步，求解 k–1 级模糊评估矩阵 M_{k-1}，M_{k-1} 可表示为

$$M_{k-1} = M_{k-1}^{\mathrm{T}} M_1 \tag{4.29}$$

依次类推可得一级模糊评估矩阵 M_1，M_1 表示为

$$M_1 = W_1^{\mathrm{T}} M_{k-1}$$

(4.30)

M_1 所在区间对应等级即为最终的风险等级，根据大量工程实践，将管线各风险等级对应 M_1 中元素取值范围及对应的管线状态描述于表 4.20。

表 4.20　风险等级对应 M_1 中元素取值范围

管线安全风险等级	M_1 中元素取值范围	管线状态描述
I (最大危险)	120～200	管线发生很大沉降，管线运行状况很差
II (比较危险)	95～120	管线发生较大沉降，管线运行状况较差
III (危险)	80～95	管线沉降在安全范围之内，管线运行状况一般
IV (基本安全)	60～80	管线沉降很小，管线运行状况良好
V (安全)	0～60	管线沉降非常小，管线运行状况很好

4.7　西安地铁 3 号线通化门—胡家庙区间地铁隧道施工对邻近管线的风险分析

4.7.1　西安地铁 3 号线通化门—胡家庙区间工程概况

该区间位于西安市金花北路地下，区间从通化门站起，连续下穿三栋建筑物后，沿金花北路地下向北，沿线经东二环长桥、西北电力设计院、西玛机电有限公司家属楼等建筑，在长缨路南侧到达胡家庙站。区间隧道起讫里程为 Y(Z)DK30+926.761～Y(Z)DK31+654.698，右线总长 727.937m(左线 728.216m，长链 0.279m)，洞顶覆土 8.3～11.6m，线间距 11.0～17.0m。区间左线含四处平曲线，曲线半径分别为 1000m(2 处)、1500m(2 处)，右线含两处平曲线，曲线半径均为 5000m。线路纵坡为单面坡，最大纵坡坡度 11.719‰。主要包括以下隧道。

单线单洞盾构隧道：盾构区间起讫里程为 YDK31+365.965～YDK30+926.761 (ZDK31+381.186～ZDK30+926.761)，右线全长 439.204m，左线全长 454.425m。

浅埋暗挖隧道：区间过 f_4 地裂缝段及其至胡家庙车站段为浅埋暗挖法施工，区间起讫里程为 YDK31+365.965～YDK31+428.965、YDK31+443.965～YDK31+654.698(ZDK31+381.186～ZDK31+428.908、ZDK31+443.908～ZDK31+654.698)。其中过 f_4 地裂缝暗挖隧道加宽段右线总长 180m，左线总长 179.772m，暗挖标准段右线总长 93.733m，左线总长 78.79m。地铁 3 号线线路走向及通化门—胡家庙区间所处位置如图 4.3 所示。

盾构始发井、暗挖施工竖井及区间联络通道：在 YDK31+436.465(ZDK31+436.408)处设置盾构始发井一处，兼作区间联络通道及过 f_4 地裂缝浅埋暗挖段施工竖井，采用明挖法施工，基坑围护结构体系采用钻孔灌注桩+内支撑方案+坑内降水。

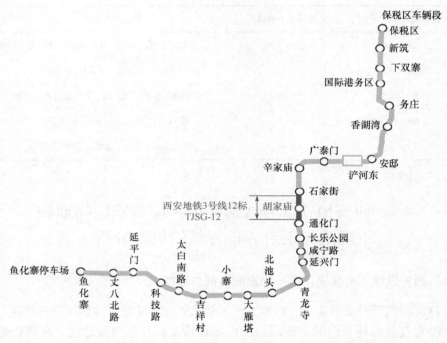

图 4.3　西安地铁 3 号线线路走向及通化门—胡家庙区间位置图

4.7.2　西安地铁 3 号线通化门—胡家庙区间地铁隧道施工管线变形风险源辨识

根据上述分析可知，该区间段存在各式各样的地下管线，而这些地下管线与地铁隧道间的距离(管线与隧道间的水平面投影和垂直面上的投影)各不相同，同时管线直径大小、管线材料、隧道施工方法、管线与隧道所处的地质条件也各不相同，因此隧道施工时对管线的变形影响也各不相同，为了研究这些不同因素对管线变形影响的大小，现采用专家问卷调查法对管线的风险展开研究。

在本次问卷调查中调查的对象包括业主单位、设计单位、施工单位、管线主管单位、监测单位及监理单位中具有高级职称的专业工程技术人员，共发放问卷调查表 60 份，回收有效问卷 51 份。在本次问卷调查中采用层次分析专家调查表和专家调查问卷两种表格形式，其样表分别见表 4.21 和表 4.22。

表 4.21　层次分析专家调查样表

层次	相比较的前后指标	极端重要 (0.90)	折中值 (0.88)	强烈重要 (0.85)	折中值 (0.83)	明显重要 (0.79)	折中值 (0.75)	稍微重要 (0.70)	折中值 (0.63)	同等重要 (0.50)
准则层	***(U_1)与***(U_2)比较									
	(U_1)与(U_3)比较									
	(U_2)与(U_3)比较									
指标层	***(U_1) ***(u_{1-1})与***(u_{1-2})比较									
	(u_{1-1})与(u_{1-3})比较									
	(u_{1-2})与(u_{1-3})比较									
	(U_2) ***(u_{2-1})与(u_{2-2})比较									
	(u_{2-1})与(u_{2-3})比较									
	(u_{2-2})与(u_{2-3})比较									

注: ***表示由专家填写的具体指标。

表 4.22　专家调查问卷样表

一级影响因素	分数	二级影响因素	分数
***(U_1)	***	***(u_{1-1})	***
		***(u_{1-2})	***
***(U_2)	***	***(u_{2-1})	***
		***(u_{2-2})	***

　　对收集的调查表综合分析可将通化门—胡家庙区间地铁隧道施工对邻近管线的变形影响分析因素分为 4 个一级影响因素, 24 个二级影响因素, 具体情况见表4.23。对各专家调查表进行综合分析后, 给出各个一级影响因素的定量评估指标值(Q), 同时采用层次分析法进行求解, 则可求得一级、二级影响因素的权重系数, 其计算结果见表 4.23。

表 4.23　风险因素表

一级影响因素	一级权重系数	二级影响因素	二级权重系数	指标值(Q)
工程地质与水文地质因素 U_1	0.352	天然重度 u_{1-1}	0.064	88
		天然含水量 u_{1-2}	0.085	96
		饱和密度 u_{1-3}	0.052	85
		孔隙比 u_{1-4}	0.125	111

续表

一级影响因素	一级权重系数	二级影响因素	二级权重系数	指标值(Q)
工程地质与水文地质因素 U_1	0.352	液限 u_{1-5}	0.067	105
		塑限 u_{1-6}	0.048	80
		压缩模量 u_{1-7}	0.197	125
		湿陷系数 u_{1-8}	0.043	78
		自重湿陷系数 u_{1-9}	0.062	85
		无侧限抗压强度 u_{1-10}	0.257	130
管隧距离 U_2	0.285	管隧水平距离 u_{2-1}	0.452	122
		管隧垂直距离 u_{2-2}	0.548	135
施工因素 U_3	0.246	施工方法 u_{3-1}	0.352	136
		衬砌强度 u_{3-2}	0.212	112
		壁后注浆 u_{3-3}	0.096	130
		超欠挖情况 u_{3-4}	0.141	132
		支护时间 u_{3-5}	0.106	128
		断面大小 u_{3-6}	0.061	95
管线特性 U_4	0.117	管线材料 u_{4-1}	0.179	114
		管线大小 u_{4-2}	0.386	100
		管内压力 u_{4-3}	0.037	110
		管线埋深 u_{4-4}	0.261	119
		管线接头形式 u_{4-5}	0.082	120
		管线与隧道角度 u_{4-6}	0.055	112

对表 4.23 分析可知，通化门—胡家庙区间地铁隧道施工对邻近管线变形影响的风险因素主要有工程地质与水文地质因素、管隧距离、施工因素和管线特性这四个方面，这四个因素的影响权重系数从大到小分别为工程地质和水文地质因素、管隧距离、施工因素、管线特性，其对应的权重系数分别为 0.352、0.285、0.246、0.117。

故该区间段地铁隧道盾构施工影响管线变形大小的因素依次为工程地质和水文地质因素、管隧距离、施工因素、管线特性。

4.7.3 西安地铁 3 号线通化门—胡家庙区间管线风险等级确定

通化门—胡家庙区间在 YDK31+365.965～YDK30+926.761 处，排水 DN1200 直埋混凝土管线与盾构左右线隧道平行，位于两隧道轴线中间，该管线最大埋深约 3.8m。此处隧道拱顶覆土 8.3～11.0m。根据表 4.12 所确定的影响管线变形的相关因素，采用专家调查法对该管线的风险等级进行打分，同时采用孙福东等[90]

提出的基本计算原理进行计算，可得该管线的 M_1(矩阵 $\boldsymbol{M}_1$ 中元素最大值)=112，则其对应的风险等级为Ⅱ级。

在通化门—胡家庙区间的 YDK31+436.465～YDK31+654.698 处，埋深约 3m 的直埋混凝土市政排水管线 DN800 位于右线隧道右上方并且与盾构左右线隧道平行。此处隧道拱顶覆土 9.1～11.7m。此处风险等级确定方法和在 YDK31+365.965～YDK30+926.761 处所采用的方法一样，经计算可得，该管线的 M_1=128，对应的风险等级为Ⅰ级。

4.8　小　　结

本章对盾构隧道施工对邻近建筑物安全的一级影响因素进行了分析，并对其对邻近建筑物的安全影响等级进行了划分。通过计算分析，提出了航天城—韦曲南区间建筑物变形允许值。最后基于专家调查法对通化门—胡家庙区间地铁隧道施工对邻近管线的变形影响因素进行了分析，基于模糊综合评判法对西安地铁区间隧道施工对其邻近管线变形的影响进行了等级划分，具体如下。

(1) 盾构隧道施工对邻近建筑物安全的一级影响因素可分为工程地质条件、建筑物与隧道相对位置、建筑物结构形式、盾构掘进施工工艺和建筑物使用类型等五个。盾构隧道施工邻近建筑物安全影响等级可以划分为Ⅰ级(非常危险)、Ⅱ级(危险)、Ⅲ级(较危险)和Ⅳ级(安全)等四个等级。提出了相应影响等级的建筑物安全技术控制措施。

(2) 基于专家调查法对通化门—胡家庙区间地铁隧道施工对邻近管线的变形影响因素展开了研究，得出该区间影响管线变形大小的一级影响因素主要有 4 个，分别为工程地质和水文地质因素、管隧距离、施工因素、管线特性；二级影响因素主要有管隧水平距离、管隧垂直距离、施工方法、管线大小、管内压力、管线埋深、管线接头形式、管线与隧道角度等 24 个，给出了对应的权重系数。西安地铁沿线管线因地铁施工而产生破坏的破坏形式有管壁破坏、管壁压屈、超挠曲、纵向应力屈服和构造破坏 5 种。

(3) 基于模糊综合评判法对西安地铁区间隧道施工对其邻近管线的变形影响进行等级划分，得出地铁隧道施工对地下管线的变形影响等级可以划分为 5 个等级，并通过 M_1 值的大小制定了 5 个等级的划分标准。通化门—胡家庙区间位于 YDK31+365.965～YDK30+926.761 处的 DN1200 排水管为Ⅱ级风险源；而位于 YDK31+436.465～YDK31+654.698 处的 DN800 排水管为Ⅰ级风险源。

第 5 章　地铁隧道施工对已有管线变形影响规律理论分析

本章完成考虑不同埋深、不同地层损失率情况下 Peck 公式在西安地铁盾构隧道施工地层变形预测中的应用方法研究；基于 Winkler 弹性地基梁理论模型分别对盾构施工和暗挖施工、管线轴线与隧道轴线平行和垂直、刚性接口管线和柔性接口管线等不同情况下开挖隧道引起的管线沉降、弯矩和转角等进行计算分析，得到地铁隧道施工对既有管线变形的影响规律。

5.1　地铁隧道施工对邻近管线所处地层变形规律研究

5.1.1　Peck 公式在盾构施工地层变形预测中的运用

地铁隧道施工后地表以及地表以下地层的竖向位移可用 Peck 公式描述，如图 5.1 所示。

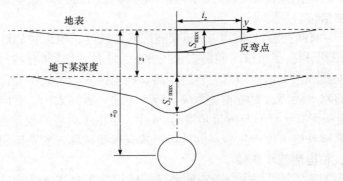

图 5.1　隧道施工地层变形曲线

地层中与地表距离为 z 处的位移曲线可用式(5.1)来表示：

$$S_z = S_{z\max} \exp\left(-\frac{y^2}{2i_z^2}\right) \tag{5.1}$$

式中，y 为样本点与隧道轴线的距离。

Mair 在大量试验的基础上提出，距地表 z 处的地层沉降槽宽度可按式(5.2)来确定：

$$i_z = K(z_0 - z) \tag{5.2}$$

式中，K 为沉降槽宽度系数，其取值与地层条件和施工方法等因素有关。

对式(5.1)积分可得，沿隧道轴线方向上单位距离的沉降槽面积(即地层损失)为

$$V_{sz} = \int_{-\infty}^{+\infty} S_z \mathrm{d}y = \sqrt{2\pi} i_z S_{z\max} = 2.5 i_z S_{z\max} \tag{5.3}$$

根据地层损失率的定义可知，隧道施工后单位长度的地层损失率计算式为

$$\eta = \frac{4V_{sz}}{\pi D^2} \tag{5.4}$$

式中，D 为隧道直径；η 为地层损失率(%)。

根据式(5.3)和式(5.4)可得，距地表 z 处的隧道施工后的地层最大沉降量为

$$S_{z\max} = \frac{0.313\eta D^2}{i_z} \tag{5.5}$$

则隧道施工后与地表距离为 z 处的地层位移曲线可由式(5.1)得出，表达式为

$$S_z = S_{z\max} \exp\left(-\frac{y^2}{2i_z^2}\right) = \frac{0.313\eta D^2}{i_z} \exp\left(-\frac{y^2}{2i_z^2}\right) \tag{5.6}$$

5.1.2　不同埋深地层变形规律研究

根据式(5.6)可知，地铁隧道盾构施工后距地表任意距离的地层变形均可用 Peck 公式来表示。为了研究距地表不同埋深处地层的变形规律，现假设除埋深位置不一样，其他条件均相同。张引合[91]在其博士论文中对西安地铁隧道盾构施工地层损失率和沉降槽宽度进行了分析并认为：一般情况下，地层损失率取 $\eta = 0.7\%\sim2.0\%$，沉降槽宽度系数取 $K=0.420\sim0.440$ 是合理的。而西安地铁隧道埋深主要介于 $14\sim20\text{m}$，不同用途的管线埋深不一样，但其埋深主要介于地表以下 $1\sim4\text{m}$。故在本书计算过程中，取隧道埋深 18m，$\eta = 1.5\%$，$K = 0.425$，$D = 6.0\text{m}$，管线下表面与地表距离分别为 $z = 1\text{m}$、$z = 2\text{m}$、$z = 3\text{m}$、$z = 4\text{m}$ 四种工况。经计算可得，四种不同管线下表面地层的变形曲线如图 5.2 所示。

对图 5.2 分析可得，盾构施工后，距地表不同埋深处的地层在距隧道轴线两侧各约 1 倍洞径处的变形量均相同，而对于隧道轴线±1 倍洞径范围的地层随着埋深的增加，变形量逐渐增大，在隧道轴线正上方处地层变形量达到最大。而对于距隧道轴线±1 倍洞径范围以外的地层变形量反而随着埋深的增加变形量逐渐减小。因此，从保护管线的角度出发，垂直于隧道轴线的管线，管线埋深越大时，

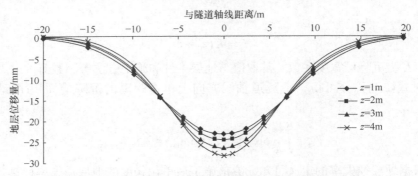

图 5.2　其他条件相同时与地表不同距离处地层位移曲线

隧道施工后管线下方地层不均匀变形越大，这对于管线的保护是越不利的。另外，从图 5.2 中还可看到，在距隧道轴线±1 倍洞径范围内，地层变形随其埋深的增大而增大，同时地层不均匀变形也逐渐增大，故为了防止管道因地层的不均匀变形而产生破坏，在距隧道轴线±1 倍洞径范围内应采取加固措施以减小地层不均匀变形，从而保证管线的安全。

5.1.3　不同地层损失率对地层变形影响规律研究

为了研究不同地层损失率对地层变形的影响规律，现假设除地层损失率不同外，其他参数完全相同，取隧道埋深 18m，$K = 0.425$，$D = 6.0$m，$z = 2$m，地层损失率分别取 $\eta = 0.8\%$、$\eta = 1.2\%$、$\eta = 1.6\%$、$\eta = 2.0\%$ 四种工况。经计算可得，不同地层损失率条件下相同埋深处地层的位移曲线如图 5.3 所示。

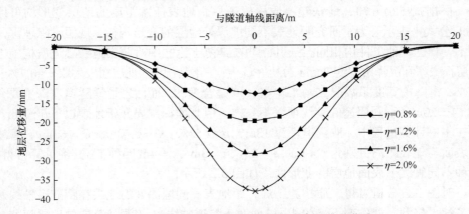

图 5.3　相同埋深处地层不同地层损失率的位移曲线

对图 5.3 分析可得，在其他条件相同时，相同埋深处的地层位移量随着地层损失率的增大逐渐增大，地层不均匀变形量也逐渐增大。地层的不均匀变形将使管线受力不均匀，从而导致管线的破坏。因此，在盾构施工时应尽量采取一些技术措施以减小地层损失率，减小管线的不均匀受力，以保证管线的安全。

5.2　地铁隧道盾构施工对刚性接口管线变形影响研究

5.2.1　地铁盾构施工对垂直于隧道轴线刚性接口管线变形的影响

无论盾构隧道与地下管线的空间关系如何，受盾构隧道施工的影响，三维空间中管线的位移应包括竖直及水平等方向的位移。通常情况下，地下管线的竖向位移要大于另外两个方向的位移，工程实施中最关心的也是管线的竖向位移，故本书主要分析地下管线的竖向位移。

Winkler 于 1867 年提出的模型假定地基土表层上任一点处的变形 s_i 与该点所承受的压力 p_i 成正比，而与其他点上的压力无关，即

$$p_i = ks_i \tag{5.7}$$

式中，k 为地基抗力系数，也称基床系数(kN/m^3)。

1. 基本假设

(1) 管线周围土体为线弹性、均匀介质，地层为成层分布，符合 Winkler 弹性地基梁假定。

(2) 管线与周围土体始终保持紧密接触。

(3) 管线在变形中与周围土体之间不发生相对滑动，不考虑管土之间的切向摩擦作用。

(4) 地下管线呈一整体，管线材料为钢筋混凝土结构，管线材料模型采用线弹性模型进行计算，而且材质均质、各向同性。

(5) 通常来说，刚性接口处的抗弯刚度与管身处略有差别，计算中不考虑管身材料与接口材料的弹性模量差异，并且认为管道接口处截面惯性矩与管身处相同，即视为等刚度问题。

(6) 盾构施工时，盾构施工参数及注浆参数均相同，不考虑超挖、欠挖及盾构蛇行前进等造成的影响。

2. 计算模型与基本微分方程

以平行于隧道轴线为 x 轴、垂直于隧道轴线为 y 轴、竖直向下为 z 轴建立如图 5.4 所示的坐标系，管线所处地层由隧道施工引起的竖向位移为 w_z，土体竖向移动导致管线产生竖向位移为 w_{pn}。在管线产生的最大位移点 $(z = z_p, y = 0)$ 处，取出管线变形后的一个微段 dy 作为研究对象，微段受力如图 5.5 所示。根据

Winkler 弹性地基梁假定,由盾构隧道施工引起地下管线上受到的竖向附加土压力为 $P = k(S_z - w_{pn})$, k 为基床系数。

由式(5.6)得到隧道施工后与地表距离为 z 处的地层沉降 S_z,将式(5.6)代入式 $P = k(S_z - w_{pn})$ 得距地表距离为 z 处的管线上产生的附加土压力 P 为

$$P = k(S_z - w_{pn}) = k\left[\frac{0.313\eta D^2}{i_z} \exp\left(-\frac{y^2}{2i_z^2}\right) - w_{pn} \right] \tag{5.8}$$

由梁的挠度曲线近似微分方程可知,距离地表 z 处的管线上由附加土压力产生的弯矩 M_z 为

$$M_z(y) = E_z I_z \frac{\partial^2 w_{pn}}{\partial y^2} \tag{5.9}$$

由应力与弯矩的关系可得

$$\sigma_z(r) = \frac{M_z}{I_z} r \tag{5.10}$$

式中, σ_z 为 z 深度处管线截面上的应力; M_z 为 z 深度处管线弯矩; r 为截面位置

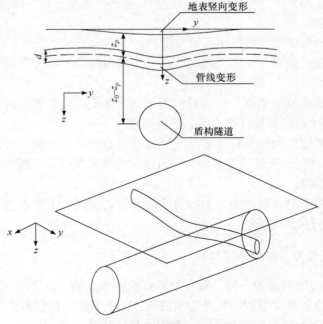

图 5.4　弹性地基梁计算示意图

到管线轴线的距离，$(d/2-t)\leqslant r\leqslant d/2$，$d$ 为管线直径，t 为管壁厚；I_z 为 z 深度

处管线截面惯性矩，$I_z=\dfrac{\pi\left[d^4-(d-2t)^4\right]}{32}$；$E_z$ 为 z 深度处管线弹性模量。

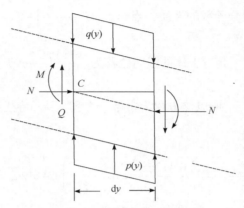

图 5.5　管线微段受力示意图

由式(5.10)可知，当 r 取最大值，即管线半径$(d/2)$时，σ_z 取最大值：

$$\sigma_{z\max}=\frac{dM_z}{2I_z}=\frac{dE_z}{2}\frac{\partial^2 w_{pn}}{\partial y^2}\tag{5.11}$$

由应变与应力的关系可得

$$\varepsilon_z(r)=\frac{\sigma_z(r)}{E_z}\tag{5.12}$$

式中，ε_z 为 z 深度处管线截面上的应变。

由式(5.12)可知，当 σ_z 取最大值时，ε_z 取最大值：

$$\varepsilon_{z\max}=\frac{d}{2}\frac{\partial^2 w_{pn}}{\partial y^2}\tag{5.13}$$

由式(5.9)可得管线微段的平衡方程为

$$E_zI_z\frac{\partial^4 w_{pn}}{\partial y^4}+K_0 w_{pn}=K_0 f(y)\tag{5.14}$$

式中，$K_0=2K_\infty$，$K_\infty=0.65\sqrt[12]{\dfrac{E_s d^4}{E_z I_z}}\left(\dfrac{E_s}{1-\mu_s^2}\right)$，$E_s$ 为土体弹性模量，μ_s 为土体泊松比；

$f(y)=\dfrac{0.313\eta D^2}{i_z}\exp\left(-\dfrac{y^2}{2i_z^2}\right)\left[G\left(\dfrac{x-x_i}{i_z}\right)-G\left(\dfrac{x-x_f}{i_z}\right)\right]$，$i_z$ 为 z 深度处沉降槽宽度，

x 为管线坐标值，x_i 和 x_f 为平行于管线的两壁对应的 x 方向的坐标值。

3. 求解微分方程

根据正态概率积分函数的性质，当 $\max\left\{G\left(\dfrac{x-x_i}{i_z}\right)-G\left(\dfrac{x-x_f}{i_z}\right)\right\}=1$ 时，岩土

体的位移达到最大值，此时土体的竖向位移为 $\dfrac{0.313\eta D^2}{i_z}\exp\left(-\dfrac{y^2}{2i_z^2}\right)$。由于地层竖

向位移式(5.6)中不含 x，所以该方程为常微分方程。引入特征系数[92] $\lambda=\sqrt[4]{\dfrac{K_0}{4E_z I_z}}$，

从而式(5.14)可改写为

$$\frac{\mathrm{d}^4 w_{pn}}{\mathrm{d}y^4}-4\lambda^4\frac{0.313\eta D^2}{i_z}\exp\left(-\frac{y^2}{2i_z^2}\right)+4\lambda^4 w_{pn}=0 \tag{5.15}$$

这类问题可按照 Takagi 法[93]求解，解得

$$w_{pn}=\frac{0.313\eta D^2}{i_z}\frac{E_z I_z}{K_0 d}\exp\left(-\frac{y^2}{2i_z^2}\right)\left[\frac{1}{4\lambda^4}\left(\frac{y^4}{i_z^8}-\frac{6y^2}{i_z^6}+\frac{3}{i_z^4}\right)+1\right] \tag{5.16}$$

4. 求解管线的力学性状

对管线的位移方程(5.16)求一阶导数，可得管线任一点的转角：

$$\theta_z=\frac{0.313\eta D^2}{i_z}\frac{E_z I_z}{K_0 d}\exp\left(-\frac{y^2}{2i_z^2}\right)\left[\frac{1}{4\lambda^4}\left(-\frac{y^5}{i_z^9}+\frac{6y^3}{i_z^7}-\frac{3y}{i_z^5}\right)-\frac{y}{i_z}+\frac{1}{\lambda^4}\left(\frac{y^3}{i_z^8}-\frac{3y}{i_z^6}\right)\right] \tag{5.17}$$

对管线的转角方程(5.17)求一阶导数，可得管线任一点的弯矩：

$$M_z=\frac{0.313\eta D^2}{i_z}\frac{E_z I_z}{K_0 d}\exp\left(-\frac{y^2}{2i_z^2}\right)\left[\frac{1}{4\lambda^4}\left(\frac{y^6}{i_z^{11}}-\frac{11y^4}{i_z^9}+\frac{21y^2}{i_z^7}-\frac{3}{i_z^5}\right)\right.$$
$$\left.+\frac{y^2}{i_z^3}-\frac{1}{i_z}+\frac{1}{\lambda^4}\left(-\frac{y^4}{i_z^{10}}+\frac{6y^2}{i_z^8}-\frac{3}{i_z^6}\right)\right] \tag{5.18}$$

将式(5.18)代入式(5.10)可得管线任一点沿轴线方向的应力：

$$\sigma_z(r)=\frac{0.313\eta D^2}{i_z}\frac{E_z r}{K_0 d}\exp\left(-\frac{y^2}{2i_z^2}\right)\left[\frac{1}{4\lambda^4}\left(\frac{y^6}{i_z^{11}}-\frac{11y^4}{i_z^9}+\frac{21y^2}{i_z^7}-\frac{3}{i_z^5}\right)\right.$$
$$\left.+\frac{y^2}{i_z^3}-\frac{1}{i_z}+\frac{1}{\lambda^4}\left(-\frac{y^4}{i_z^{10}}+\frac{6y^2}{i_z^8}-\frac{3}{i_z^6}\right)\right] \tag{5.19}$$

将式(5.19)代入式(5.12)得管线沿轴线方向的应变：

$$\varepsilon_z(r) = \frac{0.313\eta D^2}{i_z} \frac{r}{K_0 d} \exp\left(-\frac{y^2}{2i_z^2}\right)\left[\frac{1}{4\lambda^4}\left(\frac{y^6}{i_z^{11}} - \frac{11y^4}{i_z^9} + \frac{21y^2}{i_z^7} - \frac{3}{i_z^5}\right) + \frac{y^2}{i_z^3}\right.$$

$$\left. - \frac{1}{i_z} + \frac{1}{\lambda^4}\left(-\frac{y^4}{i_z^{10}} + \frac{6y^2}{i_z^8} - \frac{3}{i_z^6}\right)\right] \tag{5.20}$$

对管线的弯矩方程(5.18)求一阶导数，可得管线任一点的剪力。

5. 参数对管线竖向位移 w_{pn} 的影响

将式(5.2)、K_0 代入式(5.16)可得

$$w_{pn} = \left[1.3\sqrt[12]{\frac{E_s d^4}{E_z I_z}\left(\frac{E_s}{1-\mu_s^2}\right)}\right]^{-1} \times \frac{0.313\eta D^2}{K(z_0-z_p)}\frac{E_z I_z}{K_0 d}\exp\left(-\frac{y^2}{2i_z^2}\right)\left[\frac{1}{4\lambda^4}\left(\frac{y^4}{i_z^8} - \frac{6y^2}{i_z^6} + \frac{3}{i_z^4}\right)+1\right]$$

$$\tag{5.21}$$

计算 w_{pn} 时，会涉及隧道直径 D、管隧距离 $z_0 - z_p$、沉降槽宽度系数 K、管线直径 d、管壁厚 t、管线材料弹性模量 E_z、下卧岩土体弹性模量 E_s、泊松比 μ_s 及地层损失率 η 等参数，下面具体说明每个参数对管线竖向位移 w_{pn} 产生的影响。

(1) 隧道直径 D、管隧距离 $z_0 - z_p$、沉降槽宽度系数 K 对 w_{pn} 的影响。

隧道直径 D 的改变对地下管线的竖向位移影响较大，随着隧道直径的变大，管线的主沉降范围也变大，主沉降范围的竖向位移及最大位移量也变大。其他因素相同的条件下，当管线靠近隧道顶部时，由于管线所处地层沉降槽宽度减小，管线的主沉降范围随之减小，管线的位移值也随之减小。沉降槽宽度系数 K 对 w_{pn} 也具有一定的影响，K 越大，w_{pn} 越小。

(2) 管线直径 d、管壁厚 t、管线材料弹性模量 E_z 对 w_{pn} 的影响。

管线直径 d、管壁厚 t 主要通过影响 $I_z = \dfrac{\pi\left[d^4 - (d-2t)^4\right]}{32}$ 的大小来影响 w_{pn}。由于管径小的管线刚度小，抵抗土体沉降能力较差，但随着管径的减小，作用在管线上的附加荷载也减小，故管径的改变对位移的影响不会很大。管壁厚的变化对管线的位移影响较大，管壁越厚，管线的抗弯刚度越大，因此位移越小。管线材料弹性模量的变化对管线的位移影响较大，随着弹性模量的减小，管线的抗弯刚度减小，因此位移增大，并且沉降范围也有增大的趋势。

(3) 下卧岩土体弹性模量 E_s、地层损失率 η 对 w_{pn} 的影响。

下卧岩土体弹性模量 E_s 主要通过影响 $K_0 = 1.3\sqrt[12]{\dfrac{E_s d^4}{E_z I_z}\left(\dfrac{E_s}{1-\mu_s^2}\right)}$ 的大小来影响

w_{pn}。由管线位移计算式得到：下卧岩土体弹性模量越大，管土相对刚度越小，因此管线的位移量越大，这显然是不符合工程实际的，因此还需要考虑地层损失对管线变形的影响。地层损失率对管线位移的影响较明显，地层损失率越大，管线的位移及沉降范围也越大，因此在盾构隧道的施工过程中要尽量控制地层损失率，降低对管线的影响。

(4) 特征系数 λ 对 w_{pn} 的影响。

管线的特征系数 $\lambda = \sqrt[4]{\dfrac{K_0}{4E_z I_z}}$ 可用来反映对竖向位移的影响。不同的特征系数对位移的影响不同，当特征系数较大时，管线的位移较小，并且沉降范围有所减小。

综合以上分析，影响管线位移大小的参数较多，且很多参数之间存在关联性，在分析参数对管线位移的影响时，有时不能只考虑某个参数的影响，应结合工程实际情况综合分析。

5.2.2 地铁盾构施工对平行于隧道轴线刚性接口管线变形的影响

实际工程表明，当管线轴线与隧道轴线距离不同时，上覆管线因隧道施工而产生的变形也是不一样的，当管线位于隧道轴线正上方（$y_p = 0, z_p = z$）时，受盾构隧道施工的影响最大，管线的竖向位移达到最大。本节主要分析盾构隧道施工对位于正上方平行于隧道轴线的刚性接口管线的竖向位移、应力、转角影响。

1. 计算模型与基本微分方程

上海地区地铁隧道开挖工程表明，盾构隧道正上方的竖向地表沉降曲线与累计概率分布曲线十分接近，但开挖面正上方的地表沉降量仅为最大沉降量的20%。参考张海波等[94]的研究，对西安地区地铁隧道开挖实际工程进行了研究，开挖面正上方的地面沉降量约为最大值的16%。

由式(5.5)可知，地层最大沉降值 $S_{z\max} = \dfrac{0.313\eta D^2}{i_{z_0}}$（其中，$i_{z_0} = K_0 z_0$），进一步研究发现，可用式(5.22)来拟合地表沉降值：

$$f(x) = \frac{S_{z\max}}{1 + \exp\left(\dfrac{x + x_a}{g}\right)} \tag{5.22}$$

式中，x_a 为隧道轴线上方地面竖向位移大小等于 $0.5 S_{z\max}$ 的点距离开挖面的长度，$x_a = \alpha_1 D$，D 为隧道盾构的外直径，$\alpha_1 = 3.4 \sim 3.9$；g 为曲线参数，$g = \alpha_2 D$，$\alpha_2 = 1.3 \sim 1.7$。通过计算，发现 α_1、α_2 存在以下关系：$\alpha_1 = 1.46\alpha_2$，因此，$x_a = 1.46g$。

考虑到地层深度对地层沉降量的影响,对式(5.22)用 Attewell 方法[33]进行系数修正后得到用于计算深层土体竖向位移的公式:

$$f_{\mathrm{dc}}(x) = \frac{z_0}{z_0 - z} \frac{S_{z\max}}{1 + \exp\left(\dfrac{x + x_{\mathrm{a}}}{g}\right)} \tag{5.23}$$

根据 5.2.1 节中同样的方法,得出管线的平衡方程式:

$$\frac{\mathrm{d}^4 w_{pn}}{\mathrm{d}x^4} + 4\lambda w_{pn} = 4\lambda^4 \frac{z_0}{z_0 - z} \frac{S_{z\max}}{1 + \exp\left(\dfrac{x + x_{\mathrm{a}}}{g}\right)} \tag{5.24}$$

2. 求解微分方程

对方程(5.24)进行求解可得

$$w_{pn} = \frac{z_0}{z_0 - z} \frac{E_z I_z}{K_0 d} \frac{S_{z\max}}{1 + \exp\left(\dfrac{x + x_{\mathrm{a}}}{g}\right)} \left[\frac{1}{4\lambda^4}\left(\frac{x^4}{i_z^8} - \frac{6x^2}{i_z^6} + \frac{3}{i_z^4}\right) + 1\right] \tag{5.25}$$

在式(5.25)左右两端同时对 x 求一阶、二阶、三阶导数,可得管线的转角、弯矩、剪力,此处不再另行求解。

3. 参数对管线竖向位移 w_{pn} 的影响

在计算 w_{pn} 时,涉及隧道直径 D、管隧距离 $z_0 - z_p$,管线直径 d、管壁厚 t、管线材料弹性模量 E_z、下卧岩土体弹性模量 E_{s}、泊松比 μ_{s} 及地层损失率 η 等一系列参数,下面分别介绍各参数对管线竖向位移 w_{pn} 的影响。

(1) 隧道直径 D、管隧距离 $z_0 - z_p$ 对 w_{pn} 的影响。

管线的主沉降范围、沉降范围的竖向位移及最大位移都会随着隧道直径 D 的变大而变大,并且影响较大。其他因素相同的条件下,管隧距离对管线沉降的影响很大,管线靠近隧道顶部,由于管线所处地层沉降槽宽度减小,管线的沉降范围随之减小,管线的位移值也随之减小。

(2) 管线直径 d、管壁厚 t、管线材料弹性模量 E_z 对 w_{pn} 的影响。

管线直径 d、管壁厚 t 主要通过影响 $I_z = \dfrac{\pi\left[d^4 - (d - 2t)^4\right]}{32}$ 的大小来影响 w_{pn}。由于管径大的管线刚度大,抵抗土体位移能力较强,但随着管径的增大,作用在管线上的附加荷载增大,故管径的改变对位移的影响不会很大。不同管线材料弹性模量对管线的位移也具有一定的影响，弹性模量减小时，管线的抗弯刚度随之减小，所以位移越大，沉降范围越大。

(3) 下卧岩土体弹性模量 E_s、地层损失率 η 对 w_{pn} 的影响。

下卧岩土体弹性模量 E_s 主要通过影响 $K_0 = 1.3\sqrt[12]{\dfrac{E_s d^4}{E_z I_z}}\left(\dfrac{E_s}{1-\mu_s^2}\right)$ 的大小来影响 w_{pn}。由管线位移计算公式得到，下卧岩土体弹性模量对计算结果影响不大，岩土体弹性模量越大，管土相对刚度越小，管线的位移略有增加。而实际工程中，地层岩性对管线位移的影响较明显，分析时应考虑地层损失率，管线的位移及沉降范围随地层损失率增大而增大，所以在盾构隧道的施工过程中为了降低对管线的影响要尽量控制地层的损失。

(4) 特征系数 λ 对 w_{pn} 的影响。

当特征系数较大时，管线的位移量较大；而当特征系数很小时，管线的竖向位移随特征系数增长得更明显。

综上所述，多个相互关联的参数都会对管线位移产生影响，因此在分析参数对管线位移的影响时，应结合工程实际情况并考虑多个参数间的关联进行综合分析。

5.3　地铁隧道盾构施工对柔性接口管线变形影响研究

由于管线接口形式存在差异，柔性接口管线与刚性接口管线的变形特性差异较大。柔性接口管线与刚性接口管线的变形特性最明显的差异就是接口处管段产生一定程度的相对转动，如果转动角度过大，易造成接口处管线脱落甚至破坏。大量的工程实践调查表明，由这一原因造成的管线破坏很多，但是关于柔性接口管线的竖向位移及变形机理理论计算方面的研究成果还不多见。本节主要通过计算柔性接口处的沉降值，最终解得管线任意位置沉降值。

5.3.1　地铁盾构施工对垂直于隧道轴线柔性接口管线变形的影响

1. 转角及位移的计算

根据大量工程实践可知，处于最不利位置柔性接口管线的接口处竖向位移 w_{pn} 小于无管线时地层沉降 S_z'。管线中的各节管长度较短，认为管线完全刚性，故管线上不存在弯矩，在此假定每节管段中点位置处的竖向位移 w_{pn}^{zh} 符合地层沉降规律，由式(5.6)可知：

$$w_{pn}^{zh} = \frac{0.313\eta D^2}{i_z}\exp\left(-\frac{(y_n^{zh})^2}{2i_z^2}\right) \tag{5.26}$$

式中，y_n^{zh} 为第 n 节管段与隧道轴线正上方的距离，$y_n^{zh}=\sum_{i=1}^{n-1}l_i+\dfrac{l_n}{2}$，其中 n 为计算点到隧道轴线正上方距离内管段总数量，l_i 为第 i 节管段的长度$(i=1,2,3,\cdots)$。

以隧道左侧的管线进行分析，假设第 n 节管段的绝对转角为 θ_n，由于假设管段上各点的位移为线性变化，则管线左、右端点的竖向位移分别为

$$w_{pn}^z=w_{pn}^{zh}-\frac{l_n}{2}\theta_n$$

$$w_{pn}^y=w_{pn}^{zh}+\frac{l_n}{2}\theta_n \tag{5.27}$$

由于管线是连续的，故在接口处满足 $w_{pn}^z=w_{p(n+1)}^y$。由以上结果可得

$$w_{pn}^{zh}-\frac{l_n}{2}\theta_n=w_{p(n+1)}^{zh}+\frac{l_{n+1}}{2}\theta_{n+1}$$

将式(5.26)代入上式可得

$$\frac{0.313\eta D^2}{i_z}\exp\left(-\frac{(y_n^{zh})^2}{2i_z^2}\right)-\frac{l_n}{2}\theta_n=\frac{0.313\eta D^2}{i_z}\exp\left(-\frac{(y_{n+1}^{zh})^2}{2i_z^2}\right)+\frac{l_{n+1}}{2}\theta_{n+1} \tag{5.28}$$

将式(5.28)整理可得 θ_{n+1} 与 θ_n 的关系：

$$\theta_{n+1}=\frac{0.626\eta D^2}{i_z l_{n+1}}\left[\exp\left(-\frac{(y_n^{zh})^2}{2i_z^2}\right)-\exp\left(-\frac{(y_{n+1}^{zh})^2}{2i_z^2}\right)\right]-\frac{l_n}{l_{n+1}}\theta_n \tag{5.29}$$

若管段的长度都为 L，则式(5.29)简化为

$$\theta_{n+1}=\frac{0.626\eta D^2}{i_z L}\left[\exp\left(-\frac{(y_n^{zh})^2}{2i_z^2}\right)-\exp\left(-\frac{(y_{n+1}^{zh})^2}{2i_z^2}\right)\right]-\theta_n \tag{5.30}$$

通过分析可知，一旦知道处于最不利位置管线的转角 θ_1，则其他管线的转角皆可求出。

因此，由式(5.27)可知，管线上任一点的竖向位移表达式为

$$w_{pn}=w_{pn}^{zh}\pm l_{nn}\theta_n \tag{5.31}$$

式中，l_{nn} 为第 n 节管段上的点到管段中点的距离。

将式(5.26)代入式(5.31)可得管线上任一点的竖向位移为

$$w_{pn}=\frac{0.313\eta D^2}{i_z}\exp\left(-\frac{(y_n^{zh})^2}{2i_z^2}\right)\pm l_{nn}\theta_n \tag{5.32}$$

2. 参数对管线竖向位移 w_{pn} 的影响

将式(5.2)代入式(5.32)得

$$w_{pn} = \frac{0.313\eta D^2}{K\left(z_0 - z_p\right)} \exp\left(-\frac{(y_n^{zh})^2}{2i_z^2}\right) \pm l_{nn}\theta_n \tag{5.33}$$

因为 w_{pn} 的计算公式涉及隧道直径 D、管隧距离 $z_0 - z_p$、沉降槽宽度系数 K 和地层损失率 η 等参数,下面具体介绍每个参数对管线竖向位移 w_{pn} 产生的影响。

1) 隧道直径 D、管隧距离 $z_0 - z_p$ 对 w_{pn} 的影响

地下管线竖向位移与隧道直径 D 有紧密关系,不仅管线的主沉降范围会随隧道直径的变大而变大,主沉降范围的竖向位移及最大位移也会随隧道直径的变大而变大。当其他因素都相同并且管线靠近隧道顶部时,因为管线所处地层沉降槽宽度较小,所以管线的主沉降范围、管线的位移都会随之减小。

2) 地表沉降槽宽度系数 K、地层损失率 η 对 w_{pn} 的影响

沉降槽宽度系数越大,管线的竖向位移越大。地层损失率对管线位移会产生一定的影响,为了减小对管线产生的影响,在盾构隧道的施工过程中就要控制地层的损失率。

3. 参数对管线转角 θ_n 的影响

由式(5.33)可知,w_{pn} 对 θ_n 具有主要的影响作用,一般来说,当 w_{pn} 越大时,处于最不利位置的管线的埋深越大,沉降槽宽度变大,因此转角越大;当 w_{pn} 越小时,处于最不利位置的管线的埋深越小,沉降槽宽度变小,因此转角越小,故影响 w_{pn} 的参数都会不同程度地影响 θ_n 值。

5.3.2 地铁盾构施工对平行于隧道轴线柔性接口管线变形的影响

1. 转角及位移的计算

推导过程和 5.3.1 节相类似,由式(5.26)得管道中点位置处的竖向位移 w_{pn}^{zh}:

$$w_{pn}^{zh}\left(x_n^{zh}\right) = \frac{z_0}{z_0 - z_p} \frac{S_{z\max}}{1 + \exp\left(\frac{x_n^{zh} + x_a}{g}\right)} \tag{5.34}$$

式中,x_n^{zh} 为第 n 节管段与隧道轴线正上方的距离;$S_{z\max}$ 为管线所处地层的最大沉降量;z 为管线所处地层的深度。

参照式(5.28)同理可得

$$\frac{z_0}{z_0-z_p}\frac{S_{z\max}}{1+\exp\left(\dfrac{x_n^{zh}+x_a}{g}\right)}-\frac{l_n}{2}\theta_n=\frac{z_0}{z_0-z_p}\frac{S_{z\max}}{1+\exp\left(\dfrac{x_{n+1}^{zh}+x_a}{g}\right)}-\frac{l_{n+1}}{2}\theta_{n+1}$$

对上式整理可得

$$\theta_{n+1}=\frac{2}{l_{n+1}}\frac{z_0}{z_0-z_p}\left[\frac{S_{z\max}}{1+\exp\left(\dfrac{x_n^{zh}+x_a}{g}\right)}-\frac{S_{z\max}}{1+\exp\left(\dfrac{x_{n+1}^{zh}+x_a}{g}\right)}\right]-\frac{l_n}{l_{n+1}}\theta_n \qquad (5.35)$$

管线上任一点的竖向位移为

$$w_{pn}=w_{pn}^{zh}\pm l_{nn}\theta_n=\frac{z_0}{z_0-z_p}\frac{S_{z\max}}{1+\exp\left(\dfrac{x_n^{zh}+x_a}{g}\right)}\pm l_{nn}\theta_n \qquad (5.36)$$

2. 参数对管线竖向位移 w_{pn} 的影响

在计算 w_{pn} 时，涉及隧道直径 D、管隧距离 z_0-z_p、沉降槽宽度系数 K 及地层损失率 η 等一系列参数，下面分别介绍各参数对管线竖向位移 w_{pn} 的影响。

1) 隧道直径 D、管隧距离 z_0-z_p 对 w_{pn} 的影响

隧道直径 D 的大小严重影响地下管线竖向位移的大小，当隧道直径变大时，管线的主沉降范围、主沉降范围的竖向位移、最大位移都要随之变大。当管线靠近隧道顶部并且其他因素都相同时，管线的主沉降范围、管线的位移会因管线所处地层沉降槽宽度减小而减小。

2) 沉降槽宽度系数 K、地层损失率 η 对 w_{pn} 的影响

沉降槽宽度系数越大，管线的竖向位移越大。地层损失对管线位移的影响较明显，地层损失率越大，管线的位移及沉降范围也越大，因此在盾构隧道的施工过程中要尽量控制地层的损失，降低对管线的影响。

3. 参数对管线转角 θ_n 的影响

分析式(5.36)发现，w_{pn} 是 θ_n 的主要影响因素。当 w_{pn} 增大时，沉降槽宽度、转角大小也会因处于最不利位置的管线的埋深增大而增大；w_{pn} 越小，则处于最不利位置的管线的埋深、沉降槽宽度、转角等都会越小。由此可见，影响 w_{pn} 的参数都会对 θ_n 值产生不同程度的影响。

5.4　地铁隧道暗挖施工对柔性接口管线变形影响研究

在隧道的开挖过程中，不同的施工工艺对地下管线的影响程度是不同的，而在暗挖法中，尤以盾构和浅埋暗挖应用最为广泛。隧道采用浅埋暗挖法施工时将对地层产生扰动，扰动后的土体将产生固结与次固结，地层将产生沉降变形，当变形达到一定的程度时将对地层中的管线产生影响，盾构隧道施工对地下管线的影响在前面已经分析过，下面将对浅埋暗挖隧道施工对地下管线的影响从理论上进行计算分析。

基本假设如下。

(1) 符合 Winkler 弹性地基梁假定。

(2) 管线与周围土体始终保持紧密接触。

(3) 不考虑管土之间的切向摩擦作用。

(4) 管线材料模型采用线弹性模型进行计算，并且材质均质、各向同性。

5.4.1　地铁暗挖施工对垂直于隧道轴线柔性接口管线变形的影响

已有大量的实践及测试结果证明，地表以下沉降槽形状可认为符合正态分布曲线，沉降槽的体积等于地层损失。随着地层深度的增加，地层沉降槽宽度系数将会减小。当管线与隧道垂直时，根据地表沉降与反弯点距离可得到与地表距离为 z 的管线转角公式[95]：

$$\theta_y(z) = 2\arctan\left\{\frac{V_z}{2\pi\left[K(z)^2\right]}\right\} \tag{5.37}$$

$$i(z_0)\sqrt{2\pi}w_{\max}(z_0) = i(z)\sqrt{2\pi}w_{\max}(z) \tag{5.38}$$

式中，$K(z)$ 为 z 深度处地层沉降槽宽度系数；$i(z_0)$ 和 $i(z)$ 分别为 z_0、z 深度处的沉降槽宽度；V_z 为 z 深度处单位距离沉降槽体积；$w_{\max}(z)$ 为 z 深度处沉降槽的最大沉降量。

国外很多学者[6,96]对地层沉降槽宽度进行了研究，一般可以表示为

$$i(z_0) = 0.575z_0^{0.9}D^{0.1} \tag{5.39}$$

天津大学的姜忻良等[97]对地表以下地层沉降槽宽度系数沿深度的变化规律进行了研究，可表示如下：

$$K(z) = i(z_0)\left(1 - \frac{z}{z_0}\right)^{-0.3} \tag{5.40}$$

将式(5.39)代入式(5.40)可得

$$K(z) = 0.575z_0^{0.9}D^{0.1}\left(1 - \frac{z}{z_0}\right)^{-0.3} \tag{5.41}$$

将式(5.41)代入式(5.37)可得

$$\theta_y(z) = 2\arctan\left[\frac{V_z}{0.66215\pi z_0^{1.8}D^{0.2}}\left(1 - \frac{z}{z_0}\right)^{-0.6}\right] \tag{5.42}$$

地下管线与地下工程施工之间的相互作用可分为以下两类。

1) 管线对上方土体基本没有抵抗力

对于埋深不大(通常在 1.5m 以内)的管线,在管道直径不大或管线刚度与土体刚度相差不大时,可以假设管线对周围土体的移动基本没有抵抗力,管线的竖向位移与地层的竖向位移相同,管线的变形量达到最大。

2) 管线对上方土体具有一定的抵抗力

当管线的直径较大,或管线刚度远大于土体刚度时,管线就会对周围土体的竖向移动与变形产生抵抗力。这时,地下管线的变形要比土体的变形小,但管线的附加应力增大,此时管线转动的角度不是完全自由的,因此其变形多体现为这种变形方式。

下面主要对管线对上方土体基本无抵抗力的管线竖向位移进行计算。

由于管线对土体没有抵抗作用,完全可以假设管线所在地层的沉降量就是管线的竖向位移,因此可得 $w_{pn} = S_{\max}$,地层沉降槽的最大沉降值与沉降槽宽度的关系为

$$\frac{i(z_0)}{K(z)} = \frac{S_{z\max}}{S_{\max}}$$

将式(5.40)代入上式可得

$$w_{pn} = S_{\max} = S_{z\max}\left(1 - \frac{z}{z_0}\right)^{-0.3} \tag{5.43}$$

5.4.2　地铁暗挖施工对平行于隧道轴线柔性接口管线变形的影响

管线平行于隧道且轴线在隧道正上方,管线接头的转角可参考式(5.37)写出:

$$\theta_x(z) = \arctan\left(0.4\frac{V_z}{\left[K(z)\right]^2\sqrt{2\pi}} \right)$$

同理，将式(5.41)代入上式可得

$$\theta_x(z) = \arctan\left[\frac{1.2098V_z}{z_0^{1.8}D^{0.2}\sqrt{2\pi}}\left(1-\frac{z}{z_0}\right)^{-0.6} \right] \tag{5.44}$$

式(5.44)适用于管线平行于隧道且轴线在隧道正上方的情况，即 $y=0$ 时；当管线轴线不在隧道轴线正上方，即 $y=y_p\left(y_p \neq 0\right)$ 时，z 深度处沉降槽的最大沉降量公式为[95]

$$\sum\left(w(z)+v(z)\right)_{y=y_p} = \mathrm{RF}(\theta_{zx})w_{\max}(z)$$

$$\mathrm{RF}(\theta_{zx}) = \sqrt{1+\left(\frac{y_p}{z_0-z}\right)\exp\left[\frac{-y_p^2}{2\left[K(z)\right]^2}\right]} \tag{5.45}$$

式中，$\mathrm{RF}(\theta_{zx})$ 为偏移系数。

由式(5.45)可得，偏离隧道轴线 y_p 的平行于隧道管线接头转角为

$$\theta_x(z) = \arctan\left[\frac{1.2098V_z}{\pi z_0^{1.8}D^{0.2}\sqrt{2\pi}}\left(1-\frac{z}{z_0}\right)^{-0.6}\mathrm{RF}(\theta_{zx}) \right]$$

将式(5.45)代入上式可得

$$\theta_x(z) = \arctan\left\{ \frac{1.2098V_z}{\pi z_0^{1.8}D^{0.2}\sqrt{2\pi}}\left(1-\frac{z}{z_0}\right)^{-0.6} \right.$$
$$\left. \times \sqrt{1+\left(\frac{y_p}{z_0-z}\right)\exp\left[\frac{-y_p^2}{0.66125z_0^{1.8}D^{0.2}}\left(1-\frac{z}{z_0}\right)^{-0.6}\right]} \right\} \tag{5.46}$$

参照式(5.43)可写出平行于隧道轴线管线的竖向位移为

$$w_{pn} = S_{\max} = S_{z\max}\left(1-\frac{z}{z_0}\right)^{-0.6}\sqrt{1+\left(\frac{y_p}{z_0-z}\right)\exp\left[\frac{-y_p^2}{0.66125z_0^{1.8}D^{0.2}}\left(1-\frac{z}{z_0}\right)^{-0.6}\right]}$$

$$\tag{5.47}$$

5.5　地铁隧道暗挖施工对刚性接口管线变形影响研究

基本假设如下。

(1) 符合 Winkler 弹性地基梁假定。

(2) 管线与周围土体始终保持紧密接触。

(3) 管土之间的切向摩擦作用不用考虑。

(4) 管线材料模型采用线弹性模型进行计算，而且材质均质、各向同性。

(5) 计算中不考虑管身材料与接口材料的弹性模量差异，并且视为等刚度问题。

5.5.1　地铁暗挖施工对垂直于隧道轴线刚性接口管线变形的影响

管线与隧道垂直时，z 方向上的位移 w 和 x 方向上的位移 u 使管线产生弯曲应变，y 方向上的位移 v 使管线产生轴向应变。管线中能够产生的最大拉应变为[95]

$$\varepsilon_{pzy} = \varepsilon_{pwy} + \varepsilon_{puy} + \varepsilon_{pvy}$$

$$\varepsilon_{pwy} = \frac{d}{2}\max\left[\frac{\mathrm{d}^2 w(z)}{\mathrm{d}y^2}\right] = 0.089 \times \frac{V_z d}{K(z)^3} \qquad (5.48)$$

$$\varepsilon_{puy} = \frac{d}{2}\max\left[\frac{\mathrm{d}^2 u(z)}{\mathrm{d}y^2}\right] = \frac{0.039}{z_0 - z} \times \frac{V_z d}{K(z)^2} \qquad (5.49)$$

$$\varepsilon_{pvy} = \mathrm{RF}(\varepsilon_y)\max\left[\frac{\mathrm{d}v(z)}{\mathrm{d}y}\right] = \frac{0.178\mathrm{RF}(\varepsilon_y)V_z}{(z_0 - z)K(z)} \qquad (5.50)$$

式中，z 为管线的埋深；V_z 为 z 深度处单位距离沉降槽体积；$K(z)$ 为 z 深度处地层沉降槽宽度系数；d 为地下管线的直径；$u(z)$、$v(z)$、$w(z)$ 为 z 深度处地层在 x、y、z 方向上的位移；$\mathrm{RF}(\varepsilon_y)$ 为应变折减系数。

如图 5.6 所示，$\mathrm{RF}(\varepsilon_y)$ 的选取取决于 $d/i(z)$ 及管土的相对刚度 K^*：

$$K^* = \frac{E_p R_A}{E_g}$$

式中，E_p 为管线的弹性模量；E_g 为土体的弹性模量；R_A 为管线面积比率。

$$R_A = \frac{A_p}{\pi r_p^2}$$

式中，A_p 为管线的横截面积；r_p 为管线的半径。

根据地表沉降和地中沉降的关系，将式(5.48)、式(5.49)、式(5.50)改写为地表沉降参数的公式，得

$$\varepsilon_{pwy} = 0.089 \times \frac{V_z d}{\left[K(z)\right]^3} \left(1 - \frac{z}{z_0}\right)^{-0.9} = 0.468 \times \frac{V_z d}{z_0^{2.7} D^{0.3}} \left(1 - \frac{z}{z_0}\right)^{-0.9}$$

$$\varepsilon_{puy} = \frac{0.036}{(z_0 - z)} \times \frac{V_z d}{\left[K(z)\right]^2} \left(1 - \frac{z}{z_0}\right)^{-0.6} = \frac{0.109}{(z_0 - z)} \times \frac{V_z d}{z_0^{1.8} D^{0.2}} \left(1 - \frac{z}{z_0}\right)^{-0.6}$$

$$\varepsilon_{pvy} = \mathrm{RF}\left(\varepsilon_p\right) \frac{0.178 V_z}{(z_0 - z) K(z)} \left(1 - \frac{z}{z_0}\right)^{-0.3} = \mathrm{RF}\left(\varepsilon_p\right) \frac{0.3096 V_z}{z_0^{0.9} D^{0.1} (z_0 - z)} \left(1 - \frac{z}{z_0}\right)^{-0.3}$$

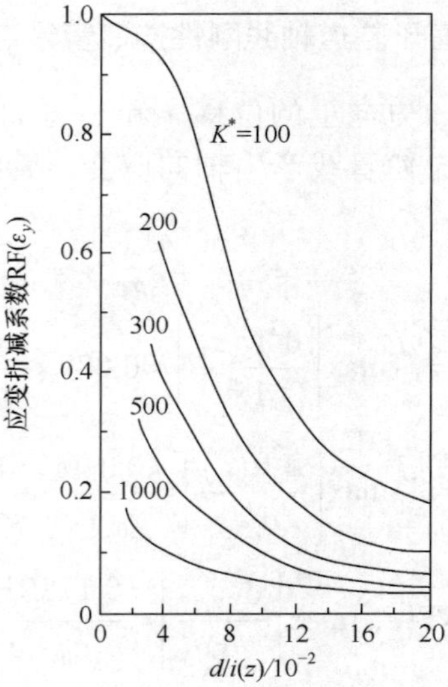

图 5.6　横向管线水平向应变折减系数[33]

浅埋暗挖工法较多，主要有台阶法、全断面法、中隔墙法、交叉中隔墙法、单侧壁导坑法、双侧壁导坑法、中洞法、洞桩法、侧洞法等。不同的施工工法对地层的沉降影响是不同的，因此在一定时间内，隧道开挖对地下管线的变形影响也有所不同，这就给理论计算管线的力学性能带来了较大的难度。

从统计观点考虑，可以将整个隧道的开挖分解成无限多个微小单元体的开挖，整个隧道开挖对地下管线的影响，认为等于构成这一开挖隧道的无限多个微小单元体开挖对管线影响的总和。根据随机介质理论，隧道开挖对地层的影响可以等效成构成这一开挖的许多无限小微元体开挖的影响总和。将沿 x、y、z 方向长度为 $\mathrm{d}u$、$\mathrm{d}v$、$\mathrm{d}w$ 的长方体视为微小单元体，其中心距离地表深度为 z，单元体

开挖引起的地层沉降盆地定义为单元体沉降盆地，单元体引起的沉降用 $W_z(x,y,z)$ 表示。根据假定，最终沉降盆地的体积等于地层损失的体积，即开挖微小单元体积 $\mathrm{d}v\mathrm{d}u\mathrm{d}w$。因此，单元开挖引起地层 z 处沉降盆地的最终分布表达式为[96]

$$W_z(x,y,z)=\frac{1}{K(z)^2}\exp\left[-\frac{\pi}{K(z)^2}\left(x^2+y^2\right)\right]\mathrm{d}u\mathrm{d}v\mathrm{d}w$$

由于可视单元开挖沿 x 轴无限延长，故可按平面问题求解，对上式积分可得

$$W_z(x,y,z)=\frac{1}{K(z)^2}\exp\left[-\frac{\pi}{K(z)^2}y^2\right]\mathrm{d}v\mathrm{d}w \tag{5.51}$$

式中，$K(z)=0.575z_0^{0.9}D^{0.1}\left(1-\dfrac{z}{z_0}\right)^{-0.3}$。

对于全断面开挖的圆形断面隧道，有

$$W_z(x,y,z)=\iint\limits_S \frac{\pi D^2}{4K(z)^2}\exp\left[-\frac{\pi}{K(z)^2}y^2\right]\mathrm{d}v\mathrm{d}w$$

已知 $y^2+\left(z-z_0\right)^2=\dfrac{D^2}{4}$，积分面积 $S=\begin{cases}-\dfrac{D}{2}\leqslant y\leqslant\dfrac{D}{2}\\[2mm] z_0-\dfrac{D}{2}\leqslant z\leqslant z_0+\dfrac{D}{2}\end{cases}$。

对上式积分可得

$$W_z(x,y,z)=\frac{1}{K(z)^2}\exp\left[-\frac{2\pi}{DK(z)^2}\right] \tag{5.52}$$

式中，$K(z)=0.575z_0^{0.9}D^{0.1}$。

由上述分析可知，在计算非全断面开挖的浅埋暗挖隧道时，式(5.51)较为合适，在开挖的过程中，可以计算每步开挖后地层的沉降量。

参照式(5.15)可写出管线的微分方程为

$$\frac{\mathrm{d}^4 w_{pn}}{\mathrm{d}y^4}-4\lambda^4 W_z(x,y,z)+4\lambda^4 w_{pn}=0 \tag{5.53}$$

对上述方程求解可得

$$w_{pn}=\frac{E_z I_z}{K_0 d}W_z(x,y,z)\left[\frac{1}{4\lambda^4}\left(\frac{y^4}{i_z^8}-\frac{6y^2}{i_z^6}+\frac{3}{i_z^4}\right)+1\right] \tag{5.54}$$

5.5.2　地铁暗挖施工对平行于隧道轴线刚性接口管线变形的影响

管道与隧道平行时，埋深为 z 且到隧道轴线水平距离为 y_p 的管线，其管体中可能产生的最大拉应变 ε_{pzx} 可以写为[95]

$$\varepsilon_{pzx} = \varepsilon_{pwy} + \varepsilon_{puy} + \varepsilon_{pvy}$$

$$\varepsilon_{pwx} = \frac{d}{2}\max\left[\frac{\mathrm{d}^2 w(z)}{\mathrm{d}x^2}\right] = \frac{0.049 V_p d}{\left[K(z)\right]^3}\exp\left\{\frac{-y_p^2}{2\left[K(z)\right]^2}\right\} \tag{5.55}$$

$$\varepsilon_{pvx} = \frac{d}{2}\max\left[\frac{\mathrm{d}^2 v(z)}{\mathrm{d}x^2}\right] = \frac{0.049 y_p}{(z_0 - z)}\times\frac{V_z d}{\left[K(z)\right]^3}\exp\left\{\frac{-y_p^2}{2\left[K(z)\right]^2}\right\} \tag{5.56}$$

$$\varepsilon_{pux} = \mathrm{RF}(\varepsilon_x)\max\left[\frac{\mathrm{d}u(z)}{\mathrm{d}x}\right] = \mathrm{RF}(\varepsilon_x)\frac{0.097 V_z}{(z_0 - z)K(z)}\exp\left\{\frac{-y_p^2}{2\left[K(z)\right]^2}\right\} \tag{5.57}$$

式中，$\mathrm{RF}(\varepsilon_x)$ 为应变折减系数，如图 5.7 所示。

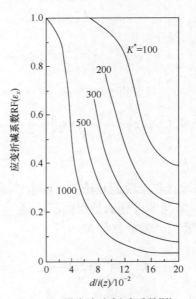

图 5.7　纵向应变折减系数[33]

考虑地表沉降和地层中点沉降的关系后，把式(5.55)~式(5.57)分别改为与地表沉降参数有关的公式，得

$$\varepsilon_{pwx} = 0.049 \frac{V_z d}{\left[K(z)\right]^3} \left(1 - \frac{z}{z_0}\right)^{-0.9} \exp\left\{-\frac{y_p^2 \left(1 - z/z_0\right)^{-0.6}}{2\left[K(z)\right]^2}\right\}$$

$$\varepsilon_{pvx} = 0.049 \frac{y_p}{z_0 - z} \frac{V_z d}{\left[K(z)\right]^3} \left(1 - \frac{z}{z_0}\right)^{-0.9} \exp\left\{-\frac{y_p^2 \left(1 - z/z_0\right)^{-0.6}}{2\left[K(z)\right]^2}\right\}$$

$$\varepsilon_{pux} = 0.097 \frac{V_z \mathrm{RF}(\varepsilon_x)}{(z_0 - z)K(z)} \left(1 - \frac{z}{z_0}\right)^{-0.3} \exp\left\{-\frac{y_p^2 \left(1 - z/z_0\right)^{-0.6}}{2\left[K(z)\right]^2}\right\}$$

将式(5.40)代入以上三式即可得到管线沿不同方向的应变值。

参照式(5.24)、式(5.53)可得平行于隧道轴线地下管线的竖向位移微分方程为

$$\frac{\mathrm{d}^4 w_{pn}}{\mathrm{d}x^4} + 4\lambda^4 w_{pn} = 4\lambda^4 \frac{z_0}{z_0 - z} \frac{W_z(x,y,z)}{1 + \exp\left(\dfrac{x + x_a}{g}\right)}$$

对上述方程求解可得平行于隧道轴线地下管线的竖向位移：

$$w_{pn} = \frac{z_0}{z_0 - z} \frac{E_z I_z}{K_0 d} \frac{W_z(x,y,z)}{1 + \exp\left(\dfrac{x + x_a}{g}\right)} \left[\frac{1}{4\lambda^4}\left(\frac{y^4}{i_z^8} - \frac{6y^2}{i_z^6} + \frac{3}{i_z^4}\right) + 1\right] \tag{5.58}$$

5.6　小　　结

本章研究了适用于西安地铁盾构隧道施工地层变形预测的 Peck 公式，基于 Winkler 弹性地基梁假定研究了不同条件下开挖隧道引起的管线的沉降、弯矩和转角等变形计算公式与力学性能方程，最后给出了地铁隧道暗挖施工对不同空间位置和不同刚度管线的竖向位移计算公式，具体如下。

(1) 在假设地表及地表以下地层的竖向位移均符合 Peck 公式的基础上，探讨了不同埋深及不同地层损失率的地层变形规律。

(2) 采用 Winkler 弹性地基梁理论，给出了地铁隧道盾构施工对垂直于和平行于隧道轴线刚性接口、柔性接口管线的变形计算公式与力学性能方程，并分析了隧道直径、管隧距离、管线直径、管壁厚度、管线材料弹性模量、下卧岩土体弹性模量、泊松比及地层损失率等参数对计算结果的影响。

(3) 采用 Winkler 弹性地基梁理论及 Attewell 应变折减法，给出了地铁隧道暗挖施工对垂直于和平行于隧道轴线的刚性接口及对上方土体基本无抵抗力的柔性接口管线的竖向位移计算公式。

第6章 地铁隧道施工地层变形规律数值模拟研究

本章介绍地铁隧道施工过程数值分析中比较常用的有限差分数值计算软件 FLAC 的特点，并完成地铁区间隧道盾构施工引起的地表及邻近建筑物变形规律 FLAC 分析、地铁隧道盾构施工和矿山法施工对既有管线的变形影响规律 FLAC 分析。

6.1 概　　述

基于拉格朗日元法的 FLAC 软件是一种专门用于求解岩土力学问题的拉格朗日元法程序，可用于分析有关边坡、深基坑、坝体、隧道、地下洞室等一系列岩土工程运动问题。FLAC 软件可以模拟这些运动的单个过程，也可模拟它们之间的耦合作用。FLAC 软件可用于下列岩土工程问题的研究。

(1) 承受荷载能力与变形分析：用于边坡稳定和基础设计。

(2) 渐进破坏与坍塌反演：用于硬岩采矿和隧道设计。

(3) 断层构造的影响研究：用于采矿设计。

(4) 施加于地质体锚索支护所提供的支护力研究：岩锚和土钉的设计。

(5) 排水和不排水加载条件下全饱和流体流动和孔隙压力扩散研究：挡土墙结构的地下水流动和土体固结研究。

(6) 黏性材料的蠕变特性：用于碳酸钾盐采矿设计。

(7) 陡滑面地质结构的动态加载：用于地震工程和矿山岩爆研究。

(8) 爆炸荷载和振动的动态响应：用于隧道开挖和采矿活动。

(9) 结构的地震感应：用于土坝设计。

(10) 温度诱发荷载所导致的变形和结构的不稳定。

6.2 地铁隧道盾构施工引起的地表及邻近建筑物变形规律

盾构隧道施工引起的地层及其邻近建筑物的变形特性非常复杂，同样地质及周边环境条件下，盾构施工对邻近条形基础砌体结构建筑物的变形影响最大。为集中精力，本章采用 FLAC 软件，从建筑物距隧道水平距离和隧道埋深两个影响因素考虑，分析砂砾卵石地层条件下条形基础砌体结构建筑物在盾构隧道施工扰

动下的变形影响规律，确定建筑物与盾构隧道之间的安全水平距离。结合各计算
工况下地表变形、基础变形和建筑物倾斜率等，分析盾构施工扰动下建筑物变形
破坏机理，提出砂砾卵石地层砖混结构建筑物的变形破坏模式。

6.2.1 建筑物结构及基础类型

盾构隧道施工引起的地层及其邻近建筑物的变形特性复杂多样，尤其是砂砾
卵石地层盾构施工对地层的扰动较大，必然引起邻近建筑物变形甚至破坏。条形
基础砖混结构建筑物整体稳定性较差，因此本节数值计算所研究的对象为盾构隧
道邻近的砖混结构建筑物，所选建筑物为一栋 3 个单元 7 层砖混结构楼房，基础
类型为条形基础，由毛石混凝土、灰土和三合土等材料组成的无须配置钢筋的墙
下条形基础，埋深 5m，如图 6.1 和图 6.2 所示。

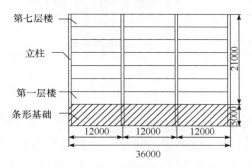

图 6.1 建筑物立面图(单位：mm)

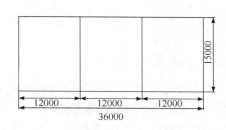

图 6.2 建筑物平面图(单位：mm)

6.2.2 计算工况确定

西安地铁盾构隧道外径为 6000mm，内径为 5400mm，管片厚度 300mm，因此
本章数值计算设定盾构隧道外半径 3000mm，建筑物与隧道位置关系如图 6.3 所示。

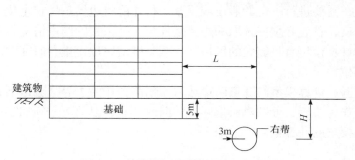

图 6.3 建筑物与隧道位置关系示意图

建筑物变形主要受隧道与建筑物水平相对位置、隧道埋深、建筑物重量及刚

度等因素影响，本章重点研究盾构施工引起邻近条形基础砖混结构建筑物的变形影响规律。因此，本章仅从隧道与建筑物水平相对位置和隧道埋深两方面，通过改变 L 和 H 将计算过程分为多个工况，详见表 6.1。采用控制变量法计算分析每种工况下建筑物变形特性，提出西安地铁砂砾卵石地层盾构施工对隧道邻近建筑物变形的影响规律。

表 6.1　计算工况

建筑物变形影响因素	工况		工况说明
工况 1：隧道与建筑物水平距离	工况 1-1	隧道埋深 H=10m	建筑物距离隧道右帮 L=0m
	工况 1-2		建筑物距离隧道右帮 L=6m
	工况 1-3		建筑物距离隧道右帮 L=12m
	工况 1-4		建筑物距离隧道右帮 L=18m
工况 2：隧道埋深	工况 2-1	建筑物距离隧道右帮 L=0m	隧道埋深 H=10m
	工况 2-2		隧道埋深 H=15m

6.2.3　边界条件

在研究盾构施工引起邻近建筑物变形影响规律的数值模拟中，由于实际工程的区域很大，必须切取地层的某一部分进行研究。通过确定一定的边界条件，可以替代原始介质的连续状态，边界的选取对于数值模拟极为重要，是否合理选取边界条件将直接决定计算结果的准确性。因此，在采用 FLAC 软件进行数值计算时，边界条件的确定是数值计算的重要内容，直接关系到计算结果的准确性。

连续介质静力学模型的边界条件分为三大类：应力边界条件、位移边界条件和混合边界条件。在实际工程问题的分析中，由于问题的复杂性，边界条件常常具有未知性，需要进行一定的假设或反演分析才能将边界条件定量化。为了保证数值计算精度，首先必须使选取的边界条件与实际工程的约束情况相符合，其次要使所建的计算模型有足够大的区域，根据圣维南原理，重点研究的区域应处于模型中央部位。

根据经验，计算模型的隧道两边选取 5 倍洞径作为边界，隧道下方选取大于 3 倍的洞径作为边界，分别对所选区域的前后、左右以及下方施加零位移约束，可保证工程要求的计算精度。

6.2.4　本构关系

土体的本构关系体现了土的应力-应变特性，为了真实地模拟施工过程，严格按照盾构施工工序，应用空模型进行开挖模拟，考虑到研究的重点在于地层变形规律，选用莫尔-库仑本构模型模拟土体变形。本节在数值计算过程中只涉及空模型和莫尔-库仑模型两种，因此仅对空模型和莫尔-库仑模型进行简单阐述。

1. 莫尔-库仑模型

莫尔-库仑模型的特点在于能够比较真实地描述土体和岩石发生的剪切破坏。在模拟土体开挖时应用得最为广泛，因为模型的破坏包络线能够与莫尔-库仑强度准则和拉破坏准则相关联。

1) 增量弹性定律

莫尔-库仑模型是研究土体变形的常用模型，采用该模型进行 FLAC 数值模拟，不仅考虑了三大主应力 σ_1、σ_2 和 σ_3，同时还考虑到平面外应力 σ_{zz}，能够反映出土体或岩石的受力状态。运用塑性力学中的应力张量分量可以获取土体或岩石受力状态下的主应力大小及方向，三大主应力大小排序如下(压应力为负)：

$$\sigma_1 \leqslant \sigma_2 \leqslant \sigma_3 \tag{6.1}$$

与三大主应力相对应的主应变增量 Δe_1、Δe_2 和 Δe_3 分解如下：

$$\Delta e_i = \Delta e_i^{\mathrm{e}} + \Delta e_i^{\mathrm{p}}, \quad i = 1, 2, 3 \tag{6.2}$$

根据胡克定律中应变与应力的对应关系，各主应力增量的表达式如下：

$$\begin{cases} \Delta \sigma_1 = \alpha_1 \Delta e_1^{\mathrm{e}} + \alpha_2 \left(\Delta e_2^{\mathrm{e}} + \Delta e_3^{\mathrm{e}} \right) \\ \Delta \sigma_2 = \alpha_1 \Delta e_2^{\mathrm{e}} + \alpha_2 \left(\Delta e_1^{\mathrm{e}} + \Delta e_3^{\mathrm{e}} \right) \\ \Delta \sigma_3 = \alpha_1 \Delta e_3^{\mathrm{e}} + \alpha_2 \left(\Delta e_1^{\mathrm{e}} + \Delta e_2^{\mathrm{e}} \right) \end{cases} \tag{6.3}$$

式中，$\alpha_1 = K + \dfrac{4G}{3}$；$\alpha_2 = K - \dfrac{2G}{3}$。其中，$K$ 为体积模量；G 为剪切模量。

2) 屈服函数

结合塑性理论知识，可通过在平面内用 σ_1 和 σ_3 描述破坏准则，如图 6.4 所示。

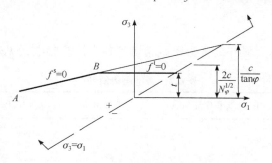

图 6.4　莫尔-库仑强度准则

结合莫尔-库仑屈服函数，通过计算可以推导出点 A 到点 B 的破坏包络线为

$$f^s = \sigma_1 - \sigma_3 N_\varphi - 2c\sqrt{N_\varphi} \tag{6.4}$$

点 B 到点 C 的拉破坏函数为

$$f^t = \sigma^t - \sigma_3 \tag{6.5}$$

式中，φ 为有效内摩擦角(°)；c 为黏聚力(kPa)；σ^t 为抗拉强度(MPa)。

$$N_\varphi = \frac{1 + \sin\varphi}{1 - \sin\varphi} \tag{6.6}$$

需要强调的是，在剪切屈服函数中，σ_2 不起作用，因此对于有效内摩擦角为零的材料，为了保证其结构的安全稳定，要求其抗拉强度必须小于或等于最大允许值 σ^t_{max}，计算公式如下：

$$\sigma^t_{max} = \frac{c}{\tan\varphi} \tag{6.7}$$

2. 空模型

地铁隧道盾构施工之前，土体的初始应力场只为重力场，运用 FLAC 软件进行隧道盾构施工模拟时，一般多采用空单元法，将被挖掉单元的刚度矩阵乘以一个很小的比例因子，使其刚度极小，可忽略不计；假定被挖单元的质量、荷载等也为零，以此来实现单元的开挖。在重力场作用下，运用空单元法进行隧道盾构开挖的过程模拟时，得到的应力场即为隧道盾构开挖后土体的实际应力场。但是，开挖后的位移场则不同，须减去初始位移场之后才是开挖后的土体实际位移场。

空模型代表从建立的模型中移去隧道实际开挖断面的那部分单元，开挖过程就是隧道周围土体因开挖产生卸载过程，挖掉的单元应力自动清零，没有体力，即

$$\sigma^N_{ij} = 0 \tag{6.8}$$

6.2.5 计算参数

根据工程勘察资料并结合旁压试验得到各个计算参数，见表 6.2。

表 6.2 各地层计算参数

地层名称	密度/(kg/m³)	体积模量/MPa	剪切模量/MPa	黏聚力/kPa	内摩擦角/(°)
素填土	1600	2.28	2.55	16.00	18.0
黄土	1780	3.05	2.87	21.50	21.0

续表

地层名称	密度/(kg/m³)	体积模量/MPa	剪切模量/MPa	黏聚力/kPa	内摩擦角/(°)
砂砾卵石	2035	33.5	12.3	24.00	16.0
粉质黏土	1980	7.8	3.6	26.00	17.0
砖墙	2050	4500	2100	34.50	28.6
条形基础	2050	9600	8500	1.45	23.6

6.2.6 计算结果分析

为了研究盾构施工引起邻近建筑物的变形情况,在建筑物基础底部、基础上部、建筑物第二层和楼顶等关键位置布置关键点,具体布置图如图 6.5 所示。通过不同工况计算得到各关键点位移变化,分析建筑物在盾构施工过程中的变形情况,得出不同影响因素下建筑物的变形规律。

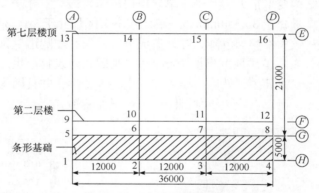

图 6.5　建筑物变形计算关键点布置图(单位：mm)

工况 1：建筑物与隧道之间的水平距离对建筑物变形规律的影响

盾构穿越的地层均为砂砾卵石,隧道中心线埋深均为 10m,通过改变建筑物与左隧道右帮之间的水平距离 L,研究隧道盾构施工过程中建筑物变形的安全影响距离。分四种情况进行计算,即建筑物与隧道右帮水平距离分别是 0m、6m、12m 和 18m,从地表变形、基础变形以及建筑物变形等方面分析各个工况下盾构施工引起的建筑物变形情况,确定出建筑物与隧道之间的安全水平距离,并为隧道周围一定距离范围内的建筑物是否需要进行加固或改迁提供判断依据。

1) 工况 1-1：建筑物与隧道右帮水平距离 0m

该工况中建筑物靠近隧道的一边墙体与隧道右帮水平距离为 0m，隧道正好位于建筑物基础下方，隧道埋深 10m，隧道与建筑物具体位置关系如图 6.6 所示。

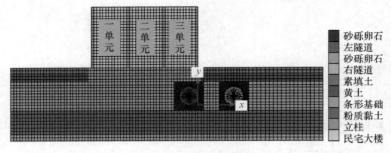

图 6.6　工况 1-1 计算模型

(1) 建筑物及隧道变形位移云图分析。

从图 6.7 可以看出，当隧道下穿建筑物(建筑物与隧道右帮水平距离 0m)时，建筑物基础和结构变形很大，其中三单元楼房沉降量最大，介于 40～60.35mm，二单元楼房沉降量介于 30～40mm，一单元楼房沉降量介于 20～30mm；一、二、三单元楼房存在较大不均匀沉降，容易造成下沉开裂；左隧道拱顶沉降量较大，达到 60.35mm，右隧道拱顶沉降量 20mm，这是因为建筑物产生的附加应力作用到左隧道拱顶，使得其拱顶处应力增大，产生较大变形，并且因为左右两隧道中心线距离近 15m，所以右隧道拱顶沉降量远小于左隧道。

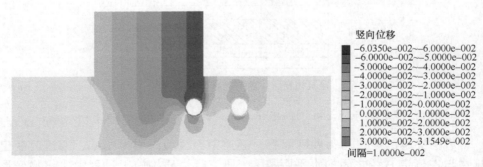

图 6.7　工况 1-1 的竖向位移云图(单位：m)

从图 6.8 可以看出，建筑物上部结构水平位移呈现三层不同区域，最下面一层介于 20～30mm，中间一层介于 30～40mm，最上面一层介于 40～50mm，基础水平位移介于 10～20mm。随着楼层越高，水平位移越大。

图 6.8　工况 1-1 的水平位移云图(单位：m)

(2) 地表及附近建筑物变形分析。

从图 6.9 可以看出，变形曲线突变性很强，变形曲线在 $x=-12\sim-3$m 近似水平直线，沉降量在 10mm 左右，随后由 10mm 突变到 56.85mm，在 $x=0\sim36$m 呈线性递减趋势，建筑物基础坐标(x 轴)就介于该区间，建筑物沉降差值很大，这是由于隧道位于建筑物正下方，隧道盾构开挖致使周围土体卸载，地基土发生移动，引起上覆地层固结沉降；从 $x=36\sim53$m 沉降量明显减小且有隆起的特征，最终趋于平缓，该区间的地表地层受到建筑物沉降的挤压。根据上述分析可知，建筑物对隧道上方及附近的沉降影响很大，整个建筑物的基础部分位于沉降突变线性区域，盾构施工中产生这样的不均匀沉降会导致建筑物基础受力不均，出现基础开裂、倾斜，造成上部结构发生破坏，严重威胁建筑物的安全使用。

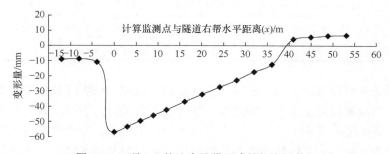

图 6.9　工况 1-1 的地表及附近建筑物变形曲线

从图 6.10 可以看出，整条水平位移曲线在 $x=0\sim36$m 出现峰值，且呈现近似水平直线，建筑物基础坐标正好位于该区段，基础最大水平位移 21.47mm；在 $x=36\sim42$m 范围内曲线呈现突变下降趋势，直至地表水平位移降至接近 0mm，这是因为距离隧道越远，地表水平变形受盾构施工扰动越小。

(3) 建筑物倾斜分析。

计算过程中对建筑物基础及墙体的关键点位移进行监测，分别从竖直方向和水平方向分析建筑物的倾斜程度，根据 A、B、C 和 D 四条纵轴线上相邻监测点

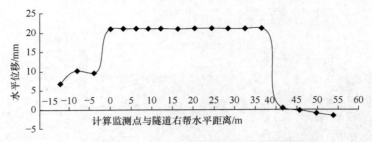

图 6.10　工况 1-1 的地表及附近建筑物水平位移曲线

的水平位移差确定水平方向倾斜，结合 *E*、*F*、*G* 和 *H* 四条横轴线上相邻监测点的沉降差确定竖直方向的倾斜，通过同一方向相邻两点的位移差分析建筑物基础及墙体结构的倾斜程度，进而判别该工况下建筑物自身稳定受盾构施工扰动的影响程度，监测结果见表 6.3。

表 6.3　工况 1-1 竖直方向上基础及墙体结构计算监测点变形数据

监测点	轴线 *H*				轴线 *G*			
	1	2	3	4	5	6	7	8
竖向变形量/mm	1.46	−27.45	−42.12	−53.85	−12.75	−27.46	−42.18	−56.85
倾斜率/‰		2.41		0.98		1.23		1.22

监测点	轴线 *F*				轴线 *E*			
	9	10	11	12	13	14	15	16
竖向变形量/mm	−12.75	−27.46	−42.17	−56.85	−12.75	−27.46	−42.17	−56.86
倾斜率/‰		1.23		1.22		1.23		1.23

从表 6.3 可以看出，同一横轴线上从左向右监测点的沉降量越来越大，这是因为其距离隧道越近受扰动影响越大；基础最大沉降量为 56.85mm，发生在 8 号监测点，最小沉降量为 12.75mm，发生在 5 号监测点上，整个基础沿竖直方向最大倾斜率为 2.41‰；建筑物上部结构监测点沉降量与基础各监测点沉降量大致相同，建筑物上部结构沿竖直方向最大倾斜率为 1.23‰，建筑物沿竖直方向倾斜率小于建筑物倾斜允许值 3‰。

从表 6.4 可以看出，基础各监测点的水平位移大致相同，基础沿水平方向最大倾斜率为 4.47‰，超过建筑物倾斜最大允许值 3‰；建筑物上部结构各监测点水平位移随着高度增大而增大，最大水平位移发生在 13 号和 14 号监测点，建筑物上部结构沿水平方向最大倾斜率为 1.23‰。

表 6.4　工况 1-1 水平方向上基础及墙体结构计算监测点变形数据

监测点	轴线 A		轴线 B		轴线 C		轴线 D	
	1	5	2	6	3	7	4	8
水平位移/mm	−1.349	21.00	14.88	21.00	15.00	21.02	15.07	21.03
倾斜率/‰	4.47		1.22		1.20		1.19	

监测点	轴线 A		轴线 B		轴线 C		轴线 D	
	9	13	10	14	11	15	12	16
水平位移/mm	24.68	46.75	24.68	46.75	24.69	46.74	24.70	46.74
倾斜率/‰	1.23		1.23		1.23		1.22	

以上分析表明，该工况下建筑物最大倾斜率为 4.47‰，超出允许值，基础沉降较大且存在明显的沉降差，这对于建筑物的安全稳定十分不利，容易造成基础剪切破坏和墙体结构开裂。

2) 工况 1-2：建筑物与隧道右帮水平距离 6m

工况 1-2 中建筑物靠近隧道的一边墙体与隧道右帮的距离为 6m，建筑物墙体与隧道水平净距离为 0m，隧道的埋深为 10m，具体位置关系如图 6.11 所示。

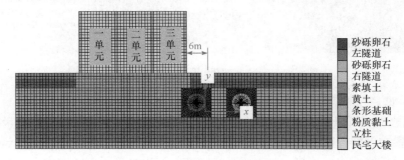

图 6.11　工况 1-2 计算模型

(1) 建筑物及隧道变形位移云图分析。

由图 6.12 可知，当建筑物与隧道右帮水平距离为 6m，即隧道邻穿建筑物时，建筑物基础和结构变形仍然比较大，三单元楼房沉降量介于 20～30mm，还是沉降量最大的单元，二单元、一单元楼房沉降量介于 10～20mm；三个单元楼房仍然存在较大不均匀沉降现象，容易造成建筑物墙体开裂；左、右隧道拱顶沉降量分别为 38.83mm、10mm。

从图 6.13 可以看出，建筑物上部结构水平变形呈现两层不同区域，下面一层区域水平位移介于 10～20mm，上面一层区域水平位移介于 20～30mm，基础水平位移介于 10～20mm；建筑物水平位移具体到每一层则表现在：一、二和三层楼水平位移较小，四、五、六、七层楼水平位移较大，与工况 1-1 相比，工况 1-2 下建筑物及隧道变形均变小。

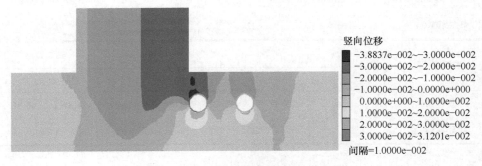

竖向位移
　−3.8837e−002～−3.0000e−002
　−3.0000e−002～−2.0000e−002
　−2.0000e−002～−1.0000e−002
　−1.0000e−002～−0.0000e+000
　0.0000e+000～1.0000e−002
　1.0000e−002～2.0000e−002
　2.0000e−002～3.0000e−002
　3.0000e−002～3.1201e−002

间隔=1.0000e−002

图 6.12　工况 1-2 的竖向位移云图(单位：m)

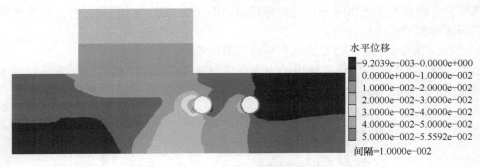

水平位移
　−9.2039e−003～0.0000e+000
　0.0000e+000～1.0000e−002
　1.0000e−002～2.0000e−002
　2.0000e−002～3.0000e−002
　3.0000e−002～4.0000e−002
　4.0000e−002～5.0000e−002
　5.0000e−002～5.5592e−002

间隔=1.0000e−002

图 6.13　工况 1-2 的水平位移云图(单位：m)

(2) 地表及附近建筑物变形分析。

从图 6.14 可以看出，变形曲线突变性很强，从 $x=-3$～6m 区段沉降量明显增大，该段表示隧道正上方的地表沉降，由 10mm 增加到 28.85mm，在 $x=6$～42m 变形曲线呈线性递减趋势，地表沉降量随着与隧道水平距离的增大而减小，这时建筑物正好坐落于该区间。在建筑物附加应力和盾构施工扰动附加应力双重作用下，该区间的建筑物沉降远大于其他位置的地表沉降。$x=42$～53m 沉降量明显减小且稍有隆起的特征，最终趋于平缓。根据上述分析可知，建筑物对隧道附近的地表沉降影响较大，尽管该工况与工况 1-1 相比，最大沉降量减小了 28mm，但是整个建筑物的地表沉降仍然较大，且基础位于沉降槽之内，具有明显的不均匀沉降，容易导致建筑物基础受力不均，出现基础开裂、倾斜，造成上部结构发生破坏。

从图 6.15 可以看出，该工况下的水平位移曲线变化趋势与工况 1-1 接近，最大水平位移 14.33mm，发生在建筑物基础坐落的区段，相比于工况 1-1，基础水平位移减小了 7mm 左右，表明建筑物距离隧道越远，盾构施工造成的基础水平位移越小。

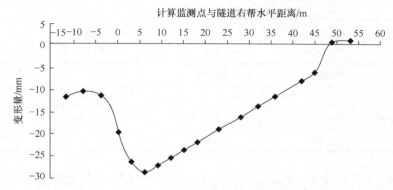

图 6.14　工况 1-2 的地表及附近建筑物变形曲线

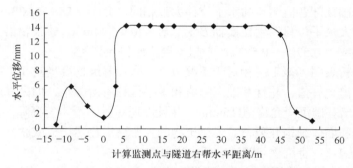

图 6.15　工况 1-2 的地表及附近建筑物水平位移曲线

(3) 建筑物倾斜分析。

计算过程中对建筑物基础及墙体的关键点位移进行监测，监测结果见表 6.5、表 6.6。

表 6.5　工况 1-2 竖直方向上基础及墙体结构计算监测点变形数据

监测点	轴线 H				轴线 G			
	1	2	3	4	5	6	7	8
竖向变形量/mm	−7.97	−14.92	−21.87	−28.79	−7.97	−14.93	−21.87	−28.81
倾斜率/‰	0.57		0.58		0.58		0.58	
监测点	轴线 F				轴线 E			
	9	10	11	12	13	14	15	16
竖向变形量/mm	−7.98	−14.92	−21.87	−28.80	−7.98	−14.93	−21.87	−28.81
倾斜率/‰	0.58		0.58		0.58		0.58	

表 6.6　工况 1-2 水平方向上基础及墙体结构计算监测点变形数据

监测点	轴线 A		轴线 B		轴线 C		轴线 D	
	1	5	2	6	3	7	4	8
水平位移/mm	11.39	14.29	11.40	14.29	11.41	14.30	11.42	14.33
倾斜率/‰		0.58		0.58		0.58		0.58
监测点	轴线 A		轴线 B		轴线 C		轴线 D	
	9	13	10	14	11	15	12	16
水平位移/mm	16.03	26.44	16.03	26.44	16.03	26.44	16.03	26.44
倾斜率/‰		0.58		0.58		0.58		0.58

从表 6.5 可以看出，基础最大沉降量发生在 8 号和 16 号监测点上，最大沉降量 28.81mm，最小沉降量发生在 1 号和 5 号监测点上，达到 7.97mm；从表 6.6 可以看出，基础顶部各监测点的水平位移大致相同，介于 14.29~14.33mm，建筑物上部结构最大水平位移发生在横轴 E 上，最大值 26.44mm；建筑物沿竖向和水平方向的倾斜率为 0.57‰～0.58‰，未超出楼房倾斜允许值。

以上分析表明，该工况相对于工况 1-1，尽管建筑物沿竖向和水平方向的倾斜率均不超出允许值，并且基础沉降值和水平位移有所减小，但是基础沉降值仍然较大，超出基础沉降允许值(15mm)，并且出现明显的不均匀沉降，容易造成基础剪切破坏和墙体结构开裂，对于建筑物的安全稳定仍然构成威胁。

3) 工况 1-3：建筑物与隧道右帮水平距离 12m

工况 1-3 中建筑物墙体与隧道净距为 6m，隧道埋深为 10m，具体的位置关系如图 6.16 所示。

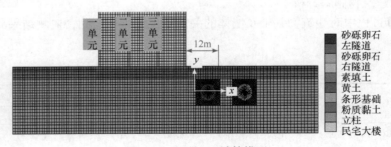

图 6.16　工况 1-3 计算模型

(1) 建筑物及隧道变形位移云图分析。

从图 6.17、图 6.18 可以看出，当隧道旁穿建筑物与隧道右帮水平距离 12m 时，建筑物变形有所减小，建筑物基础及上部结构沉降量介于 15～19.04mm，水平位移介于 1.5～5mm，建筑物呈现整体沉降和整体水平移动，这对于砖混结构建筑物的安全稳定是有利的，能够避免结构和基础开裂。左隧道拱顶沉降15mm，底板隆起 25～29.58mm，左帮水平位移最大达到 42.47mm，后两者均大于前者，这是因为建筑物与隧道已有段距离，建筑物自重产生的附加应力作用到左隧道左帮部和底板，使得该位置附近土体应力增大，从而发生较大变形。

图 6.17　工况 1-3 的竖向位移云图(单位：m)

图 6.18　工况 1-3 的水平位移云图(单位：m)

(2) 地表及附近建筑物变形分析。

从图 6.19 可以看出，整条变形曲线突变性很强，介于 $x=-12$～9m 范围内的地表沉降量相对较小，介于 5～10mm，隧道拱顶上方地表沉降 9.81mm；$x=9$～12m 区段沉降量明显增大，由 6.47mm 增加到 15.5mm；在 $x=12$～48m 变形曲线呈近似水平关系，建筑物的基础坐标(x 轴)介于该区间，这与工况 1-1、工况 1-2 有所不同，建筑物基础所处的地表沉降量都基本相同，且最大沉降量由工况 1-2 下的 28.85mm 减小到 16.90mm，没有出现明显的沉降差，这对于建筑物基础及结构本身十分有利，表明建筑物距离隧道右帮 12m 时，隧道施工对条形基础砖混结构建筑物安全稳定所造成的影响已经很小了，从 $x=48$～53m 沉降量明显减小。

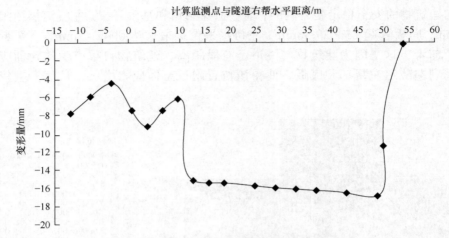

图 6.19　工况 1-3 的地表及附近建筑物变形曲线

从图 6.20 可以看出，该工况下水平位移曲线趋势与工况 1-2 很接近，同样是在建筑物坐落的区段地表水平位移曲线呈水平直线，水平位移在 12.16mm 左右，相比于工况 1-2 减小了 2.14mm；但是在 $x=0\sim12\text{m}$ 曲线明显凸起，这是因为建筑物与隧道之间这部分土在建筑物向隧道移动过程中受到挤压，致使该范围内的地表发生较大水平位移，最大水平位移为 19.32mm。

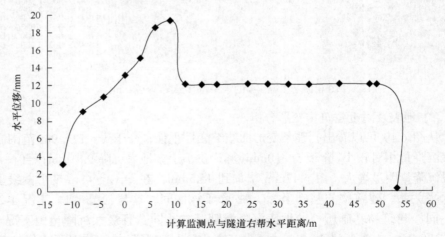

图 6.20　工况 1-3 的地表及附近建筑物水平位移曲线

(3) 建筑物倾斜分析。

该工况下计算过程中对建筑物基础及墙体关键点位移进行监测，监测结果见表 6.7、表 6.8。

表 6.7 工况 1-3 竖直方向上基础及墙体结构计算监测点变形数据

监测点	轴线 H				轴线 G			
	1	2	3	4	5	6	7	8
竖向变形量/mm	−15.10	−15.78	−16.34	−16.90	−15.22	−15.87	−16.34	−16.89
倾斜率/‰		0.06		0.05		0.05		0.05

监测点	轴线 F				轴线 E			
	9	10	11	12	13	14	15	16
竖向变形量/mm	−15.22	−15.79	−16.34	−16.59	−15.22	−15.78	−16.34	−16.90
倾斜率/‰		0.05		0.02		0.05		0.05

表 6.8 工况 1-3 水平方向上基础及墙体结构计算监测点变形数据

监测点	轴线 A		轴线 B		轴线 C		轴线 D	
	1	5	2	6	3	7	4	8
水平位移/mm	14.14	14.34	14.15	14.39	14.15	14.38	14.16	14.62
倾斜率/‰		0.04		0.05		0.05		0.09

监测点	轴线 A		轴线 B		轴线 C		轴线 D	
	9	13	10	14	11	15	12	16
水平位移/mm	15.17	18.18	15.17	18.17	15.17	18.17	15.18	18.19
倾斜率/‰		0.17		0.17		0.17		0.17

从表 6.7 可以看出,各个监测点的沉降量大致相同,基础最大沉降量 16.90mm,最小沉降量 15.10mm,建筑物沿竖向倾斜率很小,为 0.05‰~0.06‰。

从表 6.8 可以看出,各个横轴线上监测点的水平位移大致相同,水平位移随着楼层高度的增大而增大,建筑物顶部最大水平位移发生在横轴 D 上,最大值 18.19mm,建筑物沿水平方向的倾斜率为 0.04‰~0.17‰,远小于工况 1-2 中建筑物的倾斜率。

以上分析表明,该工况下建筑物沿竖向和水平方向的倾斜率非常小,均不超出允许值,并且基础沉降量和水平位移也有所减小,基础沉降量略超出基础沉降允许值(15mm),建筑物在盾构施工扰动下近似发生整体下沉和水平位移,建筑物的安全稳定受施工影响不大,可通过严格控制盾构施工水平来降低盾构施工对该范围建筑物变形的影响。

4) 工况 1-4:建筑物与隧道右帮水平距离 18m

工况 1-4 中建筑物墙体远离隧道,且与隧道净距为 12m,隧道埋深同样为 10m,

具体位置关系如图 6.21 所示。

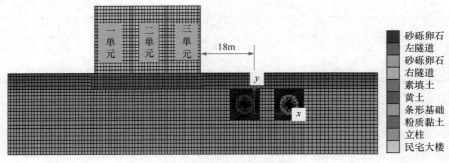

图 6.21　工况 1-4 计算模型

(1) 建筑物及隧道变形位移云图分析。

从图 6.22、图 6.23 可以看出,当建筑物与隧道右帮水平距离为 18m,即隧道旁穿建筑物时,建筑物变形减小,建筑物基础及上部结构沉降介于 10.0~14.27mm,水平位移介于 5~10mm,呈现整体下沉和水平移动趋势,这能够避免结构和基础开裂,有利于建筑物本身的安全。因为建筑物与隧道已有段距离,建筑物自重产生的附加应力传递到左帮和底板,使得该位置附近土体应力增大,因而发生较大变形,底板发生隆起范围为 25~25.34mm,左帮水平位移最大达到 38.03mm。左隧道拱顶下沉量小于前两者,为 15mm。这时,相对于工况 1-3,该工况下的建筑物变形增量很小,对建筑物的安全稳定影响极小,盾构施工过程中,距离隧道右帮水平距离 18m 以外的建筑物均比较安全,无须拆迁,必要时可采取加固保护措施。

图 6.22　工况 1-4 的竖向位移云图(单位:m)

(2) 地表及附近建筑物变形分析。

从图 6.24 可以看出,整条曲线发生多次突变,$x=-12$~9m 区间内沉降量为 0~7mm 并且相对较小;因为在 $x=9$~15m 区域内土体受到建筑物变形挤压,所以在此区间稍有隆起现象;在 $x=15$~18m 区域沉降量由 0.84mm 增加到 12.01mm,增大得比较明显;建筑物的基础坐标(x 轴)介于 $x=18$~54m,该区间变形曲线呈近似

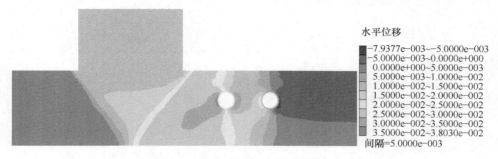

水平位移

■ -7.9377e-003~-5.0000e-003
■ -5.0000e-003~0.0000e+000
　 0.0000e+000~5.0000e-003
　 5.0000e-003~1.0000e-002
　 1.0000e-002~1.5000e-002
　 1.5000e-002~2.0000e-002
　 2.0000e-002~2.5000e-002
　 2.5000e-002~3.0000e-002
　 3.0000e-002~3.5000e-002
　 3.5000e-002~3.8030e-002
间隔=5.0000e-003

图 6.23　工况 1-4 的水平位移云图(单位：m)

水平直线，最大沉降量由工况 1-3 下的 16.90mm 减小到 11.97mm，这与工况 1-3 变形曲线变化趋势类似，对建筑物基础及结构本身十分有利，表明建筑物距离隧道右帮 18m 时，隧道施工对条形基础砖混结构建筑物安全稳定所造成的影响已经非常小了。

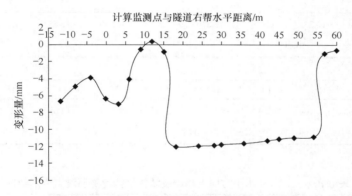

图 6.24　工况 1-4 的地表及附近建筑物变形曲线

从图 6.25 可以看出，水平位移曲线变化趋势与工况 1-3 相似，同样在建筑物坐落区段的水平位移曲线呈水平直线，但是相比于工况 1-3 减小了 0.68mm，水平位移为 11.48mm 左右；在 $x=0\sim18$m 范围内曲线有凸起现象，且有峰值出现，地表最大水平位移为 14.87mm。

(3) 建筑物倾斜分析。

计算过程中对建筑物基础及墙体的关键点位移进行监测，监测结果见表 6.9 和表 6.10。

从表 6.9 和表 6.10 可以看出，各轴线监测点的位移大致相同，基础最大沉降 13.17mm，最大水平位移 11.98mm，变形在规定的允许值范围之内；建筑物发生整体水平位移和整体沉降，避免了不均匀沉降的出现，建筑物倾斜程度极小，处在这个范围的建筑物在盾构施工过程中安全稳定。

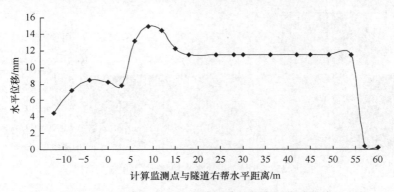

图 6.25　工况 1-4 的地表及附近建筑物水平位移曲线

表 6.9　工况 1-4 竖直方向上基础及墙体结构计算监测点变形数据

监测点	轴线 H				轴线 G			
	1	2	3	4	5	6	7	8
竖向变形量/mm	−12.29	−12.35	−12.67	−12.90	−12.30	−12.65	−13.11	−13.17
倾斜率/‰		0.01		0.02		0.03		0.01

监测点	轴线 F				轴线 E			
	9	10	11	12	13	14	15	16
竖向变形量/mm	−12.3	−12.41	−12.97	−13.07	−12.29	−12.65	−13.10	−13.19
倾斜率/‰		0.01		0.01		0.03		0.01

表 6.10　工况 1-4 水平方向上基础及墙体结构计算监测点变形数据

监测点	轴线 A		轴线 B		轴线 C		轴线 D	
	1	5	2	6	3	7	4	8
水平位移/mm	11.84	11.88	11.85	11.9	11.85	11.91	11.88	11.98
倾斜率/‰		0.01		0.01		0.01		0.02

监测点	轴线 A		轴线 B		轴线 C		轴线 D	
	9	13	10	14	11	15	12	16
水平位移/mm	12.93	14.26	12.93	14.26	12.92	14.26	12.92	14.26
倾斜率/‰		0.07		0.07		0.07		0.07

5) 工况 1 各种情况下盾构施工引起的建筑物变形对比

前面对建筑物与隧道右帮水平距离分别为 0m、6m、12m 和 18m 的四种情况进行了计算分析，每种情况下盾构施工对邻近建筑物变形的影响都不同。下面分别从基础变形、建筑物倾斜、建筑物结构关键点变形和建筑物最大主拉应力等几个方面分析隧道引起邻近建筑物变形的影响规律，确定建筑物与隧道之间合理的安全距离。

(1) 基础变形对比。

从图 6.26 可知，工况 1-1 和工况 1-2 的基础沉降量随着基础与隧道右帮水平距离的增大而呈现线性减小的趋势，前者曲线变化斜率明显大于后者，这种线性变化必然会造成建筑物基础沉降不均匀，应当避免或控制；工况 1-3 和工况 1-4 的基础沉降曲线近似水平，相对于前两种来说，基础沉降量较小，尤其是工况 1-4，基础沉降 11.97mm，在允许值 15mm 之内，建筑物发生整体沉降，这对建筑物安全稳定有利。

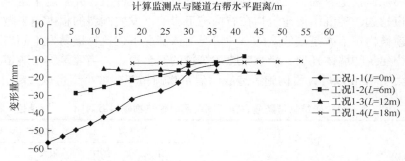

图 6.26　建筑物与隧道右帮不同距离下的基础变形曲线对比

从图 6.27 可以看出，工况 1-1 下建筑物基础的水平位移明显大于工况 1-2、工况 1-3 和工况 1-4，这是因为工况 1-1 的隧道处于建筑物正下方，盾构开挖对地基土的扰动较大，在建筑物发生较大倾斜时伴随着整体水平移动；相对于工况 1-3、工况 1-4 下基础水平位移没有随着建筑物与隧道之间距离的增大而减小，表明当建筑物与隧道右帮水平距离大于 12m 时，建筑物发生整体水平位移的趋势和大小相对稳定。

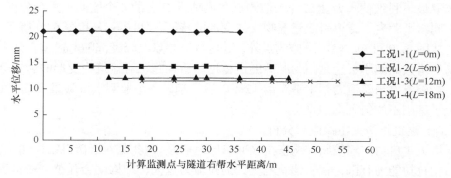

图 6.27　建筑物与隧道右帮不同距离下的基础水平位移曲线对比

结合图 6.26 和图 6.27 分析表明，工况 1-1、工况 1-2 中的建筑物变形受到盾构施工扰动的影响很大，也是可能存在的最危险情况，这两种工况均表现为基础沉降不均匀，水平位移较大，易造成建筑物倾斜和结构开裂，尤其是在砖混结构的门窗洞口部位表现得特别突出，这对于建筑物自身稳定十分有害；相比于前两种工况，工况 1-3 和工况 1-4 中建筑物基础变形较小，避免了出现明显的不均匀沉降，尤其是工况 1-4 中建筑物基础在盾构施工扰动下变形很小，基础最大沉降 11.97mm，最大水平位移 11.48mm，这种变形在控制建筑物变形的允许范围之内。

(2) 建筑物倾斜对比。

从表 6.11 可知，工况 1-1 建筑物基础倾斜较大，最大倾斜率超出建筑物倾斜允许值 3‰，其他三种工况建筑物倾斜率都没超过允许值，并且越来越小，表明距离隧道越远，砖混结构建筑物在盾构施工影响下发生倾斜的程度越来越小，隧道位于建筑物正下方是最危险的一种情况，该情况下建筑物极易发生倾斜，造成砖混结构建筑物墙体开裂，严重威胁建筑物的安全稳定，当建筑物与隧道右帮水平距离大于 12m 以后，盾构施工造成的建筑物倾斜率非常小，可以忽略。

表 6.11　建筑物与隧道右帮不同距离时建筑物倾斜率对比　　　　（单位：‰）

工况	基础		建筑物上部结构	
	最大	最小	最大	最小
工况 1-1：建筑物距离隧道右帮 0m	4.47	0.98	1.23	1.22
工况 1-2：建筑物距离隧道右帮 6m	0.58	0.57	0.58	0.58
工况 1-3：建筑物距离隧道右帮 12m	0.09	0.04	0.17	0.02
工况 1-4：建筑物距离隧道右帮 18m	0.03	0.01	0.07	0.01

(3) 建筑物结构关键点变形分析。

分析表明，距离隧道最近的墙体变形最大，基础出现不均匀沉降，因此从图 6.5 中选取最不利纵轴线 D 上的 4 个监测点和横轴线 G 上的 4 个监测点进行分析，研究不同水平距离下隧道引起建筑物墙体变形的特征，如图 6.28 和图 6.29 所示。

从图 6.29 可知，除 5 号监测点外，其他各监测点沉降量都随与隧道右帮水平距离的增大而减小，这是因为距离隧道越远，盾构施工对建筑物变形的影响会越小；当建筑物与隧道右帮水平距离 12m 以后，基础各个监测点沉降量大致相等，避免了基础不均匀沉降的发生。

(4) 建筑物最大主拉应力分析。

最大主应力与建筑物结构安全之间有紧密联系，尤其是对于砖混结构建筑物，其结构抗拉能力有限，倘若建筑物受到的拉应力过大，结构就会开裂，威胁建筑物的安全和稳定。根据我国建筑物安全相关规范，砖混结构的抗拉强度可按 $k_3\sqrt{f_2}$

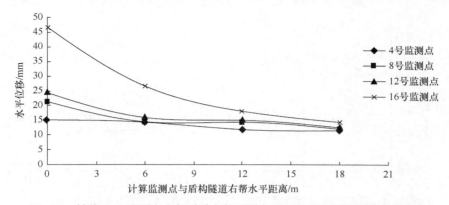

图 6.28　轴线 D 上监测点在与隧道右帮不同水平距离下的水平位移变化曲线

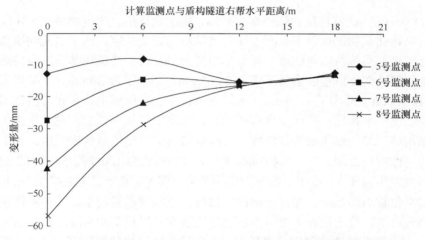

图 6.29　轴线 G 上监测点在与隧道右帮不同水平距离下的变形曲线

计算。其中，k_3 为砖混结构的影响系数，一般砖块均为黏土砖，因此影响系数取 0.141；f_2 则为砂浆抗拉强度标准值，结合砖混结构建筑物的具体情况，计算可以得到砖混结构建筑物的抗拉强度平均值为 0.314MPa。由前面数值计算得到，建筑物最大主拉应力与距隧道右帮水平距离的关系见图 6.30。

由图 6.30 可以看出，随着建筑物与隧道水平距离的增大，建筑物最大主拉应力先略有增大，之后略有减小，建筑物与隧道右帮水平距离为 0m、6m、12m 和 18m 时，对应的建筑物最大主拉应力分别为 0.379MPa、0.442MPa、0.310MPa 和 0.285MPa，前两者均超过砖混结构建筑物的抗拉强度，建筑物将会发生结构开裂，其稳定性受到影响。

综合以上分析表明，当砖混结构建筑物与隧道右帮水平距离为 0m 时，建筑物基础沉降按照斜率为 1.23 线性变化，基础最大沉降量 56.85mm，最大水平

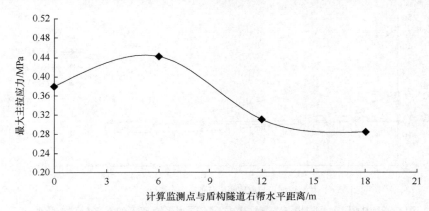

图 6.30　与隧道右帮不同水平距离下的建筑物最大主拉应力变化曲线

位移 21.03mm，建筑物最大倾斜率 4.47‰，超出允许值，建筑物最大主拉应力超出砖混结构建筑物抗拉强度，严重影响建筑物的安全稳定，施工之前建筑物应该做拆迁处理；当建筑物与隧道右帮水平距离为 6m 时，建筑物基础沉降按照斜率为 0.4 的线性变化，基础最大沉降量 28.81mm，减小了近 30mm，基础最大水平位移 14.33mm，减小了 6.70mm，建筑物倾斜率也有所减小，在允许值范围内，尽管与工况 1-1 相比，基础变形有所减小，但由于建筑物过大，建筑物最大主拉应力超出砖混结构建筑物抗拉强度，对建筑物安全稳定依然构成威胁，施工之前建筑物可做拆迁处理；当建筑物与隧道右帮水平距离为 12m 时，建筑物基础沉降较均匀且发生整体水平位移，没有形成明显的沉降差，基础最大沉降量 16.90mm，最大水平位移 14.62mm，相比于前两种情况，基础变形量较小，已接近建筑物变形控制允许值，施工过程中可适当控制施工技术；当建筑物与隧道右帮水平距离为 18m 时，建筑物距离隧道已经较远，不在盾构施工扰动影响范围之内，建筑物本身安全不会受到威胁；盾构施工对 18m 之外的建筑物不会产生过大沉降和水平位移，建筑物安全，无须拆迁或加固。

　　根据以上计算结果分析，按照盾构施工引起建筑物变形的大小，可将建筑物与隧道之间远近程度分为四种类型，如图 6.31 所示。

　　"正穿""旁穿""近穿""远穿"建筑物靠近隧道一侧墙体与隧道右帮水平距离分别为 0m、6m、12m、18m。

　　根据前面分析可知，"正穿"和"旁穿"两种情况下，盾构施工会对条形基础砖混结构建筑物造成过大变形，实际工程中必须采取控制措施进行预防；"近穿"和"远穿"情况下，建筑物受盾构施工的影响较小，尤其是"远穿"，影响非常小，盾构施工不会对建筑物安全稳定造成影响。

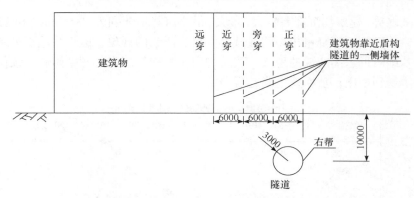

图 6.31　建筑物与隧道之间远近程度划分示意图(单位：mm)

工况 2：隧道埋深对建筑物变形规律的影响

由工况 1 计算结果分析可知，当建筑物距隧道右帮 0m，即隧道正穿建筑物时最危险，因此这里选取建筑物与隧道右帮水平距离 0m 即最危险状况进行建模，采取控制变量法仅改变隧道中心线埋深进行计算，将隧道埋深由 10m 增大到 15m，其他计算参数以及建筑物基础类型和结构类型均保持不变，给出两种工况。工况 2-1：隧道埋深 10m；工况 2-2：隧道埋深 15m。其实工况 2-1 就是工况 1-1，已经研究过，这里仅研究工况 2-2。

工况 2-2 中建筑物靠近隧道的一侧墙体距离隧道右帮 0m，隧道正好位于建筑物基础下方，具体位置关系如图 6.32 所示。

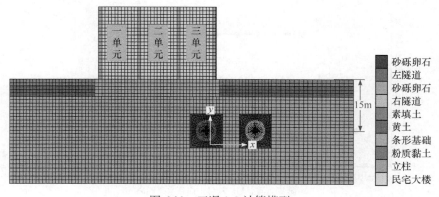

图 6.32　工况 2-2 计算模型

1) 地表及建筑物变形分析

由图 6.33 可知，$x=-12\sim-3$m 范围内沉降量相对来说比较小，因为建筑物靠近隧道一侧的墙体位于 $x=-3\sim0$m 区间，所以在此区间沉降量发生突变，由 20mm 突增到 63.96mm，建筑物基础坐标(x 轴)介于 $x=0\sim36$m 区间，该区间变形曲线呈线性递减趋势，建筑物沉降差较大，最大、最小沉降值分别为 63.96mm、14.12mm；x=36～53m 区间，沉降量出现明显减小并且有隆起的现象，但最终趋于平缓，该区间为基础附近远离隧道的地表，建筑物由于不均匀沉降而发生倾斜，致使该区域的土体受到挤压，从而发生隆起现象。

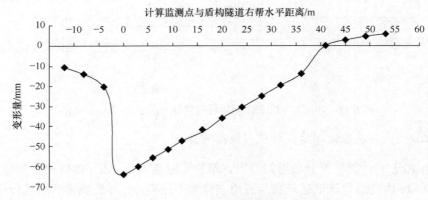

图 6.33　工况 2-2 的地表及附近建筑物变形曲线

从图 6.34 可以看出，整条水平位移曲线呈现"突增—平缓—突减"趋势，介于 x=0～36m 范围内的水平位移曲线近似水平，水平位移最大值为 27.17mm，建筑物坐落于该区段，在盾构施工扰动下建筑物发生整体水平位移；因为距离隧道越远，地表受水平位移扰动越小，所以在 x=36～42m 范围内时，曲线出现突变并且呈下降趋势，直至地表水平位移降至 3mm 左右时下降趋势趋于平缓。

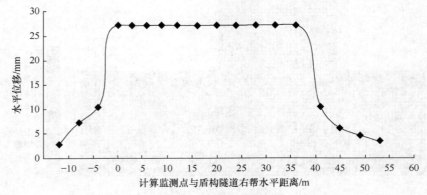

图 6.34　工况 2-2 的地表及附近建筑物水平位移曲线

2) 建筑物倾斜分析

对建筑物基础及墙体的关键点位移进行监测，该工况下监测结果见表 6.12 和表 6.13。

表 6.12 工况 2-2 竖直方向上基础及墙体结构计算监测点变形数据

监测点	轴线 H				轴线 G			
	1	2	3	4	5	6	7	8
竖向变形量/mm	−14.11	−30.74	−47.38	−63.96	−14.12	−30.75	−47.37	−63.97
倾斜率/‰		1.39		1.38		1.39		1.38
监测点	轴线 F				轴线 E			
	9	10	11	12	13	14	15	16
竖向变形量/mm	−14.12	−30.75	−47.38	−63.97	−14.12	−30.75	−47.37	−63.98
倾斜率/‰		1.39		1.38		1.39		1.38

表 6.13 工况 2-2 水平方向上基础及墙体结构计算监测点变形数据

监测点	轴线 A		轴线 B		轴线 C		轴线 D	
	1	5	2	6	3	7	4	8
水平位移/mm	20.19	27.14	20.22	27.15	20.26	27.17	20.25	27.17
倾斜率/‰		1.39		1.39		1.38		1.38
监测点	轴线 A		轴线 B		轴线 C		轴线 D	
	9	13	10	14	11	15	12	16
水平位移/mm	31.3	56.24	31.31	56.24	31.32	31.32	31.32	31.32
倾斜率/‰		1.38		1.38		1.38		1.38

从表 6.12 和表 6.13 可以看出,各轴线监测点的水平位移大致相同,基础最大沉降 63.97mm,超出基础沉降最大允许值(15mm),最大水平位移 27.17mm,各个轴上的倾斜程度大致相同,建筑物发生整体倾斜,倾斜率介于 1.38‰～1.39‰。

3) 隧道不同埋深下盾构施工引起的建筑物变形对比

(1) 基础变形对比。

从图 6.35 和图 6.36 可以看出,两种工况下的基础变形曲线和水平位移曲线基本上都呈平行关系,基础沉降量随着监测点与隧道右帮水平距离的增大而呈线性减小,基础水平位移则基本保持恒定,建筑物发生整体沉降,并伴随有整体水平位移;隧道埋深 10m 时,基础最大沉降 56.81mm,最小沉降 18.74mm,基础水平位移在 21.06mm 左右;隧道埋深 15m 时,基础最大沉降 63.92mm,最小沉降 22.11mm,基础水平位移为 27.19mm 左右;从基础沉降量和水平位移来看,当建筑物与隧道右帮水平距离为 0m 时,隧道埋深由 10m 增加到 15m,地表最大沉降量增加了 12.5%,最大水平位移增加了 29.1%,隧道埋深越大,地表变形就越大,这与隧道上方无建筑物情形下变形与隧道埋深之间的关系不符合,其主要原因在于条形基础建筑物刚度较大,建筑物发生倾斜后,基底附加应力分布重心应向右下方偏移,因此隧道埋深增加,其所受的基底附加应力影响增大,地基土固结沉降增大，以至于地表变形增大。可以判定的是，当隧道埋深增大到一定程度后，隧道埋深增大，地表变形会减小。

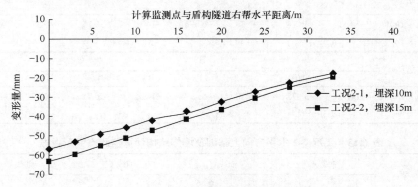

图 6.35　隧道不同埋深下基础变形曲线对比

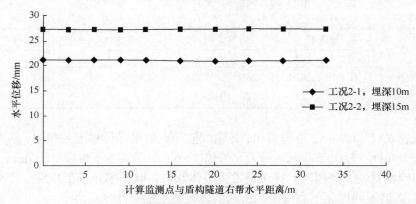

图 6.36　隧道不同埋深下基础水平位移曲线对比

(2) 建筑物倾斜对比。

从表 6.14 可知，工况 2-1 建筑物基础倾斜和上部结构倾斜差异较大，其中最大基础倾斜率达到 4.47‰，超出了基础倾斜允许值 3‰；工况 2-2 下建筑物基础和上部结构倾斜率很接近，建筑物上部结构倾斜率与工况 2-1 相比有所增大，介于 1.38‰～1.39‰，表明在一定范围内隧道埋深越大，楼房倾斜程度越大。

表 6.14　隧道不同埋深下楼房倾斜率对比

工况	基础倾斜率/‰		建筑物上部结构倾斜率/‰	
	最大	最小	最大	最小
工况 2-1：隧道埋深 10m	4.47	0.98	1.23	1.22
工况 2-2：隧道埋深 15m	1.39	1.38	1.39	1.38

(3) 建筑物最大主拉应力对比。

从表 6.15 可以看出,隧道埋深 10m,建筑物最大主拉应力 0.379MPa,隧道埋深 15m,建筑物最大主拉应力 0.396MPa,两者的最大主拉应力均超过砖混结构抗拉强度,建筑物将会发生结构开裂;随着隧道埋深的增大,建筑物最大主拉应力有所增大,但可以判定,当隧道埋深增大到一定值后,建筑物最大主拉应力就会随着隧道埋深的增大而减小。

表 6.15　不同隧道埋深下建筑物最大主拉应力

工况	建筑物最大主拉应力/MPa
工况 2-1:隧道埋深 10m	0.379
工况 2-2:隧道埋深 15m	0.396

综合以上分析可知,当建筑物与隧道右帮水平距离为 0m 时,随着隧道埋深的增大,地表变形、建筑物基础变形和建筑物所受最大主拉应力在不断增大,这与隧道上方无建筑物情形下变形与隧道埋深之间的关系不相符,其主要原因在于条形基础建筑物刚度较大,建筑物发生倾斜后,基底附加应力中心线应向右下方偏移,因此隧道埋深增加,其所受的基底附加应力增大,地基土固结沉降增大,以至于地表变形增大,从而引起建筑物基础变形增大以及建筑物主拉应力增大。但可以判定的是,当隧道埋深足够大时,隧道埋深越大,盾构隧道施工邻近建筑物变形越小。

6.2.7　盾构引起邻近建筑物的变形机理及变形模式

通过 FLAC 数值模拟计算得到砂砾卵石层盾构施工引起邻近建筑物变形的影响规律,结合建筑物、隧道和地层三者之间的变形关系,对建筑物变形机理和变形模式进行研究,深入分析隧道、土体和建筑物三者之间的相互作用机理、地基和基础变形特征以及建筑物变形模式,从而为建筑物结构安全性控制奠定理论基础。

城市地铁盾构隧道施工与邻近建筑物之间的相互作用是地铁盾构施工过程的突出特点,两者之间的相互作用关系是一个动态发展的过程。随着隧道开挖的进行,这种动态过程不断发展变化。

从图 6.37 的位移矢量图可以看出,建筑物、隧道和土体既有水平位移也有竖直位移,三者之间相互影响、相互作用,从而达到一个平衡稳定的状态。隧道开挖后周围土体应力得到释放,并且很快传递到地基土,此时基础必定做出反应,一方面抵抗地基传来的作用力,另一方面将作用力传递到建筑物上部结构。当建筑物距离隧道很近时,传递到上部结构的作用力很大,迫使建筑物发生变沉降和倾斜,如图 6.37(a)和(b)所示。一旦建筑物发生倾斜就会出现重心偏移,此时基础相当于承受压弯的构件，但是基础刚度较大，除自身承受一部分作用力外，又将一部分力反馈给地基，地基附加压力增大且分布不均匀，诱使地基土发生不均匀固结沉降，不仅加剧了建筑物的沉降和倾斜，同时还引起隧道左帮及底板变形的增大，直到建筑物、隧道和土体都相对稳定后，它们之间的动态相互作用才能达成一个新的平衡。

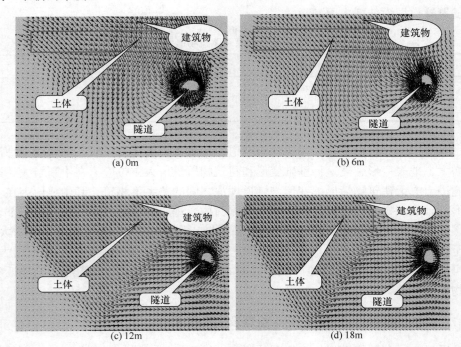

图 6.37　建筑物与隧道右帮不同水平距离下建筑物、隧道和土体三者相互作用下位移矢量图

当建筑物距离隧道较远时，如图 6.37(c)、(d)所示，它们之间的相互作用表现得不是很明显，隧道开挖对地基土的扰动影响很小，基础沉降均匀，建筑物发生整体沉降和整体水平位移，基底附加应力作用于隧道的影响也很小。

以上分析表明，隧道、土体和建筑物之间的动态关系比较紧密，两两之间存在相互制约、相互影响的关系，三者之间的动态相互作用机理主要体现在隧道、土体和建筑物的共同作用，隧道与土体之间相互作用，以及地基与基础的相互作用三个方面。

1) 隧道、土体和建筑物动态相互作用

隧道开挖对于周围土体就相当一个卸载过程，打破了周围土体的初始应力平衡，造成隧道周围土体的地层损失和能量损失，在土体介质的传递作用下，这种损失逐渐传递至上覆地层。倘若隧道埋深较浅，地层损失和能量损失逐渐波及地基，改变地基周围土体的应力分布状态，迫使地基发生一定变形，这种变形又通过基础上传给上部结构，从而打破基础及上部结构的受力平衡状态，使得基础及上部结构原有的应力发生重分布，一旦重分布后的应力超过建筑物所能承受的临界点，建筑物就会发生失稳变形，甚至破坏。

2) 隧道和土体动态相互作用

地铁隧道盾构开挖过程必然对周围土体造成一定的扰动，反过来土体发生变形又会影响隧道的安全稳定。隧道与土体之间存在相互作用，其中地层变形是盾构隧道与周围土体相互作用的宏观表现，这主要归结于盾构施工期间土体原有应力状态发生改变，部分区域出现应力集中致使土体发生弹塑性剪切变形，开挖后隧道周围土体孔隙水消散引起的固结沉降以及黏性时效蠕变，这些都是土体在隧道施工扰动下发生变形的过程。地层变形受盾构施工影响的程度主要由盾构施工引起的地层损失、周围土体受扰动后孔隙水压力的变化、衬砌管片变形以及重塑土再固结等因素决定。盾构隧道工程经验表明，隧道埋深、支护结构刚度、断面尺寸及盾构施工工艺等因素对隧道周围土体扰动的影响程度较大，并且存在差异性。隧道周围土体受到盾构施工扰动必然要做出抵抗，土体力学性质在这种抵抗力作用下最终发生改变，因而发生变形破坏。隧道与土体两者之间的动态作用从隧道开挖初始一直持续到开挖结束后地层变形稳定。

3) 地基与基础动态相互作用

对于浅埋隧道，盾构开挖后受扰动的土体很容易就将扰动影响传递到建筑物基础，因此可将浅埋隧道上方地层与建筑物的地基做等同考虑，地基受盾构施工扰动而发生变形，致使其与基础之间的相互作用力自由调整，直到达到新的平衡状态，这一过程形成了地基与基础之间的动态作用。一般来说，地基的承载力都较高，地层受扰动不能够引起地基发生破坏，相反，大多变形情况是地基土应对地层变形而进行的应力重新分布过程。隧道施工对地基的扰动具有不等量、不均匀的特点，这种特点是建筑物发生不均匀沉降的根本原因，这种沉降差极易引起建筑物结构破坏，这点在计算工况 1-1 和工况 1-2 中表现得尤为明显。差异沉降严重威胁建筑物结构的安全稳定，在盾构施工过程中必须严格限定邻近建筑物的地基变形量，并且根据建筑物地基的弱化程度采取相应的加固措施进行地基支承能力提高，使其能够抵抗地层水平变形，从而保证盾构隧道施工过程邻近建筑物上部结构免受破坏。

建筑物受隧道盾构施工扰动影响体系中的核心部分表现在变形地层与建筑物基础的相互作用，通过对数值计算结果进行分析，得到西安砂砾卵石地层盾构隧道施工邻近建筑物的变形特点，发现变形地层与建筑物基础之间有显著的动态性和关联性特点，如图 6.38 所示。变形地层与地基动态相互作用的特点体现在以下三个方面。

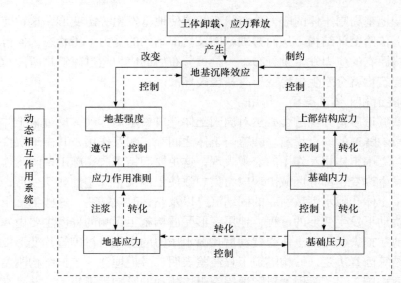

图 6.38　变形地层与地基动态相互作用系统

第一，由于施工过程存在时空效应，在地铁隧道盾构施工过程中，隧道、土体、建筑物三者之间的相互作用从施工开始一直到施工结束后，这三者之间的相互作用从始至终都处于不断发展和变化的状态。

第二，隧道盾构开挖扰动周围地层致使地基发生变形，并且这个变形在盾构施工过程中持续发展，且不停地经历着反复卸载与加载。建筑物地基先受隧道开挖过程卸载的影响，随后在上部结构荷载作用以及隧道周围土体的变形影响下，地基土进行应力重分布，进而发生变形。

第三，地基在隧道施工扰动下，不仅受到竖直方向作用力，同时还受到水平方向作用，在双重作用力下，地基将会形成多种附加变形，这对建筑物的稳定十分不利。

建筑物基础既是承受上部结构自重的载体，也是传递上部结构变形和地基变形的中介，同时也是能量的吸收体。

本章数值计算所研究的建筑物基础类型为条形基础，该基础具有刚度大、调整不均匀沉降能力强的优点，持力层为砂砾卵石地层。基础和地基之间存在动态的相互作用关系，隧道施工产生的扰动附加应力扰乱了基础和地基两者之间原有的平衡关系，基础与地基通过两者之间的相互作用重新达到新的平衡，这种相互作用的表现形式就是基础和地基变形。基础和地基变形机理如下。

(1) 基础变形机理。

对于地铁隧道邻近建筑物，盾构施工很容易造成地表邻近建筑物的基础不均匀沉降，如本节数值计算工况 1-1 和工况 1-2，这两种工况下建筑物基础沉降呈线性增长，基础出现较大的沉降差，最大基础沉降可达 56.85mm，基础最小沉降 12.75mm。由前面分析可知，地层与基础之间存在动态相互作用，两者之间可能存在两种作用形态，即连续变形和离层变形。

对于条形基础，在分析其变形时可把地基梁近似看作弹性体。地铁隧道盾构掘进扰动了周围土体的稳定，引起地层发生差异沉降，致使盾构施工过程中不同位置处的地基支承条件发生弱化。假定地层与基础紧密接触，地基为均匀弹性体，则对于支护结构抵抗变形能力相对弱化的位置，可看作将一定的附加荷载施加在梁结构(基础)上。因此，在分析盾构施工过程建筑物基础的受力及变形时可引入 Winkler 弹性地基梁模型和等代荷载法。

在均匀荷载 $q(x)$ 及 Q 共同作用下，地基和梁的沉降可表示为 $w(x)$ ，而地基与梁之间反力可以表示为 $\sigma(x)$ ，则有 $\sigma(x) = k_x w(x)$ 。其中，k_x 为地层水平基床系数，取值见表 6.16，本章主要是通过数值计算研究建筑物基础的变形特性，因此具体数值求解过程在这里不做详细分析。

表 6.16　水平基床系数 k_x 值

地基类型	地层名称	状态	k_x /($\times 10^4$ kN/m³)
天然地基	黏土、粉质黏土	可塑	4.5～5.0
		硬塑	5.0～8.5
	砂土	中密	2.5～3.5
		密实	3.5～5.0
	砾石	中密	6.5～7.0
	黄土及黄土粉质黏土		1.0～3.0

有相关学者认为，在柔性基础建筑物沉降瞬间，地层变形量与基础变形量并不相等，两者存在一定差值，这样一来就会在地基与基础接触面之间产生一定的缝隙，在建筑物上部结构自重作用下迫使基础底面产生向下的"拉力"，经过不断寻求新的平衡点，最终建筑物基础与地基保持接触，则变形趋于稳定。但对于刚性基础建筑物，由于不均匀沉降可能会造成基础底面受压和上部受拉，这对于砖混结构危害很大。

从表 6.17 可以看出，四种工况下建筑物基础均表现为上部受拉、下部受压，原因在于所研究的建筑物为刚性基础，隧道施工扰动建筑物发生倾斜，引起刚性基础受弯变形，从而致使基础上部受拉、下部受压；距离隧道越近，建筑物基础受力越大，越靠近隧道的土体应力集中越明显。

表 6.17　建筑物距隧道右帮不同水平距离下基础受力

计算工况	基础顶部受力/MPa	基础底部受力/MPa
工况 1-1：建筑物距离隧道右帮 0m	0.104	−0.283
工况 1-2：建筑物距离隧道右帮 6m	0.094	−0.271
工况 1-3：建筑物距离隧道右帮 12m	0.087	−0.252
工况 1-4：建筑物距离隧道右帮 18m	0.082	−0.250

总之，基础与地层两者之间接触界面的变形调整是建筑物基础及上部结构附加应力增加的根源。在隧道开挖过程中，每开挖一步都将对上覆地层及结构造成影响，且各部分影响不断叠加。盾构隧道下穿同一建筑物时，随着开挖面不断推进，建筑物受施工扰动的影响程度也在发生变化。

(2) 地基变形机理。

在研究建筑物地基变形时，可以将地基沉降过程看作一个应力和变形不断转化的作用系统[18]。在隧道盾构施工过程中，隧道周围地层的应力状态不断发生改变和调整，从而引起地基土发生变形。

地基土的初始应力状态在隧道开挖后发生改变，并且靠近隧道的部分地基土出现应力集中现象，地基土越靠近隧道，这种应力集中现象就表现得越明显。当集中应力达到土体的强度极限时，地基土就会发生变形并且进行应力重新分布，其重新分布的结果就是引起地基产生竖向位移、水平位移以及弯曲等复杂变形。当地基土的应力状态重新恢复到新的平衡后，其存在双重附加应力作用，除原有的地基附加应力之外，还有施工扰动地层引起应力重分布所形成的附加应力。在盾构施工过程中，两种附加应力会出现高度重叠，在荷载、强度、应力及渗透性等各类复杂因素的影响下，建筑物地基发生沉降和变形。

在隧道盾构施工扰动影响下，沿线邻近隧道的浅基础建筑物地基变形模式主要有三种，分别是水平方向、垂直方向和平面内剪切，具体表现为地基不均匀沉降、倾斜及水平变形，地基变形通过基础传递到上部结构，从而使得建筑物结构也会发生相应的变形。

综合以上分析可知，盾构施工容易引起邻近建筑物的地基发生倾斜、弯曲及水平拉伸变形，这三种变形对建筑物的安全稳定危害很大，结合诸多盾构隧道下穿建筑物的工程经验可知，盾构施工扰动下地基发生变形是由多种破坏因素的协同作用所致。一般情况下，地表压缩与负曲率、地表拉伸与正曲率同时出现。倘若隧道与建筑物斜交，地基在剪应力作用下很容易发生扭曲变形。更值得注意的是，倘若建筑物尺寸很大，那么就必然涵盖多种复杂性质的地基变形，盾构隧道施工邻近建筑物发生多种破坏的特点也就更加明显。

由于地基与隧道之间存在相互作用，隧道盾构施工扰动下地基变形也必将通过土体介质将反作用传递到下部隧道结构上，使得隧道周围土体出现应力集中，当这种应力达到隧道支护结构所能承受的临界点时，就会引起隧道结构发生变形或破坏。

通过本节盾构施工引起邻近建筑物变形机理研究和 FLAC 软件计算得出的结果，建筑物变形破坏的模式主要表现为整体沉降、倾斜和结构开裂等，整体沉降体现在均匀沉降和不均匀沉降两方面。其中，不均匀沉降的发生机理极为复杂，实际工程中极为常见，它是在隧道盾构施工扰动下地层多种变形综合作用的结果。

从建筑物受损的范围和程度上看，损害可分为直接损害和间接损害两种。从能量的角度出发，隧道盾构开挖卸载引起上覆地层发生沉降，引起地表邻近建筑物地基支承损失和基底反力畸变，地基除了产生一定的抵抗变形能力，还通过基础将扰动影响上传至建筑物上部结构，致使砖混结构产生应力重分配。由于砖混结构抗拉强度极低，先在抗变形能力薄弱的区域聚集能量，能量聚集到一定程度就发生破坏(如墙体挤压破碎、开裂或扭曲)，建筑物破坏也就释放了自身聚集的能量，经过反复聚集和释放能量，受盾构施工扰动影响的地层与建筑物不断地寻求平衡，加剧建筑物结构破坏，直到安全稳定受到较大影响甚至丧失。

建筑物变形破坏的三种模式如下。

(1) 建筑物整体沉降。

理论上讲,盾构施工形成的地表沉降槽在隧道拱顶上方地表的沉降达到峰值，距离隧道越远则地表沉降越小，只要建筑物处于沉降槽之内就会不可避免地受到不均匀沉降的影响。

但在实际工程中，处于沉降槽两侧反弯点之间的建筑物整体性较好，这点在沉降槽底部体现得更加明显，这是由于自身结构整体性好的优点，建筑物很少出现开裂破坏现象，主要表现为近似整体均匀沉降，除非地层受到大的扰动才会发生其他形式的破坏。

通过 6.2.6 节建筑物与隧道右帮水平距离对建筑物变形影响的计算分析可知，距离隧道右帮 12m 以外的建筑物基础沉降比较均匀，建筑物发生整体竖向沉降，且沉降值不大，最大沉降值在 15mm 左右，在建筑物基础沉降允许范围之内，建筑物整体沉降变形如图 6.39 所示。

(2) 建筑物倾斜。

与均匀沉降相比，不均匀沉降对建筑物安全稳定的危害程度显然更大，建筑物也对不均匀沉降十分敏感，极易发生倾斜或开裂破坏。

建筑物倾斜主要是由基础在地层受盾构施工扰动下发生较大沉降差所致，对于整体刚度较大的基础，其发生沉降差相对较小。当刚度达到一定程度时，基础能够平衡一定的不均匀沉降，此时只需考虑建筑物整体倾斜情况。但是，对于长高比较小的高耸建筑物，需要考虑施工扰动影响下建筑物是否承受过大的附加力矩，从而避免其出现倾倒趋势，图 6.40 为隧道开挖影响下建筑物的倾斜情况。

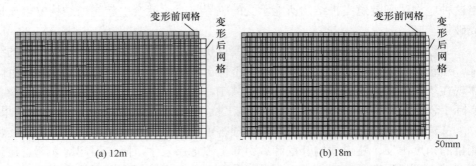

图 6.39　建筑物与隧道右帮不同水平距离下数值计算所得建筑物发生整体沉降示意图(放大 50 倍)

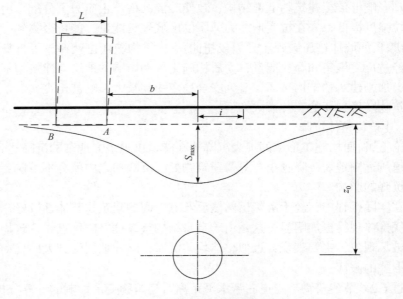

图 6.40　大刚度建筑物的倾斜示意图

通过 6.2.6 节建筑物与隧道右帮水平距离对建筑物变形影响的计算分析可知，当建筑物与隧道右帮水平距离在 12m 范围之内时，随着距离越来越近，建筑物基础不均匀沉降越来越明显，最大沉降可达 56.85mm，最小沉降 12.75mm，建筑物基础处于地表沉降槽反弯点两侧,尤其是在沉降峰值很大时就会发生建筑物倾斜，如图 6.41 所示。

(3) 建筑物结构开裂。

结构裂缝是建筑物遭受破坏最常见的一种形态，发生结构破坏的主要原因在于盾构施工扰动下结构关键部位出现应力集中，砖混结构建筑物抵抗变形能力较

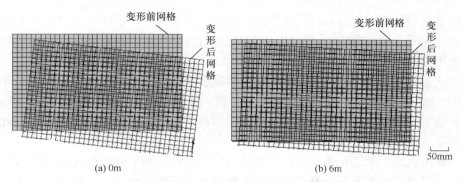

图 6.41 数值计算所得建筑物发生整体倾斜示意图(放大 50 倍)

差,不能应对盾构施工扰动地层所产生的不均匀沉降和水平变形,从而使得结构强度薄弱区域在过大的附加拉剪应力作用下出现结构开裂。结构抵抗变形的能力可以通过墙体开裂程度体现,在地铁隧道盾构施工影响下,沿线邻近建筑物会不可避免地出现开裂破坏,体型越大、结构刚度小的建筑物,更易发生结构开裂破坏。

由 6.2.6 节数值模拟计算分析可知,当建筑物与隧道右帮水平距离 10m 和 15m 时,建筑物最大主拉应力分别为 0.379MPa 和 0.396MPa,超出了砖混结构建筑物抗拉强度(0.314MPa),因此,建筑物的结构会出现开裂,具体可表现在砖混结构建筑物墙体的棱角和洞口处。

此外,根据地基和基础的相互作用可知,建筑物会随着地基土的移动发生水平位移,因为条形基础刚度较大,所以建筑物会发生整体水平移动。从图 6.40 和图 6.41 可以看出,在盾构施工对建筑物变形的影响范围之内,不管建筑物距离隧道多远,建筑物在发生整体沉降和整体倾斜的同时必然发生整体水平位移。

6.3 地铁隧道施工对既有管线的变形影响规律 FLAC 分析

不同的地铁隧道施工方法,引起地层的变形是不一样的,不同的施工参数所产生的地层变形也是不同的,管隧距离的不同也会导致管线的变形不一样。为了探究不同施工方法对管线的变形影响规律,本节对盾构法及暗挖法对平行于隧道轴线的管线和垂直于隧道轴线的管线的变形影响规律进行研究。

6.3.1 地铁盾构施工对邻近管线的变形影响研究

盾构法是目前地铁隧道修建过程中最常采用的一种施工方法。虽然盾构技术已比较成熟,但施工仍不可避免地对隧道周围土体产生扰动,扰动后的土体将产生固结与次固结,从而产生沉降变形,最终对地层中的管线产生影响,如果管线变形量超过其变形允许值将导致管线的破坏，发生事故，造成经济损失与人员伤亡等。因此，研究地铁隧道盾构施工对邻近管线的变形影响具有重要的意义与工程运用价值。

在数值仿真计算过程中：对土体采用莫尔-库仑本构模型，而对等代层、管片衬砌、地下管线等采用线弹性模型进行计算；沿 z 轴方向在模型的底部进行约束，沿 x 轴方向在模型的左右两侧进行约束，而沿 y 轴方向在模型的前后两个方向进行约束，模型的上表面处于自由状态。

城市的地下管线是维持城市生命活力的大动脉，地下管线的布设因其功能和城市的需要不同而不同，有些沿着城市的主要干道进行布设，有些垂直于城市的主要干道。而城市的地铁线路往往是沿着城市的主要干道进行布设，这就使得有些管线会与城市地铁相互平行，那么这些管线如果处于盾构施工形成的沉降槽影响范围之内，地铁隧道的施工就会对这些管线的安全造成影响。为了研究地铁隧道盾构施工对平行于地铁线路的地下管线的影响，现采用 FLAC 数值分析方法研究其变形规律。

基本假设如下：

(1) 地下管线呈一整体，管线材料为钢筋混凝土结构，管线材料模型采用弹性模型进行计算。

(2) 地层为成层分布。

(3) 地下管线与周围地层紧密接触。

(4) 盾构施工时，不考虑超挖、欠挖及盾构蛇形前进等造成的影响。

在本节数值模拟中，地层参数和管线参数取值分别见表 6.18、表 6.19。

表 6.18 地层计算参数表

地层名称	密度 /(kg/m³)	体积模量 /MPa	剪切模量 /MPa	黏聚力 /kPa	内摩擦角 /(°)	泊松比	层厚/m
杂填土	1820	3.80	3.60	22.0	15.0	0.22	2
新黄土	1900	4.90	2.30	20.0	16.0	0.25	7
古土壤	1990	7.80	3.60	20.0	11.0	0.27	7
老黄土	2030	8.80	4.10	22.7	16.8	0.30	3

表 6.19 管片、等代层、管线计算参数表

名称	密度/(kg/m³)	体积模量/MPa	剪切模量/GPa	厚度/mm
管片	2500	16.7	12.5	300
等代层	2350	14.5	11.5	300
管线	2350	13.6	11.7	200

1. 地铁盾构施工对邻近平行于隧道轴线的管线变形影响规律研究

1) 与隧道轴线不同水平投影距离处的地下管线变形规律

地层中的管线一般先于地铁隧道的修建，管线修建后若其功能不发生改变，其位置一般也不会发生改变。地铁线路是根据其线路线型来设计的，某一区间段的地铁线路具体位置要根据与其相邻的线路位置来设计，这就导致地铁线路的中轴线与管线的中轴线之间的距离发生变化，而从地铁隧道施工后形成的沉降槽来看，与隧道轴线不同距离处的地层位移是不一样的。为了了解管线与隧道轴线水平投影距离对地下管线的变形影响，现取模型尺寸为 60m×20m×31m（长×宽×高），隧道轴线埋深为 18.0m，管线轴线埋深为 2.0m，管线直径为 1.0m，管壁厚为 0.15m，管线材质为钢筋混凝土，取管线轴线和隧道轴线在水平投影方向上的距离分别为 0m、2m、4m、6m、8m 这五种工况来研究不同管隧水平投影距离对管线的变形影响。

根据上述基本条件，根据隧道盾构施工对周围环境影响程度的不同，将模型划分不同的单元网格，如图 6.42 所示是网格化模型的一个示例。

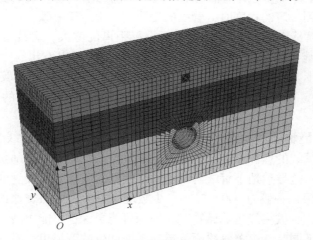

图 6.42　管线轴线与隧道轴线水平投影距离不同时 FLAC 模型图

根据上述模型图，采用相同的参数进行计算，在计算过程中设置相同的管线变形监测点，最终可得到图 6.43 所示的管线变形曲线。

对图 6.43 分析可得以下结论。

(1) 当管线与隧道轴线的距离一定时，管线下方的隧道早施工处的管线变形大于后施工处的管线变形，同一管线会因隧道的施工先后顺序不同而发生差异沉降，因此在隧道施工时应采取一些措施以减小因施工时间的不同而产生的差异沉降，避免管线发生折断。

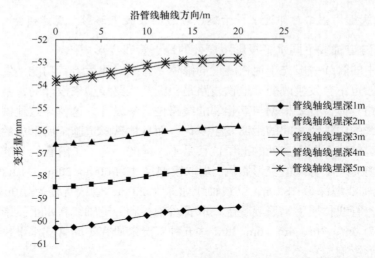

图 6.43　管线轴线与隧道轴线水平投影距离不同时管线变形曲线

　　(2) 随着管线轴线与隧道轴线水平投影距离的增大，管线的变形越来越小，当两者距离达到一定的程度时，管线的变形基本上趋于一致。

　　(3) 随着管线轴线与隧道轴线水平投影距离的增大，管线因隧道施工先后的不同，其管线发生的差异沉降越来越小。从图中可以看出，管隧水平距离在 2 倍的洞径范围之内，管线变形随管隧距离的增大而减小得比较明显，而在此之外的范围内，随着与隧道轴线水平投影距离的增大，管线的变形量基本上保持不变。

　　2) 不同管隧轴线垂直投影距离对平行于地铁线路的地下管线变形规律

　　城市地下管线的埋深是多变的，而地铁线路的轴线埋深也随着地形地貌的变化而发生变化，这导致地下管线与隧道轴线之间的距离不断发生变化。纵观西安地下管线的埋深，一般为 1.0~5.0m，少数埋深更大，而西安地铁线路的埋深一般为 12~25m，少数在穿越障碍物时，埋深可能更深也可能更浅。当管线轴线与隧道轴线距离不同时，上覆管线因隧道施工而产生的变形也是不一样的，为了能够准确地掌握管线轴线与隧道轴线之间距离对上覆管线的变形影响，现取长×宽×高为 60m×20m×31m 的模型，隧道轴线埋深为 18.0m，直径为 1.0m、管壁厚为 0.15m 的钢筋混凝土管，管线轴线和隧道轴线在水平面上的投影刚好重合，采用管隧轴线距离分别为 17m、16m、15m、14m、13m 这五种工况来研究管隧垂直投影距离对管线的变形影响。

　　结合以上基本条件，按照不同隧道盾构施工将会对周围环境产生不同程度的影响，把模型划分成不同的单元网格，如图 6.44 所示。

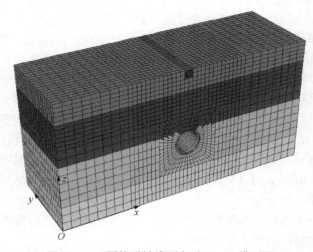

图 6.44　不同管隧轴线距离时 FLAC 模型图

根据图 6.44，计算时采用相同的参数，并设置相同的管线沉降监测点，得到如图 6.45 所示的管线变形曲线。

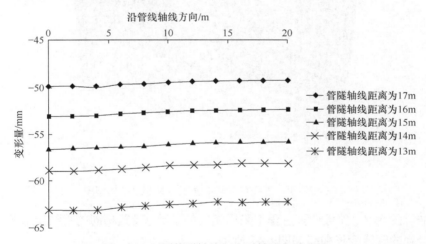

图 6.45　不同管隧轴线距离时管线变形曲线

对图 6.45 分析可得以下结论。

(1) 隧道轴线上覆管线的变形会因隧道的施工先后顺序不同而发生不均匀沉降，隧道先施工部分上方的管线变形会大于后施工部分的管线变形。

(2) 当其他条件相同时，不同管隧轴线距离的管线变形不同，距离越小变形越大，距离越大变形越小。

(3) 随着管隧轴线距离的减小，管线的变形增量逐渐增大。

3) 不同土仓压力对平行于地铁线路的地下管线变形规律

土仓压力是盾构法隧道施工的重要参数之一，其主要作用是维护开挖面的稳定，防止开挖面发生坍塌。土仓压力如果太小将会使掌子面发生失稳破坏；土仓压力如果太大，将会使上覆地层产生隆起变形，因此土仓压力对于控制隧道周围地层的变形量具有重要的意义。而地层的变形量大小也影响埋设在地层中的地下管线变形。为了研究土仓压力对上覆管线的变形影响，现取模型尺寸为 60m×20m×31m (长×宽×高)，隧道轴线埋深为 18m，管线轴线与隧道轴线在水平投影面上相互重合，管线轴线埋深为 2m，直径为 1m，壁厚为 0.15m，采用土仓压力分别为 0.05MPa、0.10MPa、0.15MPa、0.20MPa、0.25MPa 五种工况对盾构施工引起的管线变形规律进行分析。

根据上述基本条件和隧道施工对周围环境影响的不同，将模型划分为不同的网格尺寸，具体情况如图 6.46 所示。

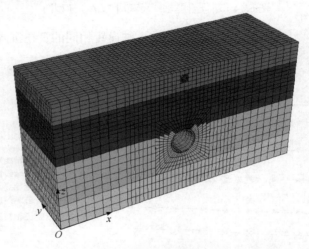

图 6.46　同一管线在不同土仓压力时 FLAC 模型图

结合图 6.46，并且计算过程中采用相同的参数、设置相同的管线变形监测点，最终得到的管线变形曲线如图 6.47 所示。

对图 6.47 分析可得以下结论。

(1) 同一隧道在同一土仓压力下施工时，管线会因隧道的施工先后顺序不同而产生不均匀沉降，先施工部分管线变形大于后施工部分。

(2) 对于同一管线，管线因隧道施工的先后顺序不同而产生的不均匀沉降随土仓压力的增大而逐渐减小，随土仓压力的减小不均匀沉降增大。

(3) 随着土仓压力的增大，地下管线的变形越来越小，因此增大土仓压力有助于减小管线因隧道施工而产生的过大沉降。

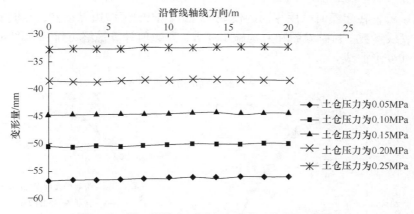

图 6.47　同一管线在不同土仓压力时管线变形曲线

2. 地铁盾构施工对邻近垂直于隧道轴线的管线变形影响规律研究

以上研究了管线轴线与地铁隧道轴线相平行时,盾构施工对管线变形的影响。下面将采用 FLAC 研究当管线轴线与隧道轴线垂直时地下管线的变形规律。

1) 不同管隧距离且垂直于地铁线路的管线 FLAC 模拟

地铁隧道施工后,与隧道轴线不同距离处的地层变形情况是不一样的,故地层中地下管线的变形也是不一样的。为了能够掌握不同管隧距离对地下管线的变形影响规律,现采用 FLAC 研究不同管隧距离时地铁盾构施工引起的地下管线变形规律。

现取模型尺寸为 30m × 20m × 30m (长 × 宽 × 高),隧道轴线埋深为 18m,管径为 1.0m、管壁厚为 0.15m,管线轴线埋深分别为 1m、2m、3m、4m、5m 五种工况对盾构施工引起的管线变形规律进行分析。

根据上述基本条件和距离隧道远近的不同将地层划分为不同的网格单元,可建立如图 6.48 所示的 FLAC 模型。

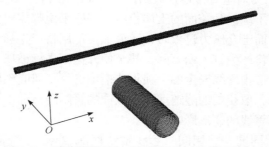

图 6.48　隧道埋深固定时不同管线埋深模型示意图

为了能够较为准确地研究不同管隧距离时隧道施工对垂直于该隧道地下管线

变形的影响，在建模时采用相同的模型尺寸，相同的模型边界条件，相同的地层参数、管线参数、衬砌参数和盾构施工参数，经数值计算最终可得到如图 6.49 所示的管线变形曲线。

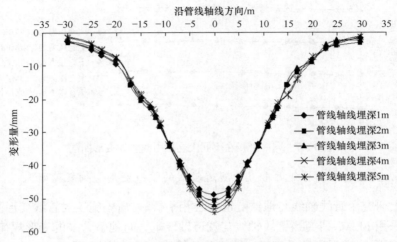

图 6.49　隧道埋深固定时管线变形随其埋深的变化曲线

对图 6.49 分析可得以下结论。

(1) 管线最大沉降量均位于隧道轴线正上方，且随着隧道轴线方向上管线与隧道水平投影间距离的缩短不断增大。

(2) 随着管隧距离的缩短，因隧道盾构施工而对管线变形的影响范围逐渐减小，沉降曲线的沉降槽宽度逐渐减小。

(3) 无论管隧距离多少，管线在距隧道轴线 1.6 倍洞径处的沉降量基本相同，而在±1.6 倍洞径范围内随管隧距离的减小沉降量逐渐增大。在±1.6 倍洞径范围以外随管隧距离的减小沉降量逐渐减小。

2) 不同土仓压力对垂直于地铁线路的管线 FLAC 模拟

盾构施工时为了确保开挖面的土体稳定，一般来说都需要设置一定的土仓压力以平衡土压力，而土仓压力过大时，隧道上覆地层将产生隆起，而当土仓压力太小时，上覆地层将产生较大的沉降，甚至使开挖面失稳破坏，因此确定合理的土仓压力是保证地层中管线安全的一项重要措施。为了研究不同土仓压力对地层中管线变形的影响，取相同的隧道埋深、相同的管隧距离和不同的土仓压力来研究土仓压力对地下管线的变形影响。

现取模型尺寸同前，采用同一管线轴线埋深 2m。土仓压力为 0.05MPa、0.08MPa、0.10MPa、0.12MPa、0.15MPa 五种工况可建立如图 6.50 所示的 FLAC 模型，对盾构施工引起的管线变形规律进行分析。

经数值计算最终可得到如图 6.51 所示的管线变形曲线。

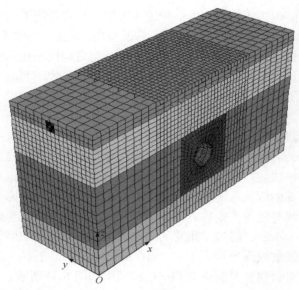

图 6.50　其他条件相同时不同土仓压力 FLAC 模型图

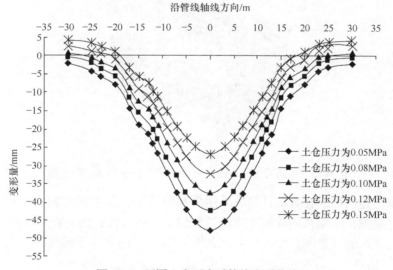

图 6.51　不同土仓压力时管线变形曲线

对图 6.51 分析可得以下结论。

隧道盾构施工后，管线的变形曲线与盾构土仓压力的关系很大，土仓压力越大，管线的沉降越小，甚至可能产生向上隆起。因此，可以通过设置合理的土仓压力来减小上覆管线的变形。

6.3.2 地铁暗挖施工对邻近管线的变形影响研究

暗挖法也是隧道施工中常用的一种施工方法，该方法施工成本较低、施工技术简单可行，因此在大量的工程中得到了广泛应用，该施工方法不需要开挖地面，因此在城市地铁修建过程中也被广泛采用。但是与盾构法相比，暗挖法施工后更容易产生较大的地层变形，这对于地下管线的保护是更为不利的，当变形达到一定程度时将对地下管线产生不利影响，本章将对地铁暗挖施工对周围管线的变形影响展开研究。

地层中的管线根据不同的需要，布置在不同的地方，其中有些管线轴线与隧道轴线相互平行，有些管线轴线与隧道轴线相互垂直。与隧道轴线相互平行的管线中因其与隧道轴线的距离不尽相同而导致隧道施工后其变形也不尽相同，本节将对不同管隧距离的管线因隧道暗挖施工而引起的变形展开研究。

为了研究管线与隧道在垂直方向上的不同距离对管线的变形影响规律，现选取隧道轴线埋深为 15m，隧道采用交叉中隔墙法施工，施工工序和支护参数完全一样，对管线轴线的埋深分别为 1m、2m、3m、4m、5m 五种工况进行研究。不同管隧垂直距离对管线变形影响的 FLAC 模型图如图 6.52 所示。

图 6.52　不同管隧垂直距离对管线变形影响 FLAC 模型图

根据上述模型，在数值计算中采用表 6.18 中的地层参数和表 6.20 中的衬砌、管线计算参数，采用相同的施工方法进行施工，同时在管线下表面处设置监测点对管线的变形展开监测，最终可得到如图 6.53 所示的管线变形曲线。

表 6.20　衬砌、管线计算参数表

名称	密度/(kg/m³)	体积模量/MPa	剪切模量/GPa	厚度/mm
一衬	2500	16.7	12.5	300
二衬	2200	17.5	14.2	500
地下管线	2350	13.6	11.7	200

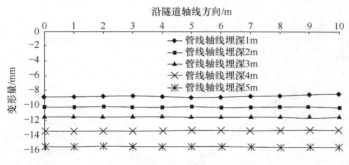

图 6.53　管隧轴线距离不同时管线变形曲线

对图 6.53 分析可得以下结论。

(1) 对于采用相同暗挖法施工的隧道,同一地层采用相同的方法进行隧道施工时,隧道施工后当其地层变形达到稳定时,管线变形趋于相同。

(2) 在垂直投影上,管隧距离不同时,管线的变形也不一样,距离隧道轴线较远的管线因隧道施工而产生的变形较小,随着与隧道轴线距离的减小,管线变形量越来越大,且随着管隧轴线距离的减小,管隧轴线距离每减小 1m,所引起的管线变形差异量不一样,两者距离越小变形差异量越大。

6.3.3　地铁暗挖施工对邻近垂直于隧道轴线的管线变形影响规律研究

为了研究暗挖隧道对垂直于隧道管线的变形影响,现取隧道轴线埋深为 18m,管隧垂直距离分别为 17m、16m、15m、14m、13m 五种工况进行研究。根据管线的不同距离可建立如图 6.54 所示的 FLAC 模型图。

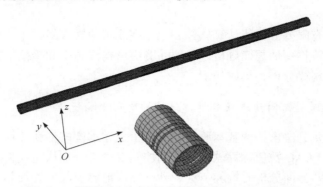

图 6.54　管隧相互垂直时不同管隧距离 FLAC 模型图

根据上述 FLAC 模型,现选取相同的地层参数、相同的施工工序和施工参数进行暗挖施工,施工过程中在管线的下表面布设监测点,进行管线变形监测,地层变形稳定后得到管线最终的变形曲线如图 6.55 所示。

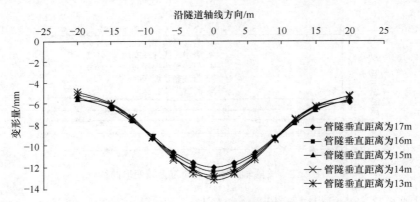

图 6.55　管隧轴线相互垂直时不同管隧距离管线变形曲线

对图 6.55 分析可得，管线变形在隧道轴线正上方变形量最大，随着与隧道轴线距离的增加，管线变形量逐渐减小。不同管隧距离的管线在距隧道轴线 1.3 倍洞径处变形量趋于相同，而在 0～1.3 倍洞径范围内，随管隧距离的减小管线变形量逐渐增大，而在此范围之外，管线的变形量随着管隧距离的减小反而减小。

综上所述，西安地铁隧道盾构法和暗挖法施工对垂直于隧道轴线管线和平行于隧道轴线管线的变形是不同的。盾构法施工时，不同土仓压力、不同管隧距离等因素对管线的变形影响是不同的；暗挖法施工时，不同管隧距离对管线的变形影响也是不同的。因此本书将针对不同施工方法提出不同的管线保护措施。

6.4　小　　结

本章基于有限差分数值计算软件 FLAC 完成了地铁区间隧道盾构施工引起的地表及邻近建筑物变形规律分析以及地铁隧道盾构法施工和暗挖法施工对既有管线的变形影响规律分析，具体如下。

1. 地铁隧道施工对地表及邻近建筑物的变形影响规律

基于有限差分法求解的基本原理，分析了土体本构模型和计算模型边界条件的设定，运用 FLAC 数值计算软件，采用控制变量法分别从建筑物与隧道水平距离和隧道埋深两方面分析盾构隧道穿越砂砾卵石地层引起地表及邻近建筑物变形的影响规律，提出盾构隧道施工引起邻近建筑物变形的机理及破坏模式，结论如下。

(1) 当隧道埋深一定时，建筑物和隧道开挖的相互影响存在一个范围，在影响范围内砖混结构建筑物距离隧道越远，受到盾构施工的扰动影响越小；当砖混结构建筑物与隧道水平距离为 18m 时，隧道施工扰动下建筑物基础沉降比较均匀，沉降量在 12.01mm 左右，水平位移在 11.48mm 左右，建筑物倾斜率小于 1‰，建筑物变形在规范允许范围之内,表明盾构施工过程中距离隧道 18m 之外的建筑物安全稳定。

(2) 按照盾构隧道施工引起建筑物变形的大小,将建筑物与隧道之间远近程度分为四种类型,即"正穿"、"旁穿"、"近穿"和"远穿"。"正穿"和"旁穿"是最危险的情况,盾构施工前必须对建筑物进行拆迁或者进行加固保护,"远穿"则为安全影响范围,该范围内的建筑物无须加固保护。

(3) 随着隧道埋深的增大,建筑物基础最大沉降量和水平位移在不断增大,此规律明显不同于天然地表(无建筑物情形)变形与隧道埋深之间的关系,这主要是由于建筑物存在较大的刚度,基底附加应力分布重心向右下方偏移,隧道埋深增加,其所受的基底附加应力影响增大,致使地基土固结沉降增大,以至于地层变形及建筑物变形增大。可以判定的是,在隧道埋深足够大的情况下,随着隧道埋深的增大盾构施工引起的地表变形、隧道邻近建筑物变形都会逐渐减小。

(4) 盾构隧道施工邻近建筑物变形机理主要体现在建筑物、隧道和土体三者之间的动态作用关系,建筑物变形的根本原因在于盾构开挖引起地层变形,迫使地基和基础做出一定的变形反应,从而使得建筑物、隧道和土体重新达到新的平衡。

(5) 西安地铁砂砾卵石地层盾构隧道施工引起砖混结构建筑物的变形破坏模式有整体沉降、倾斜和结构开裂三种。其中,前两种变形模式发生的同时伴随有一定程度的整体水平位移。

2. 地铁隧道施工对既有管线的变形影响规律

通过建立多种工况下隧道盾构施工及暗挖施工对邻近地下管线变形影响的 FLAC 模型,得到了不同方法施工时管线的变形规律。

1) 地铁隧道盾构施工对邻近管线的变形影响规律

(1) 管线平行于隧道轴线时,与隧道轴线不同距离处的地下管线变形规律。

当管线与隧道轴线的距离一定时,管线下方的隧道施工越早其上方管线变形越大,隧道的施工顺序不同,管线沉降不同。随着管线轴线与隧道轴线在水平方向距离的增大,管线的变形越来越小,当两者距离达到一定的程度时,管线的变形基本上趋于一致,从整体上来看,在管线距离隧道轴线 2 倍洞径范围内,管线变形量随与隧道轴线距离增大而减小得比较明显,在此之外,变化量很小。随着管线轴线与隧道轴线在水平方向距离的增大,管线因隧道施工先后的不同,其管线发生的不均匀沉降越来越小。

(2) 管线平行于隧道轴线时,不同管隧距离对平行于地铁线路的地下管线的变形规律。

隧道施工先后顺序不同,隧道轴线上覆管线的变形沉降不同,先施工部分上方的管线变形较大，管线会产生差异沉降。其他条件一样时，管隧距离不同则管线变形不一样。管隧距离越大时，变形越小；管隧距离越小时，变形越大。随着管隧距离的减小，管隧距离每减小相同的量时，管线的变形增加量逐渐增大。

(3) 管线与隧道轴线平行时，地下管线变形随土仓压力不同的变化规律。

土仓压力相同时，管线会因隧道的施工顺序不同而产生差异沉降，先施工部分管线变形稍大一些。即使是同一条管线，也会因为隧道施工的顺序不同而使产生的差异沉降随土仓压力的增大而逐渐减小。随着土仓压力的增大，地下管线的变形逐渐减小。由此可见，为了减小管线变形沉降可增大土仓压力。

(4) 管线垂直于隧道轴线时，不同管隧距离对管线变形的影响规律。

在其他参数均相同的条件下，隧道轴线正上方出现管线的最大沉降量，并且管线最大沉降量随着管隧距离的缩短而不断增大。在其他参数均相同的条件下，隧道盾构施工时，随着管隧距离的缩短，影响管线变形的范围逐渐缩小，沉降曲线的沉降槽宽度也逐渐减小。在其他参数均相同的条件下，以1.6倍洞径为界限，管线在距隧道轴线±1.6倍洞径范围内沉降量随管隧距离的减小而逐渐增大，在1.6倍洞径时的沉降量基本相同，与管隧距离无关，在±1.6倍洞径范围以外随管隧距离的减小沉降量逐渐减小。

(5) 管线垂直于隧道轴线时，不同土仓压力对管线变形的影响规律。

管线的变形曲线受隧道盾构施工的影响很大，隧道盾构施工后，土仓压力越大，管线的沉降量越小，甚至还有向上隆起的现象发生。

2) 地铁隧道暗挖施工对邻近管线的变形影响规律

(1) 地铁暗挖施工对平行于隧道轴线的管线变形影响规律。

在同一地层条件下，采用相同的施工方法进行施工时，同一管线上不同部位的最终变形趋于相同，隧道施工顺序不同导致的差异沉降很小。不同管隧距离的管线变形不一样，与隧道轴线距离越小因隧道施工而产生的管线变形量越大。

(2) 地铁暗挖施工对垂直于隧道轴线的管线变形影响规律。

以距隧道轴线1.3倍洞径为界限，1.3倍洞径处变形量接近相同，0～±1.3倍洞径区间，随管隧距离的减小管线变形量逐渐增大，不在此区间时，管线变形量随管隧距离增大而减小。

3. 地下管线安全保护措施

(1) 地铁规划阶段管线保护措施主要是做好管线调查工作、地铁线路合理规划与合理避让、针对不同的管线制定不同的管线控制标准及做好组织协调工作。

(2) 地铁施工阶段管线保护措施主要有：明挖法施工时管线采用改迁法、隔离法、悬吊法、选择合理的施工工艺及信息化施工等保护措施；暗挖法施工时管线采用改迁法、隔离法、超前加固法、土体加固法、卸载法、加强壁后注浆且减少超挖、支撑法、及时支护、管线加固及信息化施工等保护措施。盾构法施工时管线采用改迁法、隔离法、合理设置土仓压力且平稳推进、加强同步注浆且严格控制注浆量、环箍补浆(多次补浆)、加强施工管理且保证盾构下穿管线时连续施工、信息化施工等保护措施。

第 7 章　地铁隧道施工灾害减控技术

本章基于西安地铁隧道施工状况，参考国家和行业规范研究西安地铁隧道施工地表沉降控制的标准，并研究盾构施工隧道引起邻近建筑物变形的减控技术，提出地下管线控制标准和地铁隧道施工引起地下管线变形的减控技术。

7.1　地表沉降控制标准

7.1.1　地表沉降控制标准概述

地铁隧道施工时，难免对岩土体产生扰动，扰动导致岩土体应力重新分布及相应的弹塑性变形，从而引起地表沉降。地表沉降对地层中的管线，地表的建筑物造成危害，主要表现在地表建筑物的倾斜过大及地下管线的变形、断裂而影响正常使用。因此，严格控制地表沉降量可以有效地减小对地表建筑物及地下管线的破坏。不同的建(构)筑物对地表沉降量的承受能力各不相同，因此，对不同的建筑物必须采用不同的控制标准，尽量做到既保证建筑物的安全，又能降低工程造价。通常情况下地表沉降控制标准值应综合考虑地表建筑物、地下管线及地层等因素，分别确定其允许地表沉降值，并取其中最小值作为控制标准值。

由于地层性质各异、施工方法不同、地下工程施工引起地层不均匀沉降，从而引发的建筑物倾斜，是判断建筑物是否安全的一个重要标准。根据实际经验总结地层不均匀沉降和相应建筑物的反应见表 7.1。

表 7.1　地层不均匀沉降和相应建筑物的反应

建筑物结构类型	δ / L_0	建筑物反应
一般砖墙承重结构(包括有内框架及建筑物长与高之比小于 10，有圈梁，有基础)	1/150	分隔墙和承重墙出现相当多的裂缝,可能发生结构破坏
一般钢筋混凝土框架结构	1/150	发生严重变形
	1/500	开始出现裂缝
高层刚性建筑(箱型基础、桩基)	1/250	可观察到建筑物倾斜
有桥式行车的单层排架结构的厂房，浅基础或桩基	1/300	桥式行车运转困难,若不调整轨面水平方向,行车难以运行,分隔墙有裂缝
有斜撑的框架结构	1/600	处于安全极限状态

注：L_0 为建筑物长度；δ 为不均匀沉降。

7.1.2　地表沉降控制标准的确定方法

1. 地表建筑物基础与沉降槽之间的关系

1) 地表建筑物基础位于沉降槽一侧

地表建筑物基础位于沉降槽一侧时,地铁工程对建筑物的影响如图 7.1 所示。一般来说,地铁工程施工时,在其两侧存在潜在的破裂面,如果破裂面与地表交点位于建筑物基础范围内,则应考虑不均匀沉降对建筑物的影响。

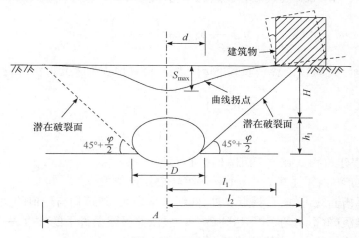

图 7.1　地铁工程对建筑物的影响示意图

假设破裂面与地表的交点为地表沉降的不动点,则有

$$l_2 = \frac{A}{2} \tag{7.1}$$

$$A = \frac{D + 2(H + h_1)}{\tan\left(45° + \dfrac{\varphi}{2}\right)} \tag{7.2}$$

式中,H 为工程覆土厚度;h_1 为开挖高度;D 为开挖直径;A 为受影响的横向沉降槽宽度。此外,图 7.1 中 d 为曲线拐点到中心的距离;$S_{\max}$ 为地表最大沉降量。

如果令 Δu 等于建筑物不均匀沉降的最大允许地表沉降量,则由 Peck 公式求得:

$$\Delta u = S_{\max}\left\{\exp\left(-\frac{l_1^2}{2d^2}\right) - \exp\left[-\frac{\left(\dfrac{A}{2}\right)^2}{2d^2}\right]\right\} \tag{7.3}$$

d 通常位于边墙所在的铅垂线上($d = D/2$),于是,地表最大沉降量可按式(7.4)进行计算:

$$S_{\max} = \cfrac{\Delta u}{\exp\left[-\cfrac{l_1^2}{2\left(\cfrac{D}{2}\right)^2}\right] - \exp\left[-\cfrac{\left(\cfrac{A}{2}\right)^2}{2\left(\cfrac{D}{2}\right)^2}\right]} = \cfrac{\Delta u}{\exp\left(-\cfrac{2l_1^2}{D^2}\right) - \exp\left(-\cfrac{A^2}{2D^2}\right)} \qquad (7.4)$$

由图 7.1 可知，与 l_1 对应的曲线上的点为建筑物由于地表沉降影响而倾斜的最大斜率点，由 Peck 公式推导该点的倾斜率：

$$u' = \frac{l_1}{d^2} S_{\max} \exp\left(-\frac{l_1^2}{2d^2}\right) \qquad (7.5)$$

令 u' 等于建筑物的容许倾斜率 $[q]$，则可得到地表最大允许沉降量：

$$[S_{\max}] = \frac{[q] \times d^2}{l_1 \exp\left(\dfrac{-l_1^2}{2d^2}\right)} \qquad (7.6)$$

2) 地表建筑物基础位于沉降槽中心两侧

(1) 建筑物相邻柱基 L 小于(等于)沉降槽拐点位置 d。

由沉降槽曲线可知，在拐点 d 处，曲线斜率最大，建筑物与隧道的关系如图 7.2 所示，差异沉降(不均匀沉降)达到最大，故以此极限条件下的坡度——极限坡度不超过相应建筑物允许倾斜值作为限制条件，即

$$\frac{\Delta S}{L} \leqslant [f] \qquad (7.7)$$

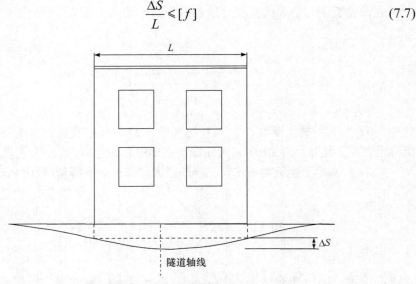

图 7.2　建筑物倾斜示意图($2d \leqslant L$)

式中，L 为建筑物相邻柱基础间距；$[f]$ 为建筑物的允许倾斜值；ΔS 为差异沉降量。

由极限条件可得最大允许差异沉降为

$$[\Delta S] \leqslant [f]d \tag{7.8}$$

同时，由 Peck 曲线可知，当 $x = d$ 时，可得出地表沉降的最大斜率：

$$Q_{\max} = \frac{0.61}{d} S_{\max} \tag{7.9}$$

假定建筑物最大允许倾斜值与 $Q_{\max}$ 相等，此时，地表最大允许沉降量为

$$[S_{\max}] = \frac{d}{0.61}[f] \tag{7.10}$$

(2) 建筑物相邻柱基 L 大于(等于)沉降槽拐点位置 $2d$。

这种情况下，沉降对建筑物的影响引起倾斜，同时基础受弯，当建筑物处于受弯最不利位置，沉降过大时，可能导致建筑物基础结构的断裂及上部结构压性裂缝的产生。影响基础变形的因素，如受力条件、荷载分布、建筑物等级不尽相同，难以进行分析，这里仅根据建筑物基础的极限应变采用式(7.11)计算最大允许差异沉降。

$$[\Delta S] = \sqrt{([\varepsilon]d + d^2)^2 - d^2} \tag{7.11}$$

式中，$[\varepsilon]$ 为允许拉应变。

2. 地表沉降控制标准的确定方法

1) 从考虑地下管线的安全角度确定地表最大允许沉降量

过大的地表沉降会导致地下管线的断裂，影响其正常使用甚至引起灾难性事故，其后果是极其严重的。各种管线对沉降的敏感性和耐受力因其材质、连接方式、接口材料、变形的允许指标及施工质量、使用年限不同而有较大的差异。

沉降槽上方的管线变形类似于建筑物地基梁 $L > 2d$ 的情况，随着地层的沉降，其受力条件发生变化，这时可视为受垂直均布荷载的梁来考虑。

根据结构在正常使用时受到的应力应小于其允许的设计应力这一标准，有

$$[\varepsilon] = \frac{[\sigma]}{E} \tag{7.12}$$

式中，$[\varepsilon]$ 为允许拉应变；$[\sigma]$ 为允许拉应力；E 为材料弹性模量。

可知，管线在地层沉降时产生的变形应小于(或等于)其允许应力的相应变形范围，即可按式(7.13)计算最大允许差异沉降。

$$[\Delta S] = \sqrt{([\varepsilon]m + m)^2 - m^2} \tag{7.13}$$

式中，m 为计算长度。

当管线走向垂直于地下工程纵向时，$m=d$，$[\Delta S]$ 值最小，此时，式(7.13)可简化为

$$[\Delta S] = \sqrt{([\varepsilon]d + d)^2 - d^2} \tag{7.14}$$

2) 从考虑地层及支护结构稳定角度确定地表最大允许沉降量

从考虑地层及支护结构稳定性确定最大允许地表沉降量就是从保证施工安全的角度，以地下工程侧壁正上方土体不发生坍塌时允许产生的地表最大沉降量为控制标准，采用"地层梁理论"，推导出剪应变的方法来确定最大允许地表沉降量。

城市地下工程浅埋暗挖法施工经验及国内外的经验均表明，软弱地层浅埋地下工程典型的地表沉降曲线可用 Peck 公式描述。

对 Peck 公式求导可得沉降曲线的最大斜率计算式（发生在 $x=d$ 处）为

$$Q_{\max} = \frac{0.61}{d} S_{\max}$$

若设定地层的极限剪应变 Y_{p} 与 $Q_{\max}$ 相等，则

$$Y_{\mathrm{p}} = \frac{[\tau]}{G} = Q_{\max} = \frac{0.61}{d} S_{\max} \tag{7.15}$$

于是得到地表最大允许沉降量计算式：

$$[S_{\max}] = \frac{d}{0.61} \times \frac{[\tau]}{G} \tag{7.16}$$

式中，$[\tau]$ 为地层抗剪强度；G 为地层剪切模量；$[S_{\max}]$ 为地表最大允许沉降量；d 为曲线拐点到中心的距离，可通过回归求得。

地表沉降控制标准值应随工程条件，尤其是周边环境条件变化而变化，因此应针对具体工程，通过类比和计算相结合的办法找出相应的控制标准值。

7.2　盾构隧道引起邻近建筑物变形的减控技术

7.2.1　盾构隧道引起地层变形规律分析

地层变形是引起城市隧道施工及运营过程环境安全风险的根源，结合工程经验可知，地层变形的表现形式有过度变形、突然变形以及突发失稳三种。土体的变形状态取决于土的结构特性，隧道盾构施工引起的地层损失以及地层失水等打破土体颗粒间原有的结构状态，使其发生失稳破坏，最终导致地层发生变形。

西安地铁 2 号线盾构隧道穿越的砂砾卵石地层属于一种不良地质体，因为其颗粒之间的接触力不强，孔隙大，流塑性较差，土颗粒之间的结构容易受到水的

影响而发生失稳破坏。因此，对砂砾卵石地层来说，一方面可以通过加固改良土体结构提高地层抵抗变形的能力，另一方面则可以在盾构施工中不断修正和完善施工技术及工艺参数，尽快形成封闭结构，这是控制地层变形非常有效的措施。若隧道上覆土体稳定性较差，则需对其提升刚度，增强土体抵抗变形的能力，减少流水、流砂等造成的地层损失。通过从隧道施工方法和施工环境两方面采取相应的控制措施，才能有效地控制砂砾卵石地层盾构施工引起的地层变形。

盾构隧道引起地层变形的模式有两种，即抽冒式和整体式。两种变形模式特点存在差异，所以地层变形控制技术和措施就具有不同特点。

(1) 抽冒式变形主要发生在松散地层，尤其是在砂砾卵石地层表现得十分突出。地层及地表是否稳定取决于上覆地层中冒落拱的形成，因为冒落拱具有独特的拱效应，在城市隧道工程中往往通过提高拱结构的承载能力、抵抗变形的能力来维护隧道开挖后断面的稳定，从而将地表沉降控制在合理范围内。对于砂砾卵石地层，土体比较松散，盾构隧道开挖后形成的冒落拱稳定性较差，容易发生坍塌，施工之前往往需要通过注浆加固等措施来改变地层条件，同时施工过程中应该加强监测并及时反馈信息，只有这样才能确保砂砾卵石地层盾构施工的安全性，并避免地表过大沉降。

(2) 整体变形则大多发生在黏性土地层，因为黏性土比较密实，强度相对较高，具备一定的抗变形能力。但是对于隧道上覆土受扰动后容易发生局部离层，这种局部离层出现多了就会导致地表过大沉降。此时，地表沉降控制的重点是控制主导结构层的稳定性。往往通过注浆加固软弱层提高其强度，从而保持结构层的长期稳定。隧道变形对地层变形的影响也很关键，盾构施工应该采取合理的施工参数及支护参数，做到及时封闭结构，减小隧道周围地层的变形，从而有效地控制地表变形及盾构隧道邻近建筑物变形。

在隧道盾构施工中，注浆加固是控制地层变形最常用且效果明显的措施；西安地铁平均水位埋深为 6～8m，有些盾构区段穿越的地层属于富水地层，盾构开挖容易造成开挖面失稳，引起地表发生过大沉降，盾构施工之前必须通过注浆进行堵水以保证开挖面稳定。当盾构隧道施工穿越既有建筑物时，首先根据建筑物的基础类型及地层条件判断地层可能发生的变形模式，采用数值模拟计算对建筑物受盾构施工影响范围及程度做出预测，进而对地层以及建筑物基础采取适当的注浆、加固等控制措施，从根源上遏制地层变形对邻近建筑物的扰动，保证盾构开挖断面的稳定和建筑物的安全。

盾构施工引起地层破坏的演化过程可分为四个阶段：初始开挖扰动、扰动扩展形成的层间离层和地表拉裂、剪切破坏不断扩展、最终形成拉剪复合破坏形式[90]。分析可知，隧道开挖后洞周一定范围内的土体结构由于受到盾构施工强烈扰动破坏而呈现非线性特征，并且在一定范围内形成损伤区，当盾构隧道附近存在地表建筑物时，这一区域会逐步向上扩展，直接削弱地基强度和稳定性，对建筑物基础十分不利，施工过程中应该加以重视。

7.2.2　盾构开挖面稳定性分析

　　在复杂地质条件下，盾构隧道开挖面失稳可导致地表沉降过大，从而破坏地表建筑物。对于砂砾卵石地层，其具有强烈的离散特性，盾构施工中倘若支护应力不足，就会引起开挖面的变形及破坏。土压平衡盾构施工最关键、最主要的是控制开挖面的稳定，这是盾构施工控制沉降的核心。西安地铁 2 号线南段盾构隧道穿越砂砾卵石地层，且盾构隧道附近有建筑物，盾构开挖面的稳定直接影响施工的安全以及地表建筑物的安全稳定，因此分析砂砾卵石地层盾构开挖面的稳定性十分必要。

　　1.　盾构开挖面破坏形式

　　盾构隧道开挖对于土体就是一个卸载过程，使得土体压力得到释放，并且在开挖面前方一定范围内形成一个松动区域，上覆土压力诱使开挖面向前方发生松动，进而造成开挖面失稳，最终形成一个滑动面。

　　Mair 根据自己多年离心试验研究结果，并且在前人的基础上得出砂土地层和黏性土地层中隧道开挖面破坏形式。从图 7.3 可以看出，黏性土地层中盾构开挖面破坏形式表现为盆状，下部较缓上部区域较大，形成一个滑动面，这是因为土体颗粒间存在黏聚力；砂土地层盾构开挖面破坏形式表现为烟囱状，破坏时开挖面前方为楔形体，砂砾卵石地层与砂土地层都不具有黏聚力，且都有离散性，因此砂砾卵石地层盾构开挖面的破坏形式应很接近砂土地层开挖面的破坏形式。

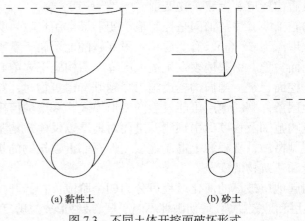

(a) 黏性土　　　　　　　　　　(b) 砂土

图 7.3　不同土体开挖面破坏形式

2. 盾构开挖面稳定计算原理

砂土体楔形体模型提出后，先后有众多学者采用离心模型试验方法研究砂土地层和黏性土地层下开挖面的破坏形式，并且取得了不少研究成果，因此简单直观的楔形体计算模型在砂土中具有非常好的适应性，同样对于砂砾卵石地层也有一定的适应性。

在进行楔形体模型计算之前，为了使得计算简便，对模型做了基本假定：①视开挖面为正方形土墙；②开挖面失稳破坏几何体由开挖面前方楔形体和上部棱柱体两部分组成，如图 7.4 所示。

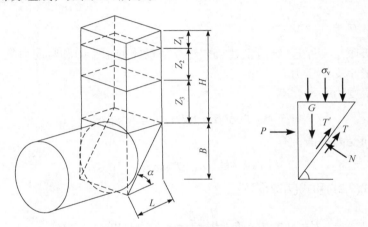

图 7.4　楔形体模型及计算示意图

开挖面处三角楔形体受到的作用力从上至下分别为如下。

(1) 滑动楔形体顶部竖向作用力 P_v。

$$P_v = \sigma_v BL \tag{7.17}$$

式中，σ_v 为滑动楔形体顶部松动压力(kPa)；L 为滑动楔形体顶部长度(m)；B 为隧道等效半径(m)；通常假定正方形面积与隧道开挖断面面积相等，于是 $B = \dfrac{\sqrt{\pi}}{2} D$，$D$ 为隧道直径。

(2) 滑动楔形体自重 G。

$$G = \frac{B^3 \gamma}{2 \tan \alpha} \tag{7.18}$$

式中，γ 为土体重度($\mathrm{kN/m^3}$)；α 为滑动楔形体倾角，$\alpha = 45° + \dfrac{\varphi}{2}$，$\varphi$ 为内摩擦角。

(3) 开挖面支护压力 P。

(4) 位于开挖面前方滑动面上的法向支持力为 N，摩阻力为 T，T 可用式(7.19)求得，c 为黏聚力。

$$T = \frac{cB^2}{\sin \alpha} + N \tan \varphi \qquad (7.19)$$

(5) 滑动楔形体侧向滑动面上摩阻力 T'。

$$T' = \frac{B^2}{2 \tan \alpha}(c + K_0 \sigma_s' \tan \varphi) \qquad (7.20)$$

式中，K_0 为侧压力系数，$K_0 = 1 - \sin \varphi$；σ_s' 为滑动体竖向平均应力(MPa)，通过积分得到：$\sigma_s' = \dfrac{2\sigma_v}{3} + \dfrac{B\gamma}{3}$。

根据极限平衡原理，结合上述公式建立滑动体的水平力和竖向力的平衡方程，求解可得最小支护压力。

由水平受力平衡，有

$$P + T \cos \alpha + 2T' \cos \alpha = N \sin \alpha \qquad (7.21)$$

由竖向受力平衡，有

$$P + G = T \sin \alpha + 2T' \sin \alpha + N \cos \alpha \qquad (7.22)$$

联立式(7.21)和式(7.22)解得

$$P = \varepsilon(\sigma_v BL + G) - \left(\frac{cB^2}{\sin \alpha} + 2T\right)(\varepsilon \sin \alpha + \cos \alpha) \qquad (7.23)$$

式中，$\varepsilon = \dfrac{\sin \alpha - \tan \varphi \cos \alpha}{\cos \alpha + \tan \varphi \sin \alpha}$；$H$ 为滑动楔形体顶部到底表的距离(m)。

假定支护压力为矩形分布，则开挖面中心处支护压力为

$$\sigma_T = \frac{P}{B^2} \qquad (7.24)$$

由以上分析可知，当地层条件及隧道埋深一定时，影响盾构开挖面稳定的因素是开挖面的支护压力。西安地铁盾构隧道大多采用土压力盾构平衡法开挖，盾构施工中这一支护压力主要表现为盾构推力，只有盾构推力设定合理，使得开挖面以及开挖面前方松动区达到一个平衡稳定状态，才能确保盾构期间开挖面的稳定，从而保证施工安全以及邻近建筑物的稳定。

3. 土压平衡盾构开挖面的稳定机理

土压平衡盾构开挖面稳定是依靠多个机构共同实现的，包括掘进机构、切削机构(刀盘)、添加材料注入装置、混合搅拌机构和排土机构。

隧道开挖对于土体是一个卸荷过程，经盾构机刀盘切削下来的土和水应该充满密闭舱，进而平衡盾构开挖面的水土压力。对土压平衡盾构来说，这是最理想的状态。这样一来就要求切削下来的土体必须具有一定的塑性流动态，倘若土体的塑性流动态较差，则需要人工对土体进行改良，增大土体的流动性。针对砂砾卵石地层可采用加泥式土压平衡盾构法进行隧道开挖。

加泥式土压平衡盾构法的重点在于增大切削下来土体的塑性流动态，通过在开挖面处加入水、泥浆或化学泡沫等润滑材料，将这些润滑材料与刀盘切削的砂、卵石、土混合搅拌，使其变成具有适当塑性和流动性的泥土，从而加快渣土的传输速度，避免渣土存积土仓。改良后泥土产生的泥土压力能够平衡地层的水和土压力，从而保证盾构开挖面的相对稳定，同时利用千斤顶的推进速度和螺旋输送机转速，确保土仓内改良土的压力一直处于合适范围。当盾构机的掘进量和出土量达到平衡状态时，盾构掘进可以顺利持续地进行。

7.2.3　建筑物变形控制指标的确定

结合西安地铁 2 号线实际情况，从隧道安全风险管理方面来看[76,81,82,86,87]，控制标准应该分解到盾构施工过程和每个施工关键步序中。盾构隧道沿线建筑物的变形控制安全指标主要是建筑物倾斜率、建筑物不均匀沉降及开裂、建筑物整体沉降以及沉降速率，建立建筑物变形的安全指标是确定变形控制标准的一个关键问题。

西安地铁 2 号线南段地质条件比较复杂，有砂砾卵石地层和饱和软黄土地层，且盾构隧道邻穿的建筑物众多，因此必须建立适合该盾构区间的建筑物变形控制指标。本节从以下几个方面出发，提出复杂地层盾构施工引起邻近建筑物变形的控制技术，为建筑物变形控制措施的制定提供参考依据。

建筑物变形的根本原因在于盾构施工对建筑物附近区域地层的扰动，而建筑物变形多半是由不均匀沉降造成的。因此，要想控制建筑物变形就应搞清建筑物变形和地层变形的关系，地表沉降与建筑物沉降不相等同但相互关联。建筑物沉降是由地表沉降引起的，同时建筑基础与土体之间可能存在悬空区和脱空。

$$S = S_{\text{地表}} - \delta \tag{7.25}$$

$$\delta = f(R, C, K_{\text{S}}, K_{\text{F}}) \tag{7.26}$$

式中，S 为基础沉降(mm)；$S_{\text{地表}}$ 为地表沉降(mm)；δ 为基础与地表脱空量(mm)，由隧道土体参数 R、盾构施工过程参数 C 以及耦合参数 K_{S}、K_{F} 决定。当建筑物基础为完全柔性时，$\delta = 0$；当建筑物基础为完全刚性，$\delta = S_{\text{地表}}$，$S = 0$。

在实际工程中，δ 一般情况下都会存在且不为 0，即没有完全柔性基础，同时也表明地表变形与建筑物的基础变形是非连续的。从建筑物自身安全角度来看，非连续、脱空的存在对基础的稳定性十分有害。因此，在盾构施工过程中应该通过注浆抬升或回填注浆等方式，以确保 δ 不存在，或者恢复到 $\delta=0$，这样对建筑物结构和基础十分有利，因此地表沉降控制标准推荐为

$$[S_{地表}]=[S] \tag{7.27}$$

1. 变形控制指标的理论计算

1) 速率控制指标

沉降速率属于瞬时物理量，不是对沉降速率变化过程的累积和分解，而是沉降变化过程的最大速率。通过理论分析可以得到盾构施工各关键部位沉降速率的分布曲线，从曲线当中选取变形最大的速率为速率控制指标，即

$$[V_i]=V_{\max} \tag{7.28}$$

2) 沉降指标

地表建筑物基础与沉降槽的关系如图 7.5 所示。

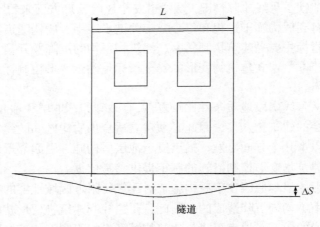

图 7.5　地表建筑物基础与沉降槽的关系示意图($2d \leqslant L$)

根据图 7.5 可知，在沉降曲线拐点 d 处斜率最大，此处差异沉降达到最大，因而限制条件为此极限条件下的极限坡度不超过相应建筑物允许倾斜值，即

$$\frac{\Delta S}{L} \leqslant [f]$$

式中，L、$[f]$、ΔS 的具体含义见式(7.7)。

由极限条件可得该区间建筑物最大允许差异沉降：

$$[\Delta S] \leqslant [f]d$$

当 $x=d$ 时，可得出地表沉降的最大斜率：

$$Q_{\max} = \frac{0.61}{d} \times S_{\max}$$

假定建筑物最大允许倾斜值与 $Q_{\max}$ 相等，此时，地表最大允许沉降量为

$$S_{\max} = \frac{d}{0.61} \times [f]$$

实际上，变形监测的影响因素很多，因此监测数据基本上都呈现波动起伏特性，偶尔出现某天变形速率超限的特殊情况，对于这种特殊情况，通常重点关注，根据监测数据的反馈信息增加监测频率，监测以及控制地表及建筑物沉降发展趋势即可，通过监测得到的反馈信息指导工程实践。

有时尽管监测数据并不超限，但会出现持续性较大的变形速率，这对于建筑物安全也是不利的，往往出现这种情况就是极其危险的前兆。因此，在进行监测数据分析的过程中对这种"发散性"的变形增长趋势则需要格外注意，必要时及时上报给施工方，以便采取合理有效的应对措施，这样可以制止突发性严重超限事故的发生，而一般"收敛性"的变形趋势则相对比较安全。总体来说，盾构施工过程地层沉降和建筑物沉降趋势是一项极其重要的安全指示标志，应该加强实时监测，做到及时的信息反馈。

3) 建筑物倾斜率指标

实际工程中，为了研究建筑物倾斜变形，主要把倾斜率作为大刚度类建筑物变形破坏的评判指标，倾斜率的确定主要由建筑物顶部观测点与底部观测点的偏移差值来确定，得到建筑物倾斜率计算公式：

$$p = \frac{\Delta}{H} = \frac{\xi \cdot \Delta S}{L} \tag{7.29}$$

式中，p 为建筑物倾斜率；Δ 为建筑物檐口偏移量(mm)；H 为建筑物高度(mm)；ΔS 为差异沉降(mm)；L 为基础两端水平距离(mm)；ξ 为倾斜折减系数。ξ 根据建筑物刚度而定，通常高层及超高层建筑取 0.9~1.0，多层建筑取 0.7~0.9。

结合航天城—韦曲南站盾构区间砂砾卵石地层条件和建筑物类型，参考有关这方面的研究统计结果，ξ 可采用表 7.2 中的取值。

表 7.2　不同建筑类型倾斜折减系数

建筑类型	8 层以下砖混结构	8 层以下框架结构	8 层以上高层结构
倾斜折减系数 ξ	0.713	0.802	0.962

4) 洞内结构变形控制指标

地铁隧道开挖后，隧道洞内极易发生变形，这种变形就会造成地层的过大变形，进而造成隧道邻近建筑物发生变形，因此控制洞内结构变形同等重要，它有助于控制建筑物变形。但是，实际工程中支护结构与围岩之间总存在间隙，因而支护结构变形与地层围岩变形是非连续的，两者之间变形存在不密实量 a。一般来说，隧道盾构开挖后拱顶处的变形量最大，所以这里以隧道拱顶沉降作为主要评价参数。

$$[S_{围岩拱顶}] = [S_{结构拱顶}] + a \tag{7.30}$$

而且经过众多学者研究发现，隧道开挖之后，拱顶沉降与地表沉降存在一定的对应关系，通过有限元数值计算和深部地层位移监测等手段都可以获得拱顶与地表沉降关系。

$$[S_{围岩拱顶}] = f([S_{地表}]) = \frac{[S]}{K_u} \tag{7.31}$$

$$[S_{结构拱顶}] = \frac{[S]}{K_u} - a \tag{7.32}$$

式中，K_u 为地层变形传递系数；a 为隧道围岩与支护结构不密实量。

2. 变形控制指标确定

西安地铁 2 号线沿线建筑物众多，这里选取航天城—韦曲南站区间残联大楼和农业综合开发办大楼为例(关系平面图见图 7.6)，确定该区间建筑物变形的控制指标。

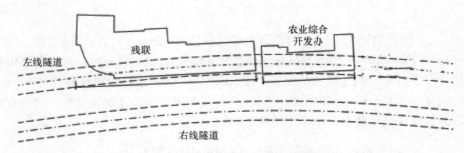

图 7.6　航天城—韦曲南站区间隧道与地表建筑物平面关系图

邻近建筑物盾构施工的前提是确保对已有建筑物不造成安全稳定影响，为了能够定量分析这种影响，引进建筑物地基变形允许值来表示，结合相关规定，我国建筑物基础变形的允许值见表 7.3。

表 7.3　建筑物的地基变形允许值

变形特征	地基变形允许值	
	中、低压缩性土	高压缩性土
砖混结构基础倾斜	0.002	0.003
工业和民用建筑相邻柱基的沉降差		
(1) 框架结构	0.002l	0.003l
(2) 砖混墙填充的边排柱	0.0007l	0.001l
(3) 基础不均匀沉降时不产生附加应力的结构	0.005l	0.005l
单层排架结构(柱距为 6m)柱基的沉降值/mm	120	200
桥式吊车轨面的倾斜率(按不调整轨道考虑)		
纵向	0.004	
横向	0.003	
多层和高层建筑的整体倾斜率		
$H_g \leqslant 24$	0.004	
$24 < H_g \leqslant 60$	0.003	
$60 < H_g \leqslant 100$	0.0025	
$H_g > 100$	0.002	
体型简单的高层建筑基础的平均沉降值/mm	200	
高耸结构基础的倾斜率		
$H_g \leqslant 20$	0.008	
$20 < H_g \leqslant 50$	0.006	
$50 < H_g \leqslant 100$	0.005	
$100 < H_g \leqslant 150$	0.004	
$150 < H_g \leqslant 200$	0.003	
$200 < H_g \leqslant 250$	0.002	
高耸结构基础的沉降值/mm		
$H_g \leqslant 100$	400	
$100 < H_g \leqslant 200$	300	
$200 < H_g \leqslant 250$	200	

注：① 表中数值为建筑物地基稳定后最终变形允许值；② l 是相邻建筑物地基的中心距离(m)；③H_g表示建筑物的高度。

许多实例表明，不同类型的基础对地表沉降的承受能力是不同的。其破损限值分别取差异沉降差 $(\Delta S/L)$ 和最大沉降值。

从表 7.3 可知，建筑物的基础位于盾构施工引起的地表沉降槽宽度影响范围之内。根据《建筑地基基础设计规范》(GB 50007—2011)、《建筑变形测量规范》(JGJ 8—2016)等规范，该区间建筑物的地表变形控制允许值可按建筑物变形标准控制理论确定如下。

可知该建筑物允许的最大倾斜率为 $q=3‰$，则航天城—韦曲南站盾构区间地表的最大允许差异沉降为

$$[\Delta S] = 0.003 \times 9.65 = 0.02895(\text{m})$$

根据工程实际条件施工变形的要求，结合计算理论得出西安地铁 2 号线盾构施工的变形控制允许值如下。

(1) 地表最大沉降量 30mm，最大隆起量 10mm。

(2) 建筑物基础最大沉降量 15mm，最大隆起量 5mm。

(3) 建筑物倾斜率不超过 3‰。

7.2.4　建筑物变形控制技术

由 7.2.3 节可知，建筑物的安全影响等级共有四级，分别为Ⅰ级(非常危险)、Ⅱ级(较危险)、Ⅲ级(危险不大)、Ⅳ级(安全)。安全影响等级为Ⅰ级、Ⅱ级和Ⅲ级的建筑物在盾构隧道施工之前以及施工过程中必须采取相应的控制措施，尤其是Ⅰ级和Ⅱ级建筑物危险等级很高，需要通过采取合理有效的控制措施，将它们的安全影响等级降到Ⅳ级(安全)，对不同安全影响等级的建筑物来说，控制措施也有所区别。

控制盾构隧道施工邻近建筑物变形首先要确保开挖面的稳定，砂砾卵石地层条件复杂，盾构施工对地层的扰动影响较大，很容易造成开挖面失稳，从而波及隧道地表邻近建筑物的安全稳定。因此，要确保盾构施工过程中建筑物安全稳定，需从改进盾构隧道施工技术和加固建筑物两方面入手，提高施工水平有助于减小隧道邻近建筑物受盾构施工的扰动影响，加固建筑物能够增加建筑物抵抗受盾构施工扰动的能力，具体措施见表 7.4。

表 7.4　提高建筑安全等级控制措施

安全等级	Ⅰ	Ⅱ	Ⅲ	Ⅳ
应对措施	1.行建筑加固 2.改良土体 3.优化施工技术 4.加强监测	1.及时支护 2.优化施工技术 3.加强监测	1.正常施工 2.加强监测	1.正常施工 2.保持监测

1. 盾构施工安全影响等级为Ⅰ级、Ⅱ级的建筑物变形控制技术

1) 提高盾构施工水平

(1) 提高盾构机的刀盘和刀具强度。

一般的刀盘和刀具在切削砂砾卵石地层时不仅容易磨损刀头，而且还会增大盾构隧道施工对周围地层的扰动，进而引起建筑物发生变形。因此，必须改造刀

盘，增加刀盘和刀具的强度及耐磨性。

(2) 确定合理的盾构施工参数。

盾构的掘进与施工管理属于主动保护措施，从盾构开挖的开始就要采取相关措施来控制盾构开挖对周边地层的扰动，以期减少掘进对邻近建筑物的不利影响。

由于盾构隧道穿越砂砾卵石层，合理的施工参数一时难以确定，为避免盲目盾构施工造成地层沉降过大以及建筑物破坏，必须先要进行一段试掘进，优化施工参数，选择最优的掘进模式，然后开始正式掘进，对于不良地层可适当改良地层特性。掘进过程中严格掌控盾构掘进方向，同步注浆，及时支护，整个过程要进行系统管理，确保每一环节正确无误。

2) 建筑物保护加固

安全影响等级为Ⅰ级、Ⅱ级的建筑物危险性很大，除提高盾构施工水平之外，还应采取主动保护加固措施来保证建筑物在盾构施工过程中的安全稳定。

(1) 保护措施。

结合建筑物与隧道的相对位置以及周围环境，如果建筑物与隧道之间存在一定距离，可在两者之间打入单排或者双排旋喷桩，通过旋喷桩形成一道厚实的隔离墙，阻止盾构施工对周围地层扰动传递到邻近建筑物的地基地层，避免建筑物发生变形和破坏。

(2) 加固措施。

通过对盾构区间沿线的建筑物调查可知，大部分建筑物为砖混结构，且它们的安全影响等级一般都在非常危险和较危险等级，因此这里仅分析砖混结构建筑物的加固技术。以下是几种常用的建筑物加固技术。

第一种加固技术是钢筋混凝土外加层加固法。该加固方法是一种复合截面加固方法，优点表现为：操作较简单、适应性很强，一般适用于柱、带壁墙的加固，尤其是砖混结构采用该方法加固后承载力能够得到很大的提高，同时该加固方法已具有成熟的施工和设计经验。该加固方法也存在缺点，主要是现场施工的湿作业会占据很长时间，对生活和生产造成一定影响，同时加固后建筑物的净空会有所减小。

第二种加固技术是钢筋水泥砂浆外加层加固法。该加固方法也是复合截面加固法的一种，优点与第一种加固方法相近，但是该加固方法在提高承载力的效果方面不如第一种，主要适用于加固砖混墙。

第三种加固技术是增设扶壁柱加固法。该方法属于加大截面加固法，优点同样与第一种加固方法相近，但对承载力的提高是十分有限，而且难以满足建筑物的抗震要求，多数情况下应用于非地震区。

第四种加固技术是注浆抬升建筑物。该加固方法主要是通过注浆提高地基地层的抗变形强度，增大地基土抵抗盾构施工对周围地层的扰动能力，进而减小建筑物变形量，确保建筑物结构安全。目前，该方法在盾构隧道穿越建筑物工程中应用十分广泛。

3) 加强建筑物变形监测

制定合理的监测方案，按时监测建筑物的变形情况和地表的变形情况，将监测得到的信息及时反馈给施工单位，以便施工方采取及时有效的应对措施。

通过采取以上措施，将盾构隧道施工邻近建筑物的安全影响等级降低，由非常危险、较危险降为安全，从而确保盾构施工过程中隧道邻近建筑物安全稳定。

2. 盾构施工安全影响等级为Ⅲ级的建筑物变形控制技术

尽管安全等级为Ⅲ级的建筑物的危险程度不高，但也不是人们愿意接受的结果。可通过改进盾构施工技术和提高施工水平的方法来降低建筑物的安全等级，将其等级由危险不大降为安全，从而确保盾构施工过程中隧道邻近建筑物安全稳定。具体措施如下。

(1) 设置合理的盾构推力和掘进速度。

(2) 严控盾构方向，及时纠偏，连续通过。

(3) 及时支护，同步注浆。

(4) 加强盾构隧道邻近建筑物的变形监测以及地表变形监测，并且做到及时反馈信息，及时调整盾构施工方案。

7.3　地下管线控制标准

地下管线控制指标应包括管线允许位移控制值和倾斜率控制值，也可对管线曲率、弯矩、最外层纤维的挠应变、接头转角、管线变形与地层变形之差、管线轴向应变等设置控制指标。地下管线控制指标的确定主要受工作压力情况、功能、材质、铺设方法、埋置深度、地层压力、管径、接口形式、铺设年代等因素的影响。根据地下管线的影响因素调查分析，采用经验法、理论方法、工程类比法或数值模拟法等，结合地下管线与城市轨道交通工程的空间位置关系，确定其控制指标。

7.3.1　管线沉降控制标准

《给水排水工程管道结构设计规范》(GB 50332—2002)有如下规定。

(1) 柔性管道的变形允许值，应满足下列要求。

①应用水泥砂浆等刚性材料作为防腐内衬的金属管道，在组合作用下的最大竖向变形不能超过 $0.02D_0 \sim 0.03D_0$。

②应用延性良好的防腐涂料作为内衬的金属管道，在组合作用下的最大竖向变形不能超过 $0.03D_0 \sim 0.04D_0$。

③化学建材管道，在组合作用下的最大竖向变形不能超过 $0.05D_0$。

注：D_0 为圆形管道的计算内径。

(2) 针对刚性管道，考虑其钢筋混凝土结构构件在组合作用下，计算截面的受力处于受弯、大偏心受压或受拉状态时，截面允许出现的最大裂缝宽度，不能大于 0.2mm。

(3) 针对刚性管道，考虑其混凝土结构构件在组合作用下，计算截面的受力处于轴心受拉或小偏心受拉状态时，截面设计应按不允许裂缝出现控制。

不同地区对不同的管线变形控制标准是不一样的。例如，北京与重庆地铁施工地表变形允许斜率为 2.55mm/m。天津地铁施工中管线的变形允许值如下：煤气管线 10mm；其他管线 20mm。湖北基坑工程规程中煤气管线变形允许值为：变形不超过 10mm，连续三天变形变化速率不超过 2mm/d；供水管线变形：变形不超过 30mm，连续三天变形不超过 5mm/d。上海基坑工程规程中规定煤气管线和刚性供水管线变形允许值：最大值 10mm，变化速率 2mm/d；柔性电缆和通信管线变形允许值：最大值 10mm，变化速率 5mm/d。广州建筑基坑规范规定：如果铸铁水管、钢筋混凝土水管采用承插式接头，两个接头之间的局部倾斜率最大允许值为 0.0025。德国建筑标准规定：管线允许水平变形为 0.6mm/m，允许倾斜变形为 $1 \sim 2$mm/m。水管采用焊接接头时，其局部倾斜率最大允许值为 0.006；煤气管采用焊接接头时，其局部倾斜率最大允许值为 0.002。

基于大量工程实践，给出了不同安全风险等级的地下管线沉降控制标准，具体见表 7.5。

表 7.5　不同安全风险等级的地下管线沉降控制标准　　(单位：mm)

管线安全风险等级	沉降 S 控制标准		
	煤气管线	给水管线	排水管线
Ⅰ(最大危险)	$S > 20$	$S > 40$	$S > 50$
Ⅱ(比较危险)	$10 < S < 20$	$30 < S < 40$	$40 < S < 50$
Ⅲ(危险)	$8 < S < 10$	$20 < S < 30$	$30 < S < 40$
Ⅳ(基本安全)	$5 < S < 8$	$10 < S < 20$	$20 < S < 30$
Ⅴ(安全)	$S \leqslant 5$	$S \leqslant 10$	$S \leqslant 20$

7.3.2　管线接头转角与脱开值控制标准

从大量的工程实例来看[39,48]，要使管线接头处于安全状态，必须使其接头的转动角度或接缝张开值小于其最大允许值，否则管线接头将发生破坏或者造成管线内液体的泄漏。针对市政管道工程不同材质、端面形式、接口类型、尺寸大小的管道，规定了接头转角值。表 7.6 是对市政管道中一些管材变形控制条件的分类统计。数据来源于《城镇燃气输配工程施工及验收标准》(GB/T 51455—2023)、《给水排水管道工程施工及验收规范》(GB 50268—2008)、《建筑给水排水及采暖工程施工质量验收规范》(GB 50242—2002)等。

表 7.6　部分管道管材变形控制条件

管线类别	管径/mm	最大允许转角/(°)
铸铁管(天然气管)	80～100	15
	150～200	1.25
	250～300	1
	350～600	0.75
铸铁管/玻璃钢管 (承插连接/法兰连接)	400～500	1.5
	500～1000	1
	1000～1800	1
	>1800	0.5
铸铁管/玻璃钢管 (套筒连接)	400～500	3
	500～1000	2
	1000～1800	1
	>1800	0.5
混凝土管	500～700	1.5
	800～1400	1
	1600～3000	0.5
聚乙烯管	≤400	1.5
硬聚氯乙烯管	≤400	1
陶土管	≤400	1.5

7.3.3　管线应变控制标准

从管线的变形情况来看，管线的拉应变在管线变形破坏中起着决定性作用，而总拉应变主要是由弯曲应变和轴向应变组成的。Attewell 等[33]提出了在直接拉应力作用下总允许应变的限制范围，见表 7.7。

表 7.7　直接拉应力作用下总允许应变

材料	总允许应变	
	受拉	受压
灰色铸铁	370	1550
离心灰色铸铁	430~490	1770~2040
球墨铸铁	820	1020

7.4　地铁隧道施工引起地下管线变形的减控技术

综合大量城市修建地铁的经验来看，地铁施工周围邻近管线的保护措施是一个综合而复杂的过程，在工程建设的不同阶段应根据具体工程条件采取相应的措施进行保护。综合大量的工程实际情况来看，地下管线的保护主要集中在线路规划阶段和项目实施阶段。

7.4.1　规划阶段减控技术

1. 做好管线调查工作

在地铁线路规划设计时，业主单位、规划设计单位应从相关渠道尽可能多地获得各种地下管线的详细情况，尽可能找到各管线归属管理部门了解该管线的相关信息，如管线的埋深、位置、管线的材料、管线变形控制标准等相关资料。获取这些资料后通过现场的调查以确定这些资料的真实准确性。

2. 地铁线路规划

在线路规划时，根据管线的重要性、破坏后的严重性确定管线的合理位置，如果条件允许，在管线规划时应尽可能避免那些变形控制非常严格的管线，以确保其安全运行。如果线路规划时，不可避免地穿越这些管线时，应考虑迁移管线。对于那些可以绕道的管线应该考虑将其永久改迁，以确保其安全；而对于那些改迁后会对该管线原有功能产生较大影响的应考虑临时改迁，待施工完成后再将其改迁到原来的位置。

对于那些管线无法改迁且地铁线路又无法避免穿越该区域的，在规划设计时，规划设计单位、业主单位应该会集施工单位、管线归属单位共同制定管线保护措施、制定科学、合理的地铁施工方案，提高各单位参与人员的管线保护意识，提高相关管理人员的技术水平；加强对相关操作人员进行技术培训，不断提高自己的专业水平与安全施工技术；建立健全相关的安全生产责任制度，使相关施工和管理人员都能够明确自身在管线施工安全方面的责任，并制定相关的奖惩措施。

3. 制定管线变形控制标准

城市中地下管线的种类很多，管线材料也多种多样，管线的接口形式，管线的功能等也各不相同，管线破坏后的影响程度也各不相同，因此在地铁线路规划时，应根据不同的管线材料、管线功能等具体情况，同有关部门制定好相应管线的技术保护措施、编制相应的施工流程，以确保管线的安全。

4. 组织协调

在地铁线路规划时，业主单位应该做好地铁线路规划设计单位、施工单位、监理单位、管线所属单位等相关单位的协调工作，各单位之间应该相互配合，建立协调组织机构，做好组织协调工作，共同制定管线保护目标，以确保管线的安全。

7.4.2　施工阶段减控技术

施工阶段管线保护技术是否有效决定着管线的安全程度，因此在施工阶段时应制定有效的管线保护技术措施。在城市地铁施工时对管线的保护应该从控制变形和荷载这两方面入手，并采取相应的措施。

1. 明挖法(盖挖法)施工管线保护措施

明挖法是地铁车站、盾构始发井施工中最常采用的一种施工方法。明挖法(盖挖法)需要开挖大量的土石方，将导致周围土体产生变形，在这种情况下，很有必要制定管线保护措施。

1) 管线的改迁

城市中各种各样的管线都是城市存在与发展所必需的，这些管线的安全运营对城市居民生活有重要的意义，因此在城市地铁施工时应做好这些管线的保护工作。地铁线路不能绕开管线所在区域时，在地铁施工之前应该做好管线的改迁工作，管线的改迁可分为永久改迁和临时改迁两种形式，对于改迁后不影响使用的管线可以做永久改迁，以确保管线的安全。而对于那些改迁后会增加运营成本或改迁后会影响其功能的，应该采用临时改迁，待主体结构施工后回填土压实稳定后再将其改迁到原来的位置。

2) 隔离法

如果管线位于明挖(盖挖)施工区域以外，且离基坑边缘比较近，管线改迁比较麻烦或费用比较大，可在地铁施工前，在基坑的周边采用钢板桩、深层搅拌桩、地下连续墙、排桩等支护方式，同时在支护结构上施作内支撑或拉锚结构，以减小围护结构的变形，从而减小周围土体的变形，进而减小对邻近管线的变形影响。

3) 悬吊法

当地铁线路不可避免地需要使用明挖法(盖挖法)施工时，而管线又不适合改迁或改迁的成本比较高时，可以采用悬吊法来保护管线。

在基坑开挖时，保护装置将管线保护起来，同时将保护装置固定于基坑围护结构上，在基坑施工时对固定装置的变形情况进行实时监测，如果管线保护装置的变形超过其预警值，应采取布置措施，加强支护结构刚度，以确保管线的安全。

4) 合理地选择施工工艺

基坑施工时，基坑围护结构变形的大小与施工工艺有重要的关系。一次开挖深度越深、支护结构强度越低，基坑的围护结构变形就越大，周围的土体变形也会随之增大，而一次基坑开挖深度过小、基坑围护结构刚度过大，基坑围护结构的变形就较小，但其成本将会增加。因此，在基坑施工时，选择合理的施工工艺与施工参数具有重要的意义。

5) 信息化施工

信息化施工在现代的土木工程中具有重要的意义，它是通过施工过程中得到的监测数据反馈到设计中，不断地调整设计、施工参数，进而获得最佳的设计参数、施工方案等。因此，在明挖(盖挖)施工过程中，及时监测管线的变形，不断调整支护结构参数、施工方案具有重要的意义。

2. 暗挖施工管线保护措施

1) 管线的改迁

对于那些改迁费用不是很高但是对变形有特别要求的管线，在地铁施工前应进行改迁。

2) 隔离法

当地下管线位于隧道开挖断面范围以外时，需要在地铁隧道施工前设置隔离体限制管线周围地层的位移，从而减小对管线的影响。隔离体一般为钢板桩、树根桩、深层搅拌桩、地下连续墙等支护。

当然，在管线埋深比较小、开挖又比较容易的特殊情况下，可以采用设置隔离槽的方式减小管线变形。即在地铁隧道施工前，掏空管线周围的土体，形成隔离槽，然后将管线悬吊在稳定的结构上。

3) 超前加固法

在地铁隧道暗挖施工前，预先对地层进行超前预加固，将原来松散的地层加固成一个整体，从而提高地层的自稳能力，减少因隧道开挖而产生的土体塌陷或地层产生较大的变形，从而可以减小管线所在地层的变形，进而起到保护管线的作用。

4) 土体加固法

隧道施工时，为防止由于土体的超挖和坍塌而导致的地面沉降，可以对地层进行注浆加固。施工前一般对地下管线与施工区之间的地层进行注浆加固；施工后一般对管壁松散地层和空隙进行注浆充填加固。也可用旋喷法、深层搅拌法、分层注浆法加固管线周围的土体，以保护邻近地下管线。

5) 卸载法

在地铁暗挖施工期间，将管线上方所覆地层挖除，卸去管线周围的土体，尤其是上部的荷载，或者通过设置卸荷板等方式，使作用在管线及周围土体上的荷载减弱，以减少土体的变形和管线的受力，达到保护管线的目的。

6) 加强壁后注浆，减少超挖

地铁隧道暗挖施工时，不可避免地会产生超挖，超挖后如果回填不密实，将会给土体变形留下一定的变形空间，从而使地层的变形增大，因此在暗挖施工时应尽可能减小超挖，超挖后应及时回填，加强衬砌壁后注浆，减小壁后间隙的存在，减小地层变形量，以达到管线保护的目的。

7) 支撑法

当土体产生较大沉降而使管线悬空时，可沿线设置若干支撑点来支撑管线。支撑体可以是临时的，如打设支撑桩、砌支墩等，设置时要考虑拆除时的方便与安全；支撑体也可以是永久的，一般结合永久性建筑物进行设置。

8) 及时支护

隧道暗挖施工后，土体会产生应力释放，隧道周围的土体因为有了临空面而产生向隧道内的变形。随着时间的推移，隧道周围地层的变形逐渐由隧道周围扩散到其他部位，支护时间越长，扩散的范围越大，产生变形的地层范围也就越大。因此，隧道暗挖施工后，应及时支护，可以减小隧道周边地层的变形，进而减小对管线的影响，以达到保护管线的目的。

9) 管线加固

通过改善、加固原管线材料、接头方式，设置伸缩节等措施，增大管线的抗变形能力，以确保土体位移时不丧失其使用功能。

10) 信息化施工

在暗挖施工过程中，对隧道支护结构、地表变形、管线变形等进行实时监测，通过对监测数据的分析，及时掌握管线的变形情况，进而不断调整设计和施工参数，将管线的变形控制在其允许范围内。

3. 盾构施工管线保护措施

1) 管线的改迁

对于管线变形有非常要求的，而改迁的费用不是很高的管线，在地铁施工前应给予改迁。

2) 隔离法

如果地下管线位于隧道开挖断面范围以外，在地铁隧道施工前，可以在隧道与管线之间设置钢板桩、树根桩、深层搅拌桩、地下连续墙等支护方式形成隔离体，限制管线周围地层的位移，从而减小对管线的影响。

如果管线的埋深比较小，而开挖比较容易，可以在地铁隧道施工前，将管线周围的土体掏空，形成一个隔离槽，将管线悬吊在稳定的结构上，以减小其变形。

3) 合理设置土仓压力，平稳推进

盾构施工时，为了保证开挖面不产生塌陷，一般需要设置一定的附加土仓压力，土仓压力如果过小，地层会产生沉降，而土仓压力如果过大，地层将会产生隆起，因此在盾构施工时，为了防止管线发生破坏，应设置合理的土仓压力，并实时监测管线的变形情况，不断调整土仓压力的大小。

盾构下穿管线施工时，应确保盾构机平稳地推进，严格控制推进方向的精确度，尽量减小纠偏的次数与位移量，从而减少对周围地层的扰动，减小由于纠偏而产生的固结变形量。

4) 加强同步注浆，严格控制注浆量

盾构下穿或旁穿管线施工时，为了减小管线的变形量，应选取合理的浆液，加强同步注浆，并严格控制注浆量。

同步注浆浆液选取标准如下：①充填性好，能够填满壁后间隙；②浆液流动性好、离析少，能在壁后间隙中自由流动；③浆液不能被地下水稀释；④早期强度均匀，强度与原状土相当；⑤硬化后的体积收缩和渗透系数小。

在注浆过程中应严格控制注浆压力与注浆量，其控制标准如下：每环的注浆量一般为建筑空隙的 150%～200%，注浆压力控制在 0.20～0.3MPa。

5) 环箍补浆(多次补浆)

在盾构施工过程中，当盾构脱离管片时，应加强对管片的壁后二次补浆或多次补浆，而补浆量为一般是同步注浆量的 30%，补浆时应采用低压、少量、多次注浆的方式进行。二(多)次补浆及环箍补浆如图 7.7～图 7.9 所示。

6) 加强施工管理，保证盾构下穿管线时连续施工

大量的地表沉降是由于盾构机长时间停止施工，同时又没有合理的保护掌子面稳定的技术措施，而在盾构施工过程中难免出现机械故障。因此，在盾构下穿管线施工时，对盾构机进行全面的检查，以确保盾构下穿管线施工时能够连续施工，从而减少由于停工而导致较大量值的沉降使管线发生破坏。

7) 信息化施工

在盾构下穿或旁穿管线施工时，为了将管线的变形控制在其允许范围内，应实时监测隧道支护结构、地表变形、管线变形、注浆工艺等环节，掌握管线实时

变形情况，进而不断地调整设计和施工参数。

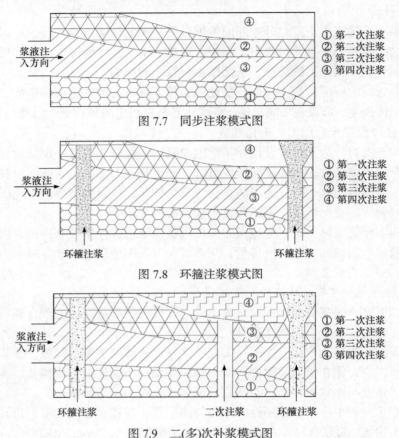

图 7.7　同步注浆模式图

图 7.8　环箍注浆模式图

图 7.9　二(多)次补浆模式图

7.4.3　不同安全风险等级对应的地下管线变形减控技术

　　综上所述，地铁隧道施工对邻近管线变形的影响因素有很多，但每个因素对其影响的程度是不同的，因此本章采用模糊综合评判法将西安地铁区间隧道施工对其邻近管线的变形影响等级划分为五级，针对不同安全风险等级的地下管线需要采取不同的保护措施，具体见表 7.8。

表 7.8　不同安全风险等级对应的地下管线变形减控技术

管线安全风险等级	变形减控技术
I (最大危险)	特殊保护。施工前，采用卸载法减小管线周围荷载，同时对管线及隧道之间的地层进行注浆加固、隔离加固、加强壁后注浆或环箍补浆等以限制管线周围地层的位移；施工中严格控制施工参数，加强监测频率，确保信息化施工

续表

管线安全风险等级	变形减控技术
Ⅱ(比较危险)	重点保护。施工前，清除管线周围附加荷载，对管线及隧道之间的地层进行加固或采用支撑法固定管线；施工中加强施工参数的控制，严格控制监测频率，确保信息化施工
Ⅲ(危险)	一般保护。施工前，可根据需要采取一般性措施对管线周围地层进行加固；施工中控制施工参数，注意管线的监测
Ⅳ(基本安全)	简单保护。仅需在施工中采取一般性保护措施，管线的监测要求不高
Ⅴ(安全)	不需保护。仅在施工中适当对管线进行监测

7.5　小　　结

本章结合西安地铁隧道施工的实际，参考国家和行业有关规范，开展了西安地铁隧道施工地表沉降控制标准研究，进行了盾构隧道引起邻近建筑物变形的减控技术分析，制定了地下管线控制标准，提出了地铁隧道施工引起地下管线变形的减控技术，具体如下。

(1) 提出地表沉降控制标准及其确定方法，地表沉降控制标准值随工程条件不同而不同。针对具体工程，需通过类比和计算相结合的办法找出相应的控制标准值。

(2) 提出建筑物变形控制指标的确定方法，针对受盾构施工扰动下安全影响等级为Ⅰ级、Ⅱ级和Ⅲ级的建筑物，提出了盾构隧道穿越邻近建筑物应采取的控制措施。

(3) 针对地铁隧道施工对地下管线的变形影响所划分的五个等级，提出了相应的管线沉降、管线应变、管线接头转角与脱开值控制标准。

(4) 针对地铁规划阶段和地铁施工阶段，提出了不同安全风险等级对应的地下管线保护措施。

第 8 章 工 程 应 用

本章结合西安地铁 2 号线北大街—南门区间盾构隧道施工旁穿钟楼安全施工技术、西安地铁 2 号线二期航天城—韦曲南站区间隧道盾构施工旁穿建筑物变形减控技术、西安地铁 3 号线通化门—胡家庙区间盾构段施工对管线的变形减控技术、西安地铁 3 号线通化门—胡家庙区间矿山法隧道段施工对地下管线的变形减控技术等四个工程项目对西安地铁隧道施工灾害减控技术进行工程应用研究。

8.1 盾构施工引起的西安钟楼变形减控技术研究

8.1.1 钟楼简介

钟楼处于西安市中心，在东西南北四条大街的交会处，是西安标志性建筑物，始建于明洪武十七年(1384 年)，位于西大街、广济街口。在明神宗万历十年(1582 年)，钟楼整体向东搬迁了约 1000m，即现在所处位置。

钟楼是典型的明代重檐三滴水四角攒尖木结构建筑，建筑基座为正方形，高 8.6m，宽 35.5m，砖表土芯，四面正中各有高、宽 6m 的券形门洞，与四条大街相互贯穿并分别与明城墙东南西北四门相接。钟楼从地面至金顶通高 36m，基座上面有四面空透的圆柱回廊，楼分两层，重檐三层，屋顶覆以绿琉璃瓦，楼体为木质结构。钟楼金顶为金箔薄顶。一层大厅，面阔七间，进深三间，大厅四面有门，周为平台，顶有方格彩画藻井。由第一层大厅内东南角扶梯，可盘旋登上四面有木隔扇门和直通外面回廊的二层大厅。二层梁架结构，采取砌上明造，用通柱，攒尖顶采用抹角梁和井口枋，梁柱节点有宋元做法痕迹。

8.1.2 钟楼工程水文地质

1. 工程地质

钟楼地基下地层结构自上而下为：杂填土，厚度为 1～5m；素填土，厚度为 1～5m；新黄土，厚度为 0.5～1.5m；饱和软黄土，厚度为 2～2.5m；新黄土，厚度为 0.5～1.5m；古土壤，厚度为 2.5～3m；老黄土，厚度为 5～6m；

中砂，厚度为 0.5m；粉质黏土，厚度为 5~6m。区间盾构隧道位于古土壤和老黄土层内。

2. 水文地质

西安钟楼地下水位埋深 12.7~13m，属潜水层，水位标高为 398.00m 左右。钟楼基础剖面图如图 8.1 所示。

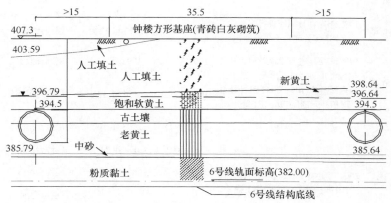

图 8.1 钟楼基础剖面图(单位：m)

8.1.3 钟楼历年沉降规律调查与分析

西安市文物局从 20 世纪 80 年代开始分阶段对钟楼进行变形监测工作，为了解钟楼的变形情况、分析变形规律积累了可靠的沉降观测资料。钟楼沉降观测点平面布置如图 8.2 所示。钟楼历史修缮记录和沉降观测记录见表 8.1。

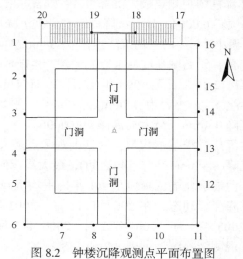

图 8.2 钟楼沉降观测点平面布置图

表 8.1　钟楼历史修缮记录和沉降观测记录

时间阶段	历史修缮记录	沉降观测记录	观测目标	观测周期
1949 年之前	清乾隆年间进行了大的修缮	—	—	—
1951~1960 年	1953 年对钟楼进行了较大规模修整	—	—	—
1961~1970 年	—	—	—	—
1971~1980 年	—	—	—	—
1981~1990 年	1983 年对钟楼屋面进行了翻修，1985 年修建地下人行通道	1985 年 7 月~1990 年 12 月	一层楼台沉降	5 年
1991~2000 年	1990 年决定进行全面整修，1995 年对宝顶、栏杆、地墁、踏步进行全面整修(1994 年 12 月钟楼东南角开元商城基坑施工降水)	1991 年 11 月~1992 年 11 月	二层廊柱倾斜	1 年
		1994 年 12 月~1998 年 12 月	一层楼台沉降	4 年
		2002 年 11 月~2003 年 10 月	一层楼台沉降	1 年
		2004 年 2 月~2004 年 11 月	一层楼台沉降	1 年
2001~2007 年	2004 年更换屋面、顶层飞橼，接补残损物件，彩绘等工程	2005 年 4 月~2006 年 2 月	一层楼台沉降	1 年
		2006 年 5 月~2007 年 2 月	一层楼台沉降、二层廊柱基础沉降、二层楼体沉降	1 年

　　根据表 8.1 可知，1983~1985 年的维修导致钟楼发生较大沉降。根据沉降观测结果，在 1985~1990 年，钟楼沉降过程基本均匀，台基上观测点最大沉降量 23.2mm，台基上楼体和柱的观测点最大沉降量 19.2mm。相邻两点最大不均匀沉降 2.9mm，最大局部倾斜 0.0004；楼上沉降规律与台基沉降规律一致；西南角沉降最大，东北角沉降偏小；5 年内平均沉降速率 0.008mm/d。

　　1994 年钟楼东南角开元商城基坑降水造成钟楼产生新的较大沉降。根据沉降观测结果，在 1994 年 12 月 2 日至 1998 年 12 月 25 日(4 年)内，钟楼台基最大沉降量 7.6mm(东 13#点)，最小者为 0.8mm(北 17#点)，平均沉降量 3.5mm。相邻两点最大不均匀沉降 4.4mm，最大局部倾斜 0.0006。

　　总体而言，钟楼沉降过程基本均匀，台基上观测点最大沉降量 7.6mm，相邻两点最大不均匀沉降 4.4mm(13#与 14#之间)，最大局部倾斜 0.0006；台基东端、南端沉降较大，西端、北端沉降偏小；4 年内平均沉降速率 0.0024mm/d。为了随时掌握钟楼沉降变形动态，在 2002 年 11 月~2003 年 10 月、2004 年 2 月~2004 年 11 月、2005 年 4 月~2006 年 2 月、2006 年 5 月~2007 年 2 月对钟楼进行了多次观测。观测结果统计见表 8.2 和表 8.3。

表 8.2　2002 年以来钟楼历年变形资料统计表

| 观测时间 | 观测目标 | 变形量/mm | | | 平均变形速率/(mm/d) | 最大局部倾斜 | |
		最大	最小	平均		相邻两点最大不均匀变形/mm	相邻两点最大倾斜
2002 年 11 月 14 日～ 2003 年 10 月 23 日	一层楼台	−1.1(16#)	−0.1(7#)	−0.71	−0.002	0.6(1#与 2#)	0.0009
2004 年 2 月 11 日～ 2004 年 11 月 16 日	一层楼台	−0.7(8#、11#、20#)	−0.1(3#、17#)	−0.47	−0.001	0.4(16#与 17#)	0.0007
2005 年 4 月 6 日～ 2006 年 2 月 7 日	一层楼台	+1.7(6#)	+0.1(12#)	+0.6	+0.001	1.4(6#与 7#)	0.0002
2006 年 5 月 16 日～ 2007 年 2 月 27 日	一层楼台	−0.7(9#)	−0.1(1#)	−0.11	−0.0003	0.7(1#与 2#)	0.0001

注：不含 5#、10#、15#点。

表 8.3　2002 年以来钟楼累计变形一览表

| 观测时间 | 观测目标 | 变形量/mm | | | 平均变形速率/(mm/d) | 最大局部倾斜 | |
		最大	最小	平均		相邻两点最大不均匀变形/mm	相邻两点最大倾斜
2002 年 11 月 14 日～ 2004 年 11 月 16 日	一层楼台	−1.7(20#)	−0.2(4#)	−0.74	−0.001	0.7(1#与 2#之间)	0.0001
2002 年 11 月 14 日～ 2006 年 2 月 7 日	一层楼台	−2.4(20#)	−0.7(3#)	−1.28	−0.001	0.8(1#与 2#之间)	0.0001
2002 年 11 月 14 日～ 2007 年 2 月 27 日	一层楼台	−1.88(9#)	+0.07(17#)	−0.93	−0.0006	0.8(1#与 2#之间)	0.0001

注：不含 5#、10#、15#点。

根据沉降观测结果，在 2002 年 11 月 14 日～2007 年 2 月 27 日，钟楼楼台最大沉降量 2.4mm（北 20#点），最小者为 0.2mm（西 4#点），平均沉降量 0.93mm。相邻两点最大不均匀沉降 0.8mm，最大局部倾斜 0.0001。钟楼呈现均匀沉降，其间的平均沉降速率为 0.0006mm/d。一层楼台观测点的最大沉降量为 1.88mm，相邻两个点的最大不均匀沉降为 0.8mm，局部最大倾斜为 0.0001；台基东端、南端、西北角点沉降较西端、北端沉降大。

根据沉降观测资料，钟楼自有观测记录以来，新增沉降多发生在自身荷载变化、周边地质情况改变后。对比历年来沉降原因与沉降结果，见表 8.4。

表 8.4　钟楼沉降观测结果对比分析表

新增沉降直接原因	台基上观测点最大沉降量/mm	相邻两点最大差异沉降/mm	最大局部倾斜	平均沉降速率/(mm/d)	观测时间/a
1983 年翻修了钟楼屋面，1985 年修建地下人行通道	−23.2	2.9	0.0004	0.008	5
1994 年 12 月钟楼东南角开元商城基坑施工降水	−7.6	4.4	0.0006	0.0024	4
2004 年更换屋面、顶层飞椽，接补残损物件，彩绘等工程	−1.88	0.8	0.0001	0.0006	4

由表 8.4 可得以下结论。

(1) 钟楼在其自身修缮引起荷载变化等工程影响下，产生的沉降基本均匀，沉降速率缓慢，不均匀沉降较小。

(2) 开元商城基坑施工降水诱发钟楼产生不均匀沉降，相邻两点产生的最大局部倾斜为 0.0006，是钟楼有数据记载以来在其固结稳定后增加的最大不均匀沉降，但其平均沉降速率较小，为 0.0024mm/d。

8.1.4　地铁穿越钟楼地区 FLAC 模型的建立

1. 模拟区域的选取

根据对地铁线路走向与钟楼之间关系的调研可知，右线线路中心与钟楼基座最小距离为 16.25m，左线线路中心离钟楼基座最近为 16.9m，此处隧道拱顶埋深为 12.82m，隧道穿越钟楼时，左右线分别以半径 600m 分开绕行。地铁线路与钟楼关系如图 8.3 所示。

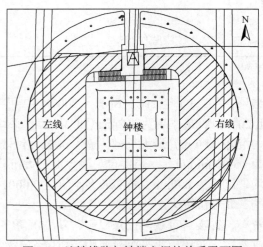

图 8.3　地铁线路与钟楼之间的关系平面图

　　计算模型截取范围通常为隧道两侧各取 3～5 倍隧道开挖洞径(18～30m)，在本次模拟中取 26m，则根据地铁隧道与钟楼的关系，选取模拟区域为：水平方向以钟楼轴线为中心，左右两侧各取 60m，进深方向以钟楼轴线为中心，前后两侧各取 36m，埋深方向取从地面往下 36m，则模拟区域为 120m × 72m × 36m。

　　本节在数值模拟计算中选取的区域如图 8.4 所示。

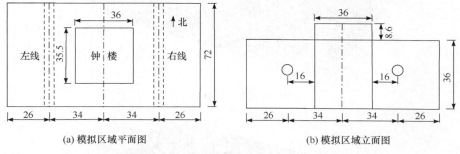

(a) 模拟区域平面图　　　　　　　　　　(b) 模拟区域立面图

图 8.4　FLAC3D 模拟区域图(单位：m)

2. 模型建立与单元剖分

　　地铁隧道以半径 600m 绕行钟楼，在建模时为了方便，隧道按直线穿越钟楼来考虑。同时，钟楼主体结构以静荷载的形式作用在钟楼基础上，游客以活荷载的形式作用在基础上，也出于建模方便考虑，将两者的荷载组合按静载来考虑，荷载的大小及分布情况如图 8.5 所示。钟楼周围地面荷载按 20kPa 来考虑。为了计算结果能准确地反映出隧道盾构开挖引起的钟楼变形与隧道周围土体的变形情况，在隧道周围、地表 4m 范围内及钟楼基础网格划分比较密集，其他区域网格划分相对稀疏，整个模型共有 124056 个单元，138749 个节点，具体情况如图 8.6 所示。

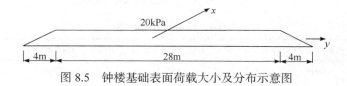

图 8.5　钟楼基础表面荷载大小及分布示意图

3. 计算参数

1) 地层参数
在本书的数值模拟计算中，地层力学参数详见表 8.5。

(a) 未加固时FLAC3D计算模型

(b) 预加固时FLAC3D计算模型

图 8.6　盾构穿越钟楼施工 FLAC3D 计算模型(单位：m)

图中 1、2、3、4、5 代表剖面符号及相应的位置

表 8.5　地层计算参数表

地层名称	密度/(kg/m³)	体积模量/MPa	剪切模量/MPa	黏聚力/kPa	内摩擦角/(°)	泊松比	层厚/m
钟楼基础	1900	2875	2156	900	26.6	0.20	8
素填土	1780	7.80	3.60	14.5	19.5	0.28	4
新黄土	1870	4.90	2.30	24.0	16.0	0.30	4
古土壤	2010	7.80	3.60	26.0	17.0	0.30	4
老黄土	2010	8.80	4.10	28.0	17.0	0.30	12
粉质黏土	2050	10.7	5.00	35.0	18.0	0.30	12

2) 等代层参数

地铁隧道盾构开挖后, 由于超挖等原因, 管片拼装后, 管片与土体之间有空隙, 为了减小空隙以减小应力释放引起的地表沉降, 必须对管片壁后进行注浆, 注浆材料与周围的土体形成具有一定强度的混合材料。在本书中, 将壁后注浆按等代层来考虑, 同时认为等代层是一种弹性材料。

等代层的厚度可按式(8.1)取为

$$\delta = \eta \ddot{A} \tag{8.1}$$

式中, $\ddot{A}$ 为计算的盾尾空隙, 即盾构外径与衬砌外径之间差值的一半(m); η 为系数, 根据工程经验, 取值范围为 0.7～2.0, 对于硬土层, 可取其下限, 对于极软的土层, 可取其上限。对不同土质中的盾构法隧道而言, η 值一般可取为: 硬黏土 0.7～0.9; 密砂 0.9～1.3; 松砂 1.3～1.8; 软黏土 1.6～2.0。

结合上述经验理论, 本例中等代层厚度取为 7cm。衬砌管片及等代层参数详见表 8.6。

表 8.6 地铁穿越钟楼 FLAC 模型管片、等代层计算参数表

名称	密度/(kg/m³)	体积模量/MPa	剪切模量/MPa	厚度/cm
管片	2500	16.7	12.5	30
等代层	2200	11.5	9.5	7

8.1.5 地铁穿越钟楼地区 FLAC 模拟结果分析

1. 计算工况

在本节的模拟计算中, 共采取以下两种工况, 分别计算并加以对比研究。

工况 1: 在没有采取加固措施的条件下, 先开挖右线隧道, 然后再进行左线隧道的开挖, 开挖后进行衬砌管片的拼装及壁后注浆, 进行地表及钟楼基础变形监测。

工况 2: 在距钟楼基础四周 8m 处, 采用 ϕ1000@1300 钻孔灌注排桩进行预加固, 达到设计强度后再进行隧道盾构开挖, 开挖时先开挖右线隧道, 然后再进行左线隧道的开挖, 开挖后进行衬砌管片的拼装及壁后注浆, 进行地表及钟楼基础变形监测。

2. 计算结果与分析

在本节模拟计算中, 根据隧道的开挖进度, 分别对没有采用钻孔灌注桩加固与采用钻孔灌注桩进行预加固两种工况引起的地层及钟楼变形进行对比分析。以

下变形曲线为左右隧道均贯通后累计变形情况。

1) 地表变形分析

(1) 地表沿 1-1 剖面处变形曲线。

从图 8.7 变形曲线对比图可以看出，采取预加固后地表变形减小，在隧道轴线±10m 范围内，地表变形减小非常明显，隧道轴线上地表最大沉降量从 7.86cm 减小到 4.07cm，钟楼基础范围内的地表最大沉降量从 1.53cm 减小到 0.46cm，钟楼基础的最大沉降量小于其允许的沉降量(5mm)，从加固效果来看，预加固后进行隧道盾构施工引起的地表变形是不会对钟楼产生破坏的。

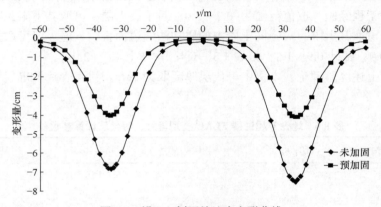

图 8.7　沿 1-1 剖面处地表变形曲线

(2) 沿 2-2 剖面处变形曲线。

根据 FLAC 计算结果可知，2-2 剖面钟楼基础部分在加固区域以内，钻孔灌注桩隔断了钟楼基础与盾构开挖区域的影响范围。从图 8.8 地表变形曲线对比分析可以看出，预加固以后地表变形减小明显，左侧距钟楼中轴线 26m 处沉降量由未加固时的 4.449cm 减小到 1.842cm，右线隧道轴线处的最大沉降量由 7.718cm 减小到 4.099cm，左线隧道轴线处的最大沉降量由 6.950cm 减小到 4.061cm。从图 8.8 可以看出，地表的沉降量减小量在加固这一侧比没有加固一侧大。

(3) 沿 3-3 剖面处变形曲线。

3-3 剖面刚好处于钟楼基础东西向中心轴线处，如果地表的变形过大，将会影响钟楼基础门洞的安全稳定。从图 8.9 地表变形曲线来看，未加固时钟楼基础边缘最大沉降量达到了 1.39cm，预加固后沉降量仅为 0.45cm。由此可见，预加固后能满足钟楼基础对变形的要求。

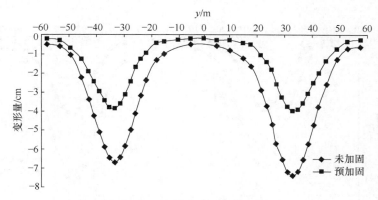

图 8.8 沿 2-2 剖面处地表变形曲线

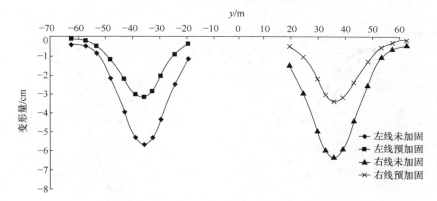

图 8.9 沿 3-3 剖面处地表变形曲线

(4) 沿 4-4 剖面处变形曲线。

4-4 剖面刚好处于钟楼北立面基础边缘。由图 8.10 可以看出，未加固时基础边缘最大沉降量超出了控制范围 1.05cm，预加固以后达到了允许变形范围之内，最大沉降量为 0.278cm。预加固后进行隧道开挖，钟楼基础发生不均匀沉降明显小于未加固时隧道施工引起的沉降，这说明预加固对钟楼的保护是有利的。从图 8.10 可以看出，由于预加固的作用，预加固区域以外的地表沉降也明显减小，这对控制地表沉降也是十分有利的。

(5) 沿 5-5 剖面处变形曲线。

5-5 剖面位于加固范围以外 2m 处，从图 8.11 地表变形曲线来看，地表最大沉降均发生在隧道轴线上，右侧沉降量比较大是右侧隧道先行开挖的结果。未加固时，右侧最大沉降量为7.07cm，左侧最大沉降量为6.49cm；而预加固后，右侧最大沉降量为 3.753cm，左侧最大沉降量为 3.619cm，这说明了加固效果还是很明显的。

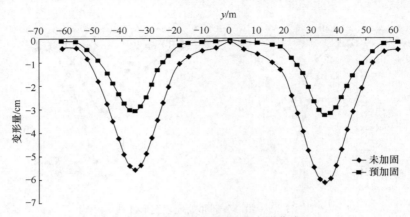

图 8.10　沿 4-4 剖面处地表变形曲线

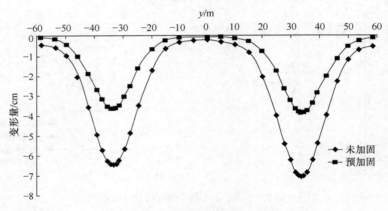

图 8.11　沿 5-5 剖面处地表变形曲线

2) 钟楼基础变形分析

从图 8.12 钟楼基础地表变形曲线来看,没有采取预加固时最大沉降发生在 11 号监测点,其沉降量为 1.12cm,最小沉降发生在 20 号监测点,其沉降量为 0.57cm,从地表监测数据来看,不采取加固措施显然不能满足对钟楼变形控制的要求。采取钻孔灌注桩对钟楼进行加固后再进行盾构施工时,地表的最大沉降发生在监测点 11 号,其沉降量为 0.36cm,最小沉降发生在 20 号监测点,其沉降量为 0.16cm。从图 8.12 来看,预加固后不仅使得沉降明显减小,而且使变形曲线变得比较平缓,这对于钟楼保护是有利的。

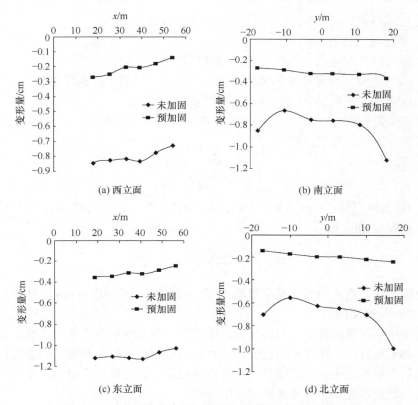

图 8.12 未加固与预加固盾构施工钟楼基础地表变形曲线

8.1.6 盾构穿越钟楼地区施工技术措施

从 8.1.4 节数值模拟计算可以看出,如果在盾构穿越钟楼施工前没有对钟楼基础进行预加固,由于施工对地层的扰动、管片拼装后壁后注浆不饱满、盾构正面附加推力不合理等原因可能产生超过安全限度的地表变形,会对钟楼产生破坏,现提出盾构穿越钟楼施工时的有关技术措施,以保证钟楼的安全。

(1) 合理设置土压力,防止超挖。

在盾构推进的过程中,根据监测数据及时调整正面附加推力,控制合适的推进速度等参数,防止超挖,以减少对土体的扰动。钟楼段隧道埋深 15～17m,根据计算和以往施工经验土压力控制在 0.18～0.20MPa,并根据施工情况调整。

(2) 盾构穿越钟楼时,降低推进速度,保证平稳推进,严格控制盾构推进方向,减少纠偏,特别是大量值纠偏。

(3) 穿越期间加强同步注浆,并确保注浆量。

①背后注浆浆液选择标准。

a. 充填性好，并不流窜到盾尾空隙以外的其他领域。

b. 浆液流动性好、离析少。

c. 浆液注入时应具备不受地下水稀释的特性。

d. 背后注浆后，希望早期强度均匀，其数值与原状土的强度相当。

e. 浆液硬化后的体积收缩和渗透系数要小。

②注浆量控制。

每推进一环的建筑空隙为

$$V = \frac{\pi(D_1^2 - D_2^2)L}{4} \tag{8.2}$$

式中，D_1 为盾构外径，此处取 6.16m；D_2 为管片外径，此处取 6m；L 为管片宽度，此处取 1.5m。则

$$V = \frac{\pi(D_1^2 - D_2^2)L}{4} = 2.3\text{m}^3$$

每环的压浆量一般为建筑空隙的 150%～200%，即 3.4～4.6m³，注浆压力控制在 0.20～0.30MPa。

同步注浆时要求在压入口的压力大于该点的静止水压及土压力之和，做到尽量填补而不是劈裂。注浆压力过大，管片外的地层将会被浆液扰动而造成较大的后期地层变形及隧道本身的变形，并易造成跑浆。而注浆压力过小，浆液填充速度过慢，填充不充足，也会使地表变形增大。

(4) 加强施工过程管理，确保盾构连续穿越。

盾构推进过程中长时间的停机易造成地面大量的变形，为了确保 24h 连续推进，在穿越前对盾构机及其他辅助设备进行一次全面的彻底检修。

(5) 在盾构推进阶段，对盾构的各个工艺流程尤其是注浆工艺进行 24h 监控，及时记录实际发生的各项数据。

(6) 盾构机进入穿越区前，尽量将盾构姿态调整至最佳，严格控制盾构的轴线和纠偏量，纠偏坡度控制在 ±1‰ 以内，平面偏差控制在 15mm 以内，每次纠偏量不得超过 5mm。

8.1.7　实测地表变形与数值计算对比分析

1. 盾构施工监测目的

(1) 通过对监测数据的分析、处理，掌握隧道和周边地层稳定性、变化规律，为确认或修改设计和施工参数、减少地表和土体变形提供依据。

(2) 以信息化施工、动态管理为目的，通过监控量测了解施工方法和施工手段的科学性及合理性，以便及时调整施工方法，保证施工安全。

(3) 根据监测结果，预测下一步的地表和土体变形，以及对周围建筑物及其他设施的影响，为采取合理的保护措施提供依据。

(4) 检查施工引起的地面变形和隧道变形是否达到控制要求。

(5) 控制地面变形和水平位移及其对周围建筑物的影响，以减少工程保护费用。

(6) 建立预警机制，保证工程安全，避免结构和环境安全事故造成工程总造价增加。

(7) 为研究岩土性质、地下水条件、施工方法与地表变形和土体变形的关系积累数据，为改进设计提供依据，为类似工程提供经验参考。

(8) 发生工程环境责任事故时，为仲裁提供具有法律意义的数据。

2. 监测内容及方法

1) 钟楼裂缝观测

发生不均匀变形时在主体结构或附属结构上可能产生裂缝，因此在开挖前要对钟楼的裂缝情况进行调查，在开挖时要对周边有影响的建筑进行裂缝观测。

裂缝观测应测定钟楼上的裂缝分布位置和裂缝的走向、长度、宽度及变化情况。对需要观测的裂缝要统一进行编号，每条裂缝应至少布设两组观测标志，其中一组应在裂缝的最宽处，另一组在裂缝的末端，每组使用两个对应的标志，分别设在裂缝的两侧。裂缝观测标志应具有可供量测的明晰的断面，裂缝宽度数据根据《建筑变形测量规范》(JGJ 8—2016)应量至 0.1mm，每次观测应绘出位置、形状和尺寸。本方案采用裂缝观测仪，将裂缝放大 40 倍后观测，精度 0.05mm。如图 8.13 所示。

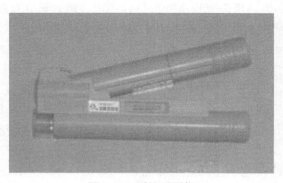

图 8.13 裂缝观测仪

2) 钟楼倾斜观测

钟楼主体倾斜观测应测定钟楼顶部观测点相对于底部固定点或上层相对于下层观测点的倾斜率、倾斜方向。钟楼测斜监测点的布置方法如下：用冲击钻在钟楼基础或墙上钻孔，然后放入长 200～300mm、直径 20～30mm 的半圆头弯曲钢筋，四周用水泥砂浆填实。测点的埋设高度应方便观测，对测点应采取保护措施，避免在施工过程中受到破坏。周围用红油漆做标记，并用红油漆编号做出观测标志，如图 8.14 所示。

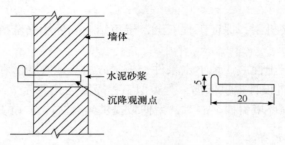

图 8.14　钟楼测点埋设示意图(单位：cm)

钟楼的倾斜通过基础的差异变形来间接确定。倾斜率 α 的计算式为

$$\alpha = \frac{S_a - S_b}{L} \tag{8.3}$$

式中，S_a、S_b 分别为基础或构件倾斜方向 A、B 两点的变形量(mm)；L 为 A、B 两点间的距离。

3) 地表变形监测

经现场调查，周边路面为硬化路面，路面下土体沉降时路面不会马上沉降，随着时间的推移路面才会沉降，因此变形点不能简单地布设在路面上，要在路面打孔，埋设套管，套管内放置钢筋测点，管周及套管与钢筋测点之间灌注细砂，钢筋测杆较套管高，高出部分根据变形估计预留，地表至套管设置观测槽，槽深预设 150mm，观测槽顶部用金属盖封闭，确保测点准确及正常交通。量测时打开金属盖，将铟钢尺放进观测槽内，量测完毕后盖好，如图 8.15 所示。

3. 监测方案设计

1) 监测点布置图

钟楼基础变形及倾斜监测点布置如图 8.16 所示，地表变形监测点布置如图 8.17 所示。

由图可知，钟楼基础监测点的布置位置如图 8.16 所示，在现场布置时，在基础顶面和底面相应位置处分别布置上监测点和下监测点，编号分别为 x 上、x 下。

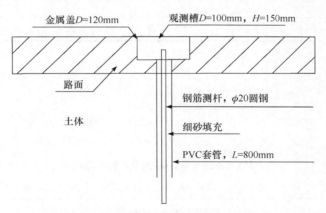

图 8.15 土体深层变形观测点埋设图

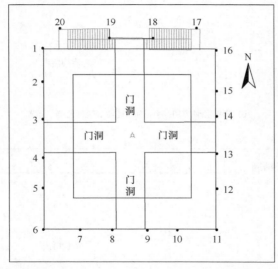

图 8.16 钟楼地基变形及倾斜监测点布置(每个点布置上监测点和下监测点)

2) 监测频率及周期

此外,当地表监测点的变形速率大于 3mm/d,钟楼变形速率大于 1.5mm/d 时,监测频率应改为 1 次/d。

每个监测对象的监测周期分为 3 个阶段:施工前期、施工期和稳定期。施工前期是指监测点附近区间尚未施工的时间,该阶段只需对监测点施测一次,取得各监测点的初始测量值。施工期指监测点邻近区间施工开始到施工结束为止,监测频率参照表 8.7 的规定。稳定期是指施工结束后的继续跟踪监测阶段,一般一个月或两个月观测一次,直至最后 3 个观测周期的变形量小于观测精度。

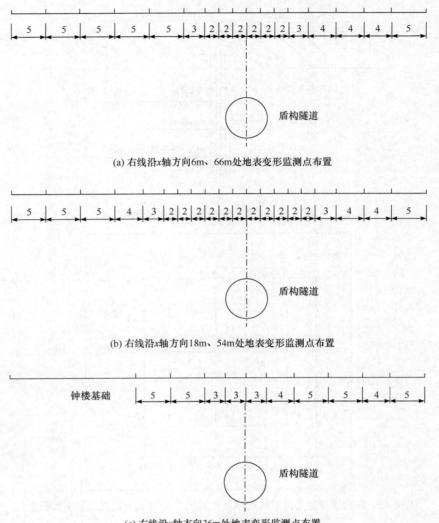

(a) 右线沿x轴方向6m、66m处地表变形监测点布置

(b) 右线沿x轴方向18m、54m处地表变形监测点布置

(c) 右线沿x轴方向36m处地表变形监测点布置

图 8.17　地表沿 x 轴方向变形监测点布置

表 8.7　监测频率表

测点位置	频率	测点位置	频率
测点距掘进面 < 20m 时	1 次/d	测点距掘进面 > 50m 时	1 次/周
测点距掘进面 < 50m 时	1 次/d	测点距掘进面 > 100m 时	1 次/2 周

3) 监测控制标准

监测时严格按照《建筑地基基础设计规范》(GB 50007—2011),《工程测量标

准》(GB 50026—2020),《建筑变形测量规范》(JGJ 8—2016)等规范执行。根据有关规范和设计图纸的要求,施工过程中对测量结果及时进行分析反馈。钟楼变形控制标准如下。

(1) 地面变形不超过−15mm。

(2) 钟楼倾斜率不超过 0.5%。

(3) 钟楼基础变形大于 3mm 时需要黄色警报,开始加强二次注浆和调整盾构姿态。当变形大于 4mm 时就需要红色警报,需要采取更进一步的措施,并启动应急预案。

4. 实测变形曲线与预测变形曲线对比分析

1) 地表实测变形曲线与预测变形曲线对比分析

根据监测方案对盾构施工地表变形进行现场监测,图 8.18 为现场监测变形曲线与预加固后通过数值分析方法计算得到的盾构开挖引起的地表变形曲线的对比图。

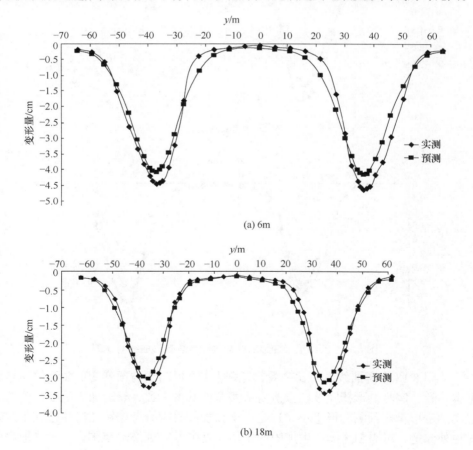

(a) 6m

(b) 18m

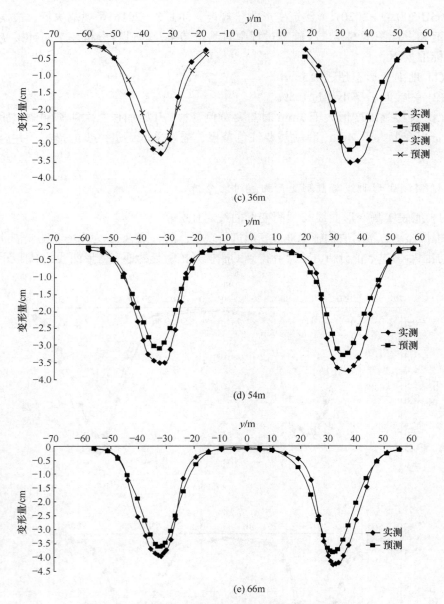

图 8.18　实测地表变形曲线与预测地表变形曲线对比图

从图 8.18 中各曲线的对比来看，实测地表变形曲线与预测变形曲线整体趋势基本一致，实测变形槽宽度与预测变形槽宽度基本一致，靠近加固范围一侧的地表实测变形量比预测变形量小，这是由于预加固时没有考虑钻孔灌注桩施工时浆体往外渗透，对周围土体产生加固的作用，故在距 y 轴 28m 范围内，实测地表变形量比预测变形量小。在隧道轴线的另一侧，实测地表变形量比预测地表变形量大，这是由于在数值模拟时地面荷载是按静载考虑的，而实际地面荷载是动荷载，而动荷载引起的变形比静荷载大。从图 8.18 各变形曲线来看，在沿 y 轴正向、负向 18m 范围内，即钟楼基础范围内的地表变形均在控制允许变形范围内(15mm)，故能满足变形要求。隧道轴线处实测地表最大变形量均比预测变形量大，这是由现场施工工程中，管片拼装不及时、壁后注浆量不高、正面附加推力不足等因素引起的，可能是单因素或多因素综合作用的结果。

2) 钟楼基础倾斜监测分析

在盾构穿越钟楼施工时，根据监测方案对钟楼的基础进行监测，监测结果见表 8.8～表 8.11，表中正负号表明位移方向与坐标轴方向之间的关系。

表 8.8　钟楼基础西立面沿 y 轴方向倾斜分析

点号	顶面位移/m	底面位移/m	倾斜率/%
1	−0.00074	−0.00539	0.058
2	−0.00094	−0.00488	0.049
3	−0.00077	−0.00421	0.043
4	−0.00079	−0.00419	0.042
5	−0.00134	−0.00522	0.048
6	−0.00173	−0.00612	0.055

表 8.9　钟楼基础东立面沿 y 轴方向倾斜分析

点号	顶面位移/m	底面位移/m	倾斜率/%
11	+0.00481	+0.00853	0.046
12	+0.00451	+0.00652	0.025
13	+0.00417	+0.00678	0.033
14	+0.00428	+0.00688	0.033
15	+0.00439	+0.00757	0.040
16	+0.00413	+0.00804	0.049

表 8.10　钟楼基础南立面沿 x 轴方向倾斜分析

点号	顶面位移/m	底面位移/m	倾斜率/%
6	+0.00177	+0.00166	0.001
7	+0.00156	+0.00133	0.003
8	+0.00155	+0.00112	0.005
9	+0.00158	+0.00114	0.006
10	+0.00161	+0.00135	0.003
11	+0.00178	+0.00170	0.001

表 8.11　钟楼基础北立面沿 *x* 轴方向倾斜分析

点号	顶面位移/m	底面位移/m	倾斜率/%
16	+0.00133	+0.00212	0.010
17	+0.00087	+0.00124	0.005
18	+0.00031	+0.00088	0.007
19	+0.00025	+0.00087	0.008
20	+0.00076	+0.00121	0.006
1	+0.00119	+0.00210	0.011

从表 8.8 可以看出，钟楼基础西立面底面沿 *y* 轴方向位移最大的点发生在监测点 6，其位移为–6.12mm，位移最小点为监测点 4，其位移为–4.19mm，顶面沿 *y* 轴方向位移最大点发生在监测点 2，其位移为–1.73mm，位移最小点发生在监测点 1，其位移为–0.74mm。钟楼基础西立面倾斜率最大的监测点为监测点 1，其倾斜率为 0.058%，远小于其控制允许范围 0.5%，故加固后进行盾构施工是不会对钟楼产生破坏的。

由表 8.9 可知，监测点 11 位移为 8.53mm，并且为钟楼基础东立面底面沿 *y* 轴方向位移最大的点，监测点 12 位移为 6.52mm，并且是位移最小点，顶面沿 *y* 轴方向位移最大点也发生在监测点 11，监测点 11 位移为 4.81mm，位移最小点发生在监测点 16，其位移为 4.13mm。监测点 16 倾斜率为 0.049%，同时也是钟楼基础东立面倾斜率最大的监测点。

由表 8.10 可知，监测点 11 为钟楼基础南立面底面沿 *x* 轴方向位移最大的点，监测点 11 位移为 1.70mm，监测点 8 为位移最小点，其位移为 1.12mm，同时，监测点 11 也是顶面沿 *x* 轴方向位移最大点，其位移为 1.78mm，位移最小点发生在监测点 8，其位移为 1.55mm。监测点 9 为钟楼基础南立面倾斜率最大的监测点，其倾斜率为 0.006%。

从表 8.11 可以看出，监测点 16 底面位移为 2.12mm，并且是钟楼基础北立面底面沿 *x* 轴方向位移最大的点，监测点 19 底面位移为 0.87mm，是位移最小点，顶面沿 *x* 轴方向位移最大点同样也发生在监测点 16，其位移为 1.33mm，位移最小点发生在监测点 19，其位移为 0.25mm。钟楼基础北立面倾斜率最大的监测点为监测点 1，其倾斜率为 0.011%。

由表 8.8 和表 8.9 中监测数据可以看出，监测点 1、监测点 12 分别为施工引起的钟楼基础倾斜沿 *y* 轴方向倾斜率最大的点和最小的点，其值分别为 0.058%、0.025%，倾斜率变化在允许范围之内，为 0.025%～0.058%，所以在盾构穿越钟楼施工时，基础沿 *y* 轴方向不会发生破坏。根据表 8.10 和表 8.11 中的监测数据可以看出，盾构施工时，钟楼基础沿 x 轴方向倾斜率变化情况如下：倾斜率最大的监测点为 1，其值为 0.011%，倾斜率最小点为 11，其值为 0.001%，倾斜率的变化范围为 0.001%～0.011%，变化范围不大，且均在允许范围之内，故盾构穿越钟楼施工时，钟楼基础不会发生沿 x 轴线方向的破坏。综上所述，盾构穿越钟楼施工时，钟楼是不会产生破坏的。

3) 钟楼基础变形分析

根据监测方案，在盾构穿越钟楼施工时，对钟楼的基础顶面上实行现场监测，实测地表变形曲线与预加固后数值模拟变形曲线进行对比分析，如图 8.19 所示。

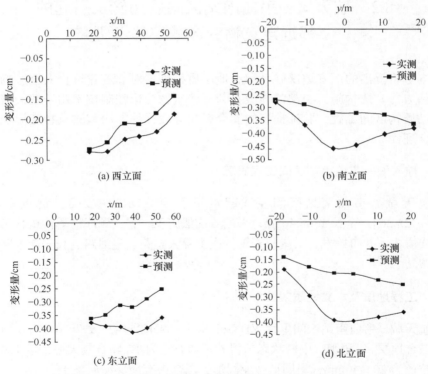

图 8.19　钟楼基础实测变形曲线与预测变形曲线对比图

从图 8.19 来看，实测地表变形量均在允许范围内，最大变形为 0.455cm，允许最大变形为 1.5cm。从实测变形曲线与预测变形曲线的趋势对比来看，实测变形量均比预测变形量大，实测变形量超出预测变形量的因素是多方面的，盾构施工时推进参数的变化、壁后注浆量的变化、地下水的影响、施工管理等因素，这些因素的变化均会影响地表的变形，数值模拟时是在特定的条件下进行施工的，而现实情况是多变的，这导致实测变形量比预测变形量大。从图 8.19(a)和(c)来看，钟楼基础西立面和东立面的变形曲线与预测的变形曲线趋势基本一致，各监测点的变形量变化基本与预测变形量一致。在这种情况下，有利于采取一些有效措施对变形量控制比较高的监测点部位进行加固处理，以减小由变形引起的破坏。从图 8.19(b)和(d)来看，钟楼基础南立面和北立面两端的变形量比中间小，这是由于端部受到东西侧面的约束作用，限制着其变形。而中间由于约束作用相对较小，其变形就明显大于端部，因此为了减小中间的变形，应在施工前对中间部位进行预加固，以限制其变形。

8.2　航天城—韦曲南站区间盾构施工引起的邻近建筑物变形减控技术研究

本节将提出的西安地铁砂砾卵石地层盾构施工对邻近建筑物安全影响的等级评估方法和盾构施工引起的地表及邻近建筑物变形控制技术用于航天城—韦曲南站盾构区间工程，验证提出的安全影响等级评估方法和建筑物变形控制技术的合理性。

8.2.1　航天城—韦曲南站区间工程概况

航天城—韦曲南站区间左线起点里程为 ZDK24+759.8，终点里程为 DK26+325.263，全长 1565.463m，采用盾构法施工，施工顺序为盾构机从韦曲南站左线盾构下井口始发，沿南长安街依次下穿大学路、皂河路、长安街十字到达航天城站。

8.2.2　工程地质及水文地质条件

航天城—韦曲南站区间里程 YDK26+325～YDK25+435 处穿越 900m 粗砂及卵石混合地层，以稍密～中密状态的粗砂及卵石土为主，卵石最大粒径达 100mm，一般粒径为 20～40mm，呈圆形～亚圆形，局部夹有薄层粉质黏土。

1) 航天城—韦曲南站区间盾构穿越全断面卵石地层分析

盾构由韦曲南站左线始发，穿越 250m 的全断面卵石地层，其中卵石地层中间有局部粉质黏土夹层，卵石的粒径基本在 80mm 以内，局部达到 100mm 以上。根据始发段地质分析，盾构在全断面卵石地层中的土体比例分别为：卵石 70%，粉质黏土约 30%。航天城—韦曲南站区间前 250m 地质剖面图、地层比例分析图分别见图 8.20 和图 8.21。

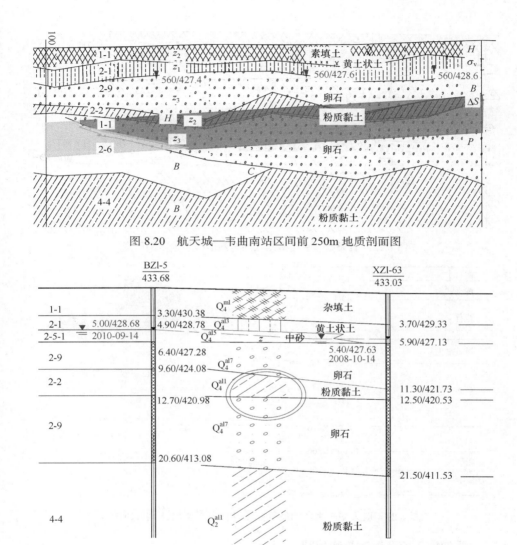

图 8.20　航天城—韦曲南站区间前 250m 地质剖面图

图 8.21　航天城—韦曲南站区间前 250m 地层比例分析图

2) 航天城—韦曲南站区间盾构穿越全断面中粗砂地层分析

盾构在穿越全断面卵石地层后随即穿越全断面中粗砂地层，其中砂层底部含有少量的卵石层。盾构在全断面砂层中的土体比例分布为：粗砂约 70%，卵石约 30%。航天城—韦曲南站区间全断面砂层地质剖面图如图 8.22 所示、航天城—韦曲南站区间全断面砂层地层比例分析图如图 8.23 所示。

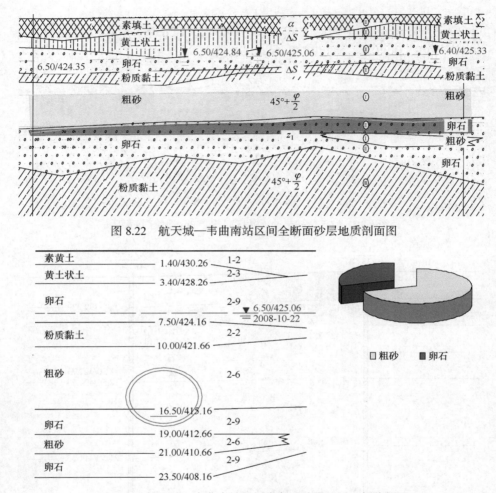

图 8.22　航天城—韦曲南站区间全断面砂层地质剖面图

图 8.23　航天城—韦曲南站区间全断面砂层地层比例分析图

8.2.3　盾构施工前旁穿建筑物现状

尽管盾构区间沿线的建筑物很多，但大部分建筑物与地铁线路的水平距离为10～18m，地铁线路只下穿残联大楼和农业综合开发办大楼，如图 8.24 所示。

1. 残联大楼

该隧道在里程 YDK25+700 处旁穿残联大楼。该建筑建于 2002 年，为 6 层砖混结构，条形基础为砖+过梁，厚度为 2.6m。隧道穿越的地层有砂砾卵石地层，而且含有部分粉质黏土夹层。现场调查显示，该房屋结构总体基本稳定，但有不同程度的裂缝，裂缝宽度为 1～3mm 不等，裂缝长度为 1.5～4m 不等，盾构施工必须对房屋的裂缝进行监测，必要时要采取控制措施，长安区残联大楼现状如图 8.25 和图 8.26 所示。

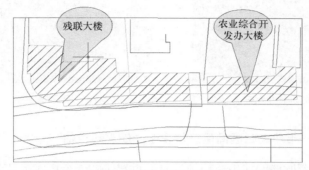

图 8.24　航天城—韦曲南站区间线路下穿多层建筑物平面示意图

图 8.25　残联大楼现状

图 8.26　残联大楼裂缝

2. 长安区农业综合开发办大楼

航天城—韦曲南站区间左线隧道在里程 YDK25+984 处旁穿长安区农业综合开发办大楼。该建筑建于 2001 年，为 5 层砖混结构，条形基础，宽度为 4m。隧道穿越的地层有砂砾卵石地层，而且含有部分粉质黏土夹层。现场调查显示，该建筑物结构总体基本稳定，但是东北墙角处有一较大裂缝，宽度约 2.5mm，自上而下走势，盾构施工时对房屋的裂缝进行监测，必要时要采取控制措施。长安区农业综合开发办现状及房屋裂缝如图 8.27 和图 8.28 所示。

盾构下穿时会扰动周边土体，且此处地层为全断面砂砾卵石地层，控制不良极易造成上部建筑物倾斜或开裂等不良情况，并且西安地铁 2 号线运营期间产生的振动还会对其上建筑物产生很大影响，因此提出此处建筑物的安全保护措施为盾构施工的重中之重。

图 8.27　农业综合开发办大楼现状

图 8.28　农业综合开发办大楼裂缝

8.2.4　航天城—韦曲南站区间建筑物安全影响等级评估

采用 4.1.4 节所述的评估盾构施工对邻近建筑物安全影响的数学模型,由于对西安地铁 2 号线航天城—韦曲南站区间盾构施工风险进行评价时,考虑的因素较多,且层次不同,需将评价对象集为分两个层次,采用二级模糊综合评价模型进行评价,即先进行单因素评判,再进行综合评判。

在航天城—韦曲南站区间沿线所有建筑物当中,盾构隧道下穿的残联大楼和农业综合开发办大楼紧密相联。由勘察资料可知,盾构下穿大楼要穿过砂砾卵石层、饱和软黄土、粉质黏土,地层条件比较复杂,属于整个区间最大风险区段,因此本节重点评估盾构施工对两栋大楼的安全影响等级,为建筑物变形控制标准提供参考依据。

1. 残联大楼安全影响等级评估

1) 单因素评判

(1) 工程地质条件影响等级评价。

通过专家打分,残联大楼所处工程地质条件各评判因素影响等级评价的隶属度见表 8.12。

表 8.12　残联大楼所处工程地质条件评判因素影响等级的隶属度

地层名称	风险因素	因素影响等级			
		I	II	III	IV
杂填土	结构松散,易造成地面沉降过大	0.1	0.5	0.3	0.1
饱和软黄土	孔隙较大,具有湿陷性	0.3	0.4	0.2	0.1
卵石	盾构扰动较大,易塌孔	0.4	0.2	0.3	0.1
粉质黏土	易固结、沉陷	0.1	0.5	0.2	0.2

根据表 8.12，建立 U 到 $F(V)$ 的模糊映射关系，得到单因素模糊评估矩阵如下：

$$R_1 = \begin{bmatrix} 0.1 & 0.5 & 0.3 & 0.1 \\ 0.3 & 0.4 & 0.2 & 0.1 \\ 0.4 & 0.2 & 0.3 & 0.1 \\ 0.1 & 0.5 & 0.2 & 0.2 \end{bmatrix}$$

结合 4.1.4 节中层次分析法获取权重理论，得到权重矩阵如下：

$$W_1 = \begin{bmatrix} 0.224 & 0.262 & 0.261 & 0.253 \end{bmatrix}$$

因此，根据模糊综合评判法理论 $B_1 = W_1 \Theta R_1$，式中 Θ 表示矩阵 W 左乘矩阵 R，得到评判结果为

$$B_1 = \begin{bmatrix} 0.231 & 0.395 & 0.274 & 0.1 \end{bmatrix}$$

根据最大隶属度原则，工程地质条件评判因素对残联大楼的安全影响等级为 Ⅱ级(危险)。

(2) 建筑物与隧道相对位置影响等级评价。

残联大楼与隧道中心线水平距离在 10m 以内，此处隧道埋深介于 9～13m，通过专家打分，建立评判对象因素影响等级评价的隶属度，残联大楼与隧道相对位置风险各评判因素影响等级的隶属度见表 8.13。

表 8.13 残联大楼与隧道相对位置风险评判因素影响等级的隶属度

相对位置		风险因素	因素影响等级			
			Ⅰ	Ⅱ	Ⅳ	Ⅳ
建筑物与隧道轴线水平距离/m	0～6	盾构旁穿很近, 扰动极大	0.6	0.15	0.15	0.1
	6～12	盾构邻穿较近, 扰动大	0.6	0.25	0.1	0.05
建筑物所处断面埋深/m	9～11	对建筑物基础扰动大	0.5	0.3	0.15	0.05
	11～13	扰动较小	0.3	0.4	0.2	0.1

根据表 8.13，建立 U 到 $F(V)$ 的模糊映射关系，得到单因素模糊评估矩阵如下：

$$R_2 = \begin{bmatrix} 0.6 & 0.15 & 0.15 & 0.1 \\ 0.6 & 0.25 & 0.1 & 0.05 \\ 0.5 & 0.3 & 0.15 & 0.05 \\ 0.3 & 0.4 & 0.2 & 0.1 \end{bmatrix}$$

结合层次分析法获取权重理论，得到权重矩阵如下：

$$W_2 = \begin{bmatrix} 0.278 & 0.209 & 0.223 & 0.28 \end{bmatrix}$$

因此，根据安全风险等级模糊综合评判法理论 $\boldsymbol{B}=\boldsymbol{W}\Theta\boldsymbol{R}$ ，得到评判结果为

$$\boldsymbol{B}_2=\begin{bmatrix}0.488 & 0.273 & 0.152 & 0.077\end{bmatrix}$$

根据最大隶属度原则，建筑物与隧道相对位置评判因素对残联大楼安全影响等级为Ⅰ级(非常危险)，属于最危险等级。

(3) 建筑物结构形式风险评价。

残联大楼主要是条形基础，6 层砖混结构，建筑物结构形式评判因素影响等级的隶属度见表 8.14。

表 8.14　残联大楼结构形式评判因素影响等级的隶属度

结构形式		风险因素	因素影响等级			
			Ⅰ	Ⅱ	Ⅲ	Ⅳ
建筑物的上部结构	砖木结构	结构性差,受扰动后极易破坏	0.3	0.4	0.2	0.1
	砖混结构	稳定性不好	0.25	0.6	0.2	0.05
建筑物的基础类型	独立基础	基础整体性差,极易发生不均匀沉降	0.6	0.2	0.1	0.1
	条形基础	受扰动较小	0.3	0.5	0.15	0.05

根据表 8.14，建立 $\boldsymbol{U}$ 到 $\boldsymbol{F}(\boldsymbol{V})$ 的模糊映射关系，得到单因素模糊评估矩阵如下：

$$\boldsymbol{R}_3=\begin{bmatrix}0.3 & 0.4 & 0.2 & 0.1 \\ 0.25 & 0.6 & 0.2 & 0.05 \\ 0.6 & 0.2 & 0.1 & 0.1 \\ 0.3 & 0.5 & 0.15 & 0.05\end{bmatrix}$$

结合 4.1.4 小节中层次分析法获取权重理论，得到权重矩阵如下：

$$\boldsymbol{W}_3=\begin{bmatrix}0.281 & 0.251 & 0.236 & 0.232\end{bmatrix}$$

因此，根据模糊综合评判法理论 $\boldsymbol{B}=\boldsymbol{W}\Theta\boldsymbol{R}$ ，得到评判结果为

$$\boldsymbol{B}_3=\begin{bmatrix}0.358 & 0.426 & 0.165 & 0.756\end{bmatrix}$$

建筑物结构形式因素影响建筑物安全等级结合最大隶属度原则定为Ⅱ级(危险)。

(4) 盾构掘进施工工艺。

盾构掘进施工工艺因素影响等级的隶属度见表 8.15。

表 8.15　盾构掘进施工工艺评判因素影响等级的隶属度

施工工艺	因素影响等级			
	Ⅰ	Ⅱ	Ⅲ	Ⅳ
正面土体压力	0.3	0.3	0.2	0.2
刀盘和土仓压力	0.5	0.2	0.2	0.1
排土量和掘进速度	0.55	0.2	0.1	0.15
螺旋输送机转速	0.4	0.25	0.2	0.15
千斤顶总推力	0.35	0.3	0.2	0.15
盾构姿态	0.3	0.5	0.15	0.05
注浆	0.4	0.3	0.25	0.15

根据表 8.15，建立 U 到 $F(V)$ 的模糊映射关系，得到单因素模糊评估矩阵如下：

$$
\boldsymbol{R}_4 = \begin{bmatrix}
0.3 & 0.3 & 0.2 & 0.2 \\
0.5 & 0.2 & 0.2 & 0.1 \\
0.55 & 0.2 & 0.1 & 0.15 \\
0.4 & 0.25 & 0.2 & 0.15 \\
0.35 & 0.3 & 0.2 & 0.15 \\
0.3 & 0.5 & 0.15 & 0.05 \\
0.4 & 0.3 & 0.25 & 0.15
\end{bmatrix}
$$

结合层次分析法获取权重理论，得到权重矩阵如下：

$$
\boldsymbol{W}_4 = \begin{bmatrix} 0.156 & 0.134 & 0.128 & 0.149 & 0.150 & 0.116 & 0.167 \end{bmatrix}
$$

因此，根据安全风险等级模糊综合评判法理论 $\boldsymbol{B} = \boldsymbol{W} \odot \boldsymbol{R}$，得到评判结果为

$$
\boldsymbol{B}_4 = \begin{bmatrix} 0.398 & 0.289 & 0.178 & 0.135 \end{bmatrix}
$$

根据模糊数学最大隶属度原则，盾构掘进施工工艺对邻近建筑物的安全影响等级为Ⅰ级(非常危险)，属于最危险等级。

(5) 建筑物使用类型评价。

残联大楼属于事业单位，与民宅、医院、学校一样房屋安全意义重大，通过专家打分得到建筑物适用类型因素，各评判因素对残联大楼的安全影响等级隶属度见表 8.16。

表 8.16　残联大楼使用类型评判因素影响等级的隶属度

使用类型	风险因素	因素影响等级			
		I	II	III	IV
民宅、医院、学校	人员集中区,不能受损	0.45	0.35	0.1	0.1

　　由于评判矩阵为单行矩阵,无须做出评判计算,根据最大隶属度原则,建筑物使用类型因素影响建筑物安全等级为 I 级,属于最危险等级。

　　以上对五个建筑物安全影响因素进行了单因素评判,其中建筑物与隧道相对位置因素、盾构掘进施工工艺因素和建筑物的使用类型因素对残联大楼的安全影响等级均为 I 级,建筑物结构形式因素和工程地质条件因素对残联大楼安全影响等级为 II 级,见表 8.17。

表 8.17　单因素评判残联大楼安全影响等级评估结果

单级评判因素	风险等级
工程地质条件	II
建筑物与隧道相对位置	I
建筑物结构形式	II
盾构掘进施工工艺	I
建筑物的使用类型	I

2) 模糊综合评判

　　再次建立单级评判因素对盾构隧道施工邻近建筑物安全影响等级的隶属度,运用 F 相关统计原理,采用发放调查问卷,按专家打分法确定。盾构隧道施工对邻近建筑物安全影响的各评判因素影响等级的隶属度见表 8.18。

表 8.18　隧道对残联大楼各评判因素影响等级的隶属度

评判因素	因素影响等级			
	I	II	III	IV
工程地质条件	0.25	0.4	0.2	0.15
建筑物与隧道相对位置	0.6	0.2	0.1	0.1
建筑物结构形式	0.3	0.4	0.2	0.1
盾构掘进施工工艺	0.4	0.2	0.3	0.1
建筑物的使用类型	0.5	0.2	0.2	0.1

根据上表，建立 U 到 $F(V)$ 的模糊映射关系，得到单因素模糊评估矩阵如下：

$$R_5 = \begin{bmatrix} 0.25 & 0.4 & 0.2 & 0.15 \\ 0.6 & 0.2 & 0.1 & 0.1 \\ 0.3 & 0.4 & 0.2 & 0.1 \\ 0.4 & 0.2 & 0.3 & 0.1 \\ 0.5 & 0.2 & 0.2 & 0.1 \end{bmatrix}$$

结合层次分析法获取权重理论，得到权重矩阵如下：

$$W_5 = \begin{bmatrix} 0.223 & 0.172 & 0.205 & 0.205 & 0.195 \end{bmatrix}$$

因此，根据安全风险等级模糊综合评判法理论 $B = W \odot R$，得到评判结果为

$$B_5 = \begin{bmatrix} 0.411 & 0.263 & 0.214 & 0.112 \end{bmatrix}$$

根据最大隶属度原则，盾构隧道施工对残联大楼的安全影响等级为Ⅰ级(非常危险)，不可接受，必须采取控制措施将盾构隧道施工对残联的安全影响等级降为Ⅳ级(安全)。

2. 农业综合开发办大楼安全影响等级评估

1) 单因素评判

从图 8.24 两栋大楼的平面位置图可以看出，残联大楼和农业综合开发办大楼相互紧挨，与隧道中心线的水平距离大致相同，地层条件相近，主要是砂砾卵石地层和饱和软黄土地层，盾构施工技术可以看作同一水平，因此这里就不再计算工程地质条件评判因素、建筑物与隧道相对位置评判因素和盾构掘进施工工艺评判因素对农业综合开发办大楼的安全影响等级。

结合残联大楼评估结果可知，工程地质条件因素对农业综合开发办大楼的安全影响等级为Ⅱ级，属于较危险等级；建筑物与隧道相对位置因素对农业开发办大楼安全影响等级为Ⅰ级，属于最危险等级；盾构掘进施工工艺因素对邻近建筑物安全影响等级为Ⅰ级，属于最危险等级。

(1) 建筑物结构形式风险评价。

农业综合开发办大楼为 3 层砖混结构，条形基础，宽度为 4m，建筑物结构形式评判因素影响等级的隶属度见表 8.19。

根据上表，建立 U 到 $F(V)$ 的模糊映射关系，得到单因素模糊评估矩阵如下：

$$R_1 = \begin{bmatrix} 0.3 & 0.4 & 0.2 & 0.1 \\ 0.2 & 0.55 & 0.15 & 0.1 \end{bmatrix}$$

结合层次分析法获取权重理论，得到权重矩阵如下：

$$W_1 = \begin{bmatrix} 0.512 & 0.488 \end{bmatrix}$$

因此，根据安全风险等级模糊综合评判法理论 $B = W\Theta R$ ，得到评判结果为

$$B_1 = \begin{bmatrix} 0.251 & 0.473 & 0.176 & 0.100 \end{bmatrix}$$

根据最大隶属度原则，建筑物结构形式因素对建筑物安全影响等级为Ⅱ级(危险)。

表 8.19　农业综合开发办大楼结构形式评判因素影响等级的隶属度

结构形式		风险因素	因素影响等级			
			Ⅰ	Ⅱ	Ⅲ	Ⅳ
建筑物的上部结构	砖混结构	稳定性不好	0.3	0.4	0.2	0.1
建筑物的基础类型	条形基础	抗扰动能力较差	0.2	0.55	0.15	0.1

(2) 建筑物使用类型评价。

农业综合开发办大楼属于事业单位，通过专家打分，得到建筑物适用类型因素，各评判因素对农业综合开发办大楼的安全影响等级隶属度见表 8.20。

表 8.20　农业综合开发办大楼使用类型评判因素影响等级的隶属度

使用类型	风险因素	因素影响等级			
		Ⅰ	Ⅱ	Ⅲ	Ⅳ
民宅、医院、学校	人员集中区，不能受损	0.3	0.35	0.25	0.1

由于评判矩阵为单行矩阵，无须做出评判计算，根据最大隶属度原则，建筑物使用类型因素对农业综合开发办大楼的安全影响等级为Ⅱ级(危险)。

以上对五个建筑物安全影响因素进行了单因素评判，其中风险等级为Ⅰ级的有建筑物与隧道相对位置因素和盾构掘进施工工艺因素，对农业综合开发办的安全影响等级为Ⅱ级的有建筑物结构形式因素、工程地质条件因素和建筑物使用类型因素，具体见表 8.21。

表 8.21　单因素评判农业综合开发办大楼安全影响等级评估结果

单级评判因素	风险等级
工程地质条件	Ⅱ
建筑物与隧道相对位置	Ⅰ
建筑物结构形式	Ⅱ
盾构掘进施工工艺	Ⅰ
建筑物的使用类型	Ⅱ

2) 模糊综合评判

再次建立建筑物安全影响等级与单级评判因素的隶属度,运用 F 相关统计原理,并发放调查问卷,按专家打分的方法确定。隧道对农业综合开发办大楼各评判因素的隶属度见表 8.22。

表 8.22　隧道对农业综合开发办大楼各评判因素的隶属度

评判因素	因素影响等级			
	I	II	III	IV
工程地质条件	0.25	0.4	0.2	0.15
建筑物与隧道相对位置	0.6	0.2	0.1	0.1
建筑物结构形式	0.3	0.35	0.25	0.1
盾构掘进施工工艺	0.4	0.2	0.3	0.1
建筑物的使用类型	0.3	0.4	0.2	0.1

根据表 8.22,建立 U 到 $F(V)$ 的模糊映射关系,得到单因素模糊评估矩阵如下:

$$R = \begin{bmatrix} 0.25 & 0.4 & 0.2 & 0.15 \\ 0.6 & 0.2 & 0.1 & 0.1 \\ 0.3 & 0.35 & 0.25 & 0.1 \\ 0.4 & 0.2 & 0.3 & 0.1 \\ 0.3 & 0.4 & 0.2 & 0.1 \end{bmatrix}$$

结合层次分析法获取权重理论,得到权重矩阵如下:

$$W = \begin{bmatrix} 0.215 & 0.172 & 0.207 & 0.203 & 0.203 \end{bmatrix}$$

因此,根据安全风险等级模糊综合评判法理论 $B = W \Theta R$,得到评判结果为

$$B = \begin{bmatrix} 0.361 & 0.315 & 0.213 & 0.111 \end{bmatrix}$$

根据最大隶属度原则,盾构隧道施工对农业综合开发办大楼的安全影响等级为 I 级,非常危险,所以必须采取控制措施降低安全影响等级,将盾构隧道施工对农业综合开发办的安全影响等级降为 IV 级。

综上所述,通过模糊综合评判法评估,得出盾构隧道施工引起邻近的残联大楼和农业综合开发办大楼的安全影响等级为 I 级(非常危险),属于不可接受结果,盾构施工之前以及施工过程中必须采取控制措施将农业综合开发办大楼受盾构施工扰动的安全影响等级降到 IV 级(安全),从而保证盾构隧道施工过程中两建筑物的安全使用。

8.2.5 　航天城—韦曲南站区间盾构隧道引起的建筑物变形规律的 FLAC 预测

1. FLAC 预测计算的工况

盾构施工引起残联大楼、农业综合开发办大楼变形的安全影响等级为Ⅰ级(非常危险)，由 4.2.3 节可知，Ⅰ级属于最高风险等级。结合 4.2.1 节分析结果可知，西安地铁隧道与建筑物安全距离为 18m，通过现场调研，该区间隧道邻近的建筑物共有 75 处，部分建筑物距离隧道 18m 以外，比较安全。因此，本节重点对残联大楼、农业综合开发办大楼的变形进行预测，运用 FLAC 计算软件模拟盾构施工，预测盾构施工造成已有建筑物的基础沉降和倾斜率，进而分析建筑物的变形影响规律，为控制措施的制定提供依据。

计算工况：不采取控制措施的条件下盾构隧道施工引起的邻近建筑物变形规律。

2. 建立模型

根据图 8.29 所示的隧道与地表建筑物之间的关系，两建筑物总长 70m，将该区间段的曲线隧道按直线隧道来考虑，取模拟区域如下：沿隧道轴线方向 100m，垂直于隧道轴线方向距离 78m，地表下埋深方向 27m，即地表下模拟区域为 100mm×78mm×27m；残联大楼高 18m，农业综合开发办大楼高 10m，模拟区域如图 8.29 所示，计算模型如图 8.30 所示。

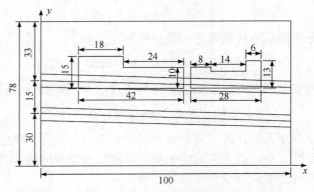

图 8.29　隧道与地表建筑物关系平面图(单位：m)

3. 计算参数的确定

1) 各地层及建筑物基础各部分计算参数

根据旁压试验得到 FLAC 模拟计算中所需要的各参数，见表 8.23。

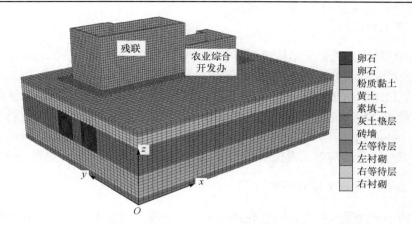

图 8.30　FLAC 模型图

表 8.23　各地层及楼房基础各部分计算参数表

地层名称	密度/(kg/m³)	体积模量/MPa	剪切模量/MPa	黏聚力/kPa	内摩擦角/(°)	层厚/m
素填土	1800	2.55	2.28	16	18	2.4
黄土	1750	2.87	3.04	21.95	23	4.1
卵石	2035	33.5	12.3	24.0	16.0	10
粉质黏土	1980	7.80	3.60	26.0	17.0	8.3
卵石	2060	39.6	11.5	18.0	22	2.2
灰土垫层	1850	9.86	12.8	33.8	29.2	0.6
地基梁	1750	9600	8500	29.6	25.4	0.8
砖墙	2050	4500	2100	34.5	28.6	

2) 等代层参数

地铁隧道盾构开挖后，由于超挖等原因，管片拼装后，管片与土体之间有空隙，为了减小空隙以减小应力释放引起的地表沉降，必须对管片壁后进行注浆，注浆材料与周围的土体形成具有一定强度的混合材料。在数值模拟计算中，将壁后注浆按等代层来考虑，并且认为等代层是一种弹性材料。等代层的厚度可按式(8.1)计算。

结合上述经验理论，本例中等代层厚度取为 80mm，则衬砌管片及等代层参数详见表 8.24。

表 8.24　航天城—韦曲南站区间隧道施工 FLAC 模型管片及等代层计算参数

名称	密度/(kg/m³)	体积模量/GPa	剪切模量/GPa	厚度/mm
等代层	2500	11.5	9.5	80
管片	2200	16.7	12.5	300

4. 单元的选取

FLAC 软件内提供的结构单元有很多，包括桩(pile)单元、锚索(cable) 单元、梁(beam)单元、土工栅格(geogrid)单元和衬砌(liner)单元等。正是具备单元多样性的特点，FLAC 数值计算在建模过程既可以模拟任意形状结构自身的力学特性，还可以模拟结构单元与岩体或土体的接触面问题，能够比较真实地模拟岩土工程遇到的一些问题。

本节应用梁结构单元模拟条形基础，应用衬砌单元模拟管片及注浆层的作用。

5. 盾构隧道施工过程的模拟

盾构的开挖及支护过程一般包括以下 4 个步骤：刀盘掘削土体、盾构机向前推进、管片的拼装以及壁后注浆。它们对周围地层的影响可以采用应力释放的方法来模拟。通过设置一定的计算步骤进行应力释放，同时在掘削面施加顶进压力。根据航天城—韦曲南站区间隧道地层埋深情况，此次计算中采用盾构机推力为地层侧压力，取 0.236MPa；在保持盾构推力不变的情况下，完成剩余应力的释放，激活管片衬砌，分步开挖，每步开挖 6m。

数值模拟严格按照盾构施工的各种工况分步进行，即采用盾构下穿普通地层的施工方法进行，施工后及时进行管片的拼装及壁后注浆，并进行地表及建筑物沉降监测，隧道的施工顺序为先施工左线隧道，然后再施工右线隧道。

6. 残联大楼变形分析

本节的数值模拟严格按照盾构的施工技术要求进行开挖计算，施工后及时进行管片的拼装及壁后注浆，考虑了盾构开挖后短时间内的应力释放。开挖顺序为先左后右。

为了研究盾构施工过程中地表沉降及建筑物基础变形，分别设置三排监测点，第一排地表沉降监测点设在残联大楼东墙外 1m 处(x=14m)，第二排地表沉降监测点设在两楼之间(两楼间距 3m，x=57.5m)，第三排监测点设在农业综合开发办大楼西墙外 1m 处(x=88m)，监测点间距 3m，最外围三个点间距 4m，见图 8.31。

1) 地表沉降

第一排地表沉降监测点设在残联大楼东墙外 1m 处(x=14m)，第二排地表沉降监测点设在残联大楼西墙外 1m 处(x=57.5m)。

(1) x=14m 处沉降监测点结果分析。

从图 8.32 可以看出，盾构施工后地表最大沉降发生在右线隧道拱顶上方，最大沉降量为 32.02mm，左线隧道拱顶上方沉降量为 29.47mm，从模型图上可以看出，该处左线隧道正好下穿残联大楼，而两隧道相距仅 15m，建筑物上部荷载通

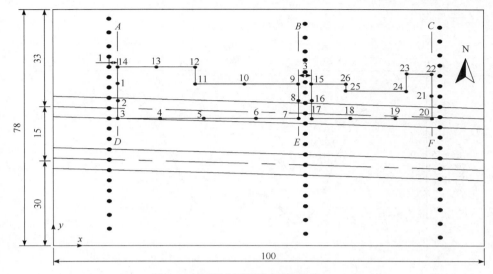

图 8.31　监测点平面布置图(单位：m)

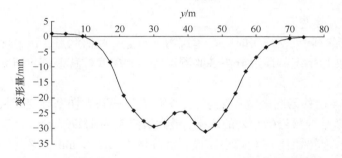

图 8.32　不采取控制措施下沿 x=14m 处地表变形曲线

过基础传递到隧道周围地层，故两隧道拱顶上方沉降相差不大。从曲线图可以看出，地表沉降量大于 15mm 的坐标范围为 y=20～55m，而残联大楼基础坐标范围介于 y=42～60m，基础沉降超出允许值 15mm，威胁建筑物的安全使用，并且 y=20～40m 区域部分为道路路面，过大的地表沉降会影响城市交通运输。

(2) x=57.5m 处沉降监测点结果分析。

从图 8.33 可以看出，该处断面地表最大沉降发生在右线隧道拱顶上方，最大沉降量为 27.91mm，左线隧道拱顶上方的最大沉降量为 26.47mm，分别小于 x=14m 处断面的 32.02 mm(右)和 29.47mm(左)；盾构施工后地表变形大于 15mm 的区域坐标范围介于 y=18～50m，而该断面建筑物基础的坐标范围介于 y=40～50m，正好处于变形大于 15mm 的范围，而建筑物基础的变形允许值为−15～+5mm，因此在不对地层或者建筑物采取加固措施的条件下进行盾构施工，必然会引起建筑物基础的变形超出允许范围，最终将会导致建筑物的结构破坏，威胁居住人员的生命安全。

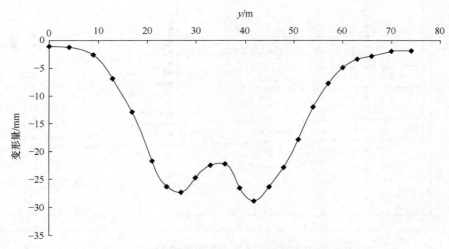

图 8.33　不采取控制措施下沿 x=57.5m 处地表变形曲线

2) 残联大楼变形

盾构下穿残联大楼施工时，在建筑物上布置一些监测点，以监测盾构施工引起的建筑物变形情况。通过分析各监测点墙顶和墙底位移差值，研究建筑物的倾斜率。

从图 8.34 位移云图来看，盾构施工中长安区残联大楼基础变形最严重部分是距离左线隧道轴线最近(3m)处的基础，最大沉降量为 18.997mm。随着基础与隧道间距的增大，基础沉降逐渐减小，最小沉降量为 2.2107mm，该基础与隧道轴线的最小距离约为 18m。

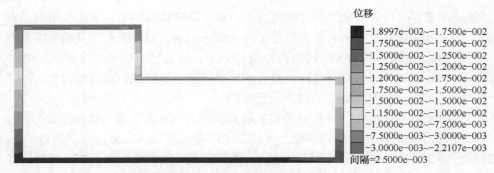

图 8.34　不采取控制措施下残联大楼基础变形竖向位移云图(单位：mm)

从表 8.25 来看，离隧道轴线越近，建筑物基础的沉降越大。从图 8.31 来看，监测点 7 离隧道轴线距离最近，故监测值最大，最大沉降量为 26.86mm，监测点 14 与隧道轴线距离最远,故其沉降量最小,该点与隧道轴线距离约 15m,最小沉降量为 9.27mm。整体来说,盾构施工后基础的沉降量大部分将超出其允许值,故为了保证该建筑物不因盾构施工导致其破坏,在盾构施工前应对建筑物进行加固或者在盾构施工时采取一些措施以减小盾构施工时引起的地层沉降。

表 8.25　不采取控制措施下残联大楼基础沉降计算监测结果

监测点号	1	2	3	4	5	6	7	8	9	11	14
沉降量/mm	16.31	18.96	20.38	21.41	23.06	25.1	26.86	19.01	13.19	15.01	9.27

从表 8.26 可以看出,残联大楼墙体最大倾斜发生在轴线 DE 上,最大倾斜率为 1.89‰,轴线 AD、BE 上墙体倾斜很小,最大倾斜率为 0.5‰;建筑物的墙体最大倾斜均发生在沿 x 轴靠近隧道的那面墙,主要在于轴线 DE 墙体接近垂直于盾构施工形成的沉降槽,而轴线 AD 和 BE 上墙体平行于沉降槽。该建筑物的最大允许倾斜率为 3‰,结合以上分析可知,盾构施工不会造成建筑物倾覆。

表 8.26　不采取控制措施下残联大楼计算所得倾斜率

位移及倾斜率	轴线 AD				轴线 BE			轴线 DE		
	1	2	3	14	7	8	9	4	5	6
墙顶位移/mm	−1.79	−5.6	−6.71	−3.24	8.08	5.46	1.97	−27.55	−28.62	−33.07
墙底位移/mm	−0.88	−1.92	−2.80	−1.90	−1.86	−0.68	−0.81	2.34	2.94	2.69
倾斜率/‰	0.05	0.18	0.20	0.07	0.50	0.31	0.14	1.49	1.58	1.89

注:轴线 AD 和轴线 BE 沿 x 轴倾斜,轴线 DE 沿 y 轴倾斜。

7. 农业综合开发办大楼变形分析

1) 地表沉降

第二排地表沉降监测点设在农业综合开发办大楼东墙外 1m 处(x=57.5m),第三排监测点设在农业开发办大楼西墙外 1m 处(x=88m)。其中,x=57.5m 沉降监测点结果前面已经分析,这里仅分析 x=88m 处沉降监测点结果。

　　从图 8.35 地表变形曲线来看，隧道施工后地表最大沉降发生在右线隧道拱顶正上方，沉降量为 36.8mm，而左线隧道拱顶正上方地表的沉降量为 31.47mm，并且左线隧道拱顶周围地表沉降量大于右线隧道拱顶周围地表的变形量。这是因为 $x=88m$ 处左右线隧道中轴线的坐标分别为 $y=24m$ 和 $y=39m$，建筑物基础的坐标介于 $y=40\sim53m$，建筑物的上部结构通过基础传递到盾构开挖断面周围，使得掌子面附近的地层应力增加，引起地层沉降，最终导致地表沉降量增大。建筑物基础的变形允许值为 $-15\sim+5mm$。针对本工程，如果不对盾构穿越的地层或者建筑物采取控制或加固措施，盾构施工引起既有建筑物变形将超出建筑物的变形控制允许范围，威胁建筑物的使用安全。

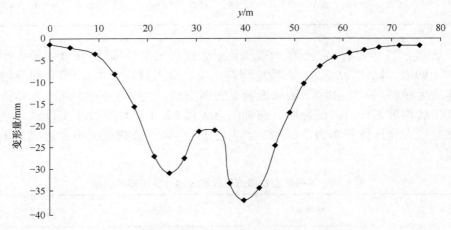

图 8.35　不采取控制措施下沿 $x=88m$ 处地表变形曲线

2) 农业综合开发办大楼变形

　　盾构施工穿越农业综合开发办大楼时，想要监测盾构施工引起建筑物变形的情况可通过监测建筑物上布置的监测点。分析各监测点墙顶和墙底位移差值来研究建筑物的倾斜率。

　　从图 8.36 看出，距离左线隧道轴线最近(3m)处的基础为盾构施工中农业综合开发办大楼基础变形最严重的部分，沉降量最大时达到了 19.3mm。从位移云图来看，最小沉降量为 7.50mm，基础与隧道轴线的最小距离约 15m，并且基础沉降量随基础与隧道间距的增大逐渐减小。

　　由表 8.27 监测结果发现，越靠近隧道轴线楼房基础的沉降量越大。从图 8.31 监测点平面布置图来看，离隧道轴线距离最近、最远的监测点分别为 20、22，距离最近的监测值最大，最大沉降量为 33.34mm，最远距离约为 10m，沉降量为 9.71mm。由于按照整体来看盾构施工后大部分基础的沉降将超出允许值，所以需要在盾构施工前对建筑物进行加固或者在盾构施工时采取一些措施以减小盾构施工时引起的地层沉降。

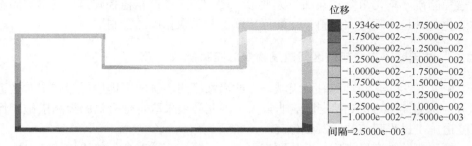

图 8.36　不采取控制措施下农业综合开发办大楼基础变形竖向位移云图(单位：mm)

表 8.27　不采取控制措施下农业综合开发办大楼基础沉降计算监测结果

监测点号	15	16	17	18	19	20	21	22	23	26
沉降量 /mm	13.77	16.65	20.81	25.6	29.06	33.34	17.02	9.71	10.11	13.41

从表 8.28 可以看出，农业综合开发办大楼墙体最大倾斜率为 2.53‰，发生在轴线 CF 上；沿 x 轴靠近隧道的那面墙发生最大倾斜，主要在于轴线 EF 墙体与盾构施工形成的沉降槽垂直，而 BE 和 CF 线上墙体平行于沉降槽。农业综合开发办大楼所允许的最大倾斜率为 3‰，所以盾构施工并不会造成建筑物倾覆。

表 8.28　不采取控制措施下农业综合开发办大楼计算所得倾斜率

位移及倾斜率	轴线 EF			轴线 CF		
	17	18	19	20	21	22
墙顶位移/mm	−25.66	−25.48	−29.03	−33.77	−0.17	−0.50
墙底位移/mm	−2.85	−3.43	−4.91	−8.47	1.15	0.79
倾斜率/‰	2.28	2.20	2.41	2.53	0.13	0.13

注：轴线 CF 沿 x 轴倾斜，轴线 EF 沿 y 轴倾斜。

综合上述分析，在采用普通法，即不采取控制措施的条件下，盾构施工引起残联大楼和农业综合开发办大楼基础出现不均匀沉降以及附近道路变形过大，并且其沉降超过允许值 15mm，这对建筑物自身安全和路面交通极为不利，基础沉降不均匀引起上部结构受力不平衡，在重力作用下会导致墙体开裂，结构破坏；但是施工过程中不会造成楼房墙体发生过大倾斜，最大倾斜率为 2.53‰，在允许值 3‰之内。

因此，针对本工程只需将建筑物基础沉降和地表沉降控制在允许范围内，尽量避免基础不均匀沉降和路面过大变形，盾构施工中严格监控建筑物墙体的倾斜率变化，一旦出现过大倾斜，立即停止施工并采取相应的控制措施。

8.2.6　航天城—韦曲南站区间建筑物变形控制技术

由 4.2 节和 4.3 节可知，航天城—韦曲南站区间砂砾卵石地层盾构施工对隧道邻近两栋建筑物的安全稳定影响非常大，因此必须采取合理有效的控制措施，保证隧道施工过程建筑物的安全稳定。

控制建筑物变形措施可以从两方面考虑：第一，采取合理的盾构施工参数，减小盾构施工对周围地层的扰动；第二，对建筑物采取主动保护和加固措施，减小建筑物受盾构施工扰动的影响。

1. 盾构施工改进和控制技术

根据勘察资料，该区间隧道洞身穿越的地层有饱和含水砂砾地层、卵石地层、圆砾地层，情况较为复杂，并且围岩稳定性较差。特别是 K25+700～K26+400 段，地层以稍密～中密状态的砂砾及卵砾石土为主，最大粒径 100mm，一般粒径 40mm 以下，盾构穿越砂砾卵石地层是本区间一个难点。

含水砂砾、卵石地层中盾构掘进容易产生喷涌现象，造成地层沉降甚至坍塌，施工风险较大；刀盘、刀具磨损严重，增加了风险程度很高的换刀工作，造成二次风险。刀具的磨损，造成盾构扭矩、推力异常增大，使得整个掘进困难。图 8.37 为施工单位在地铁砂砾卵石地层中周边刀磨损的情况。

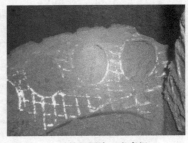 

(a) 盾构机周边刀盘磨损　　　　　　(b) 盾构机周边齿刀磨损

图 8.37　在砂砾卵石地层中掘进周边刀磨损图

1) 盾构施工改进技术

(1) 刀盘改造。

因为刀盘的开口率低，砂砾卵石的粒径较大，所以砂砾卵石地体不易由刀盘面板的前方进入土仓之中，进而挤压停留在刀盘的中心处，随着时间的流逝土体渐渐密实，增加了刀盘面板和砂体之间的摩擦力，导致刀盘受到严重的磨损。

由于以上问题，在盾构始发前，应在刀盘面板上焊接耐磨的钢板。采用二氧化碳保护焊进行刀盘的修复，修复到原来高度，而且应该考虑保护刀盘和刀具的具体措施。

耐磨堆焊需采用 BK-800K 强力土砂磨耗焊条进行焊接，因为这种规格的焊条硬度组织相对均匀，耐磨性能极好，但在使用前要用 80～120℃的温度烘干 30～60min。

(2) 刀具的改造技术。

合理配置刀具提高刀盘切削功效，采取增加刀头排列行数，采用长短刀头、双刀头、超硬重型刀头，并配置先行刀头及对刀头背面进行防护等措施，提高刀头耐久性、延长使用寿命。根据北京、沈阳地铁类似工程项目盾构机改造经验，改进了 60 把特殊的刀具并布置在刀盘的面板上，其中包括 40 把大先行刀，以及 12 把钢环保护刀，还有 8 把强化先行刀，增加了 8 把用刮刀改造而成的先行刀，并把它焊接到了两边缘刮刀间。刀具的改造布置如图 8.38 所示。

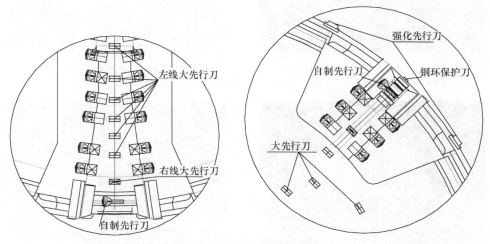

图 8.38 改造后的刀具布置图

① 中心刀的周围布置 4 把大先行刀，其目的是保护中心刀和刀盘的中心部面板。

② 由刀具行走轨迹来确定面板上其余的大先行刀，使得每把齿刀的周围有大先行刀保护。

③ 由于边缘的钢环会磨损比较严重，特布置 12 把钢环保护刀。

④ 在两把周边刀之间布置 8 把强化先行刀，用来保护周边刀。

　　⑤ 通过在改造后的刀具周围焊接多块特制的合金,并且在刀具的侧面焊接多个耐磨条,刀具的耐磨性得到了很大的提高。

　　⑥ 盾构机在掘进过程中,利用探测仪器随时监测刀具的磨损情况以及刀盘受力状态,确保其不出现超载。

　　对于以上布置的刀具,面板上保护的刀具要比刀盘的刀具高 20～30mm, 8把强化先行刀要比周边刀高 10～20mm, 12 把钢环保护刀要比钢环高 15～20mm。这些刀具能够对土体进行松动,可以减小刀具和刀盘与砂体之间的摩擦阻力,提高刀具使用寿命,能够很好地保护全盘刀具,而且此方法如同布置了两盘刀具来保护刀盘。刀具焊接照片如图 8.39～图 8.42 所示。

图 8.39　齿刀和大先行刀

图 8.40　钢环保护刀

图 8.41　强化先行刀

图 8.42　自制先行刀和大先行刀

　　(3) 螺旋机改造技术。

　　① 采用无中心轴的带式螺旋输送机,增大卵石的排出能力。

　　② 增设螺旋机伸缩装置(4 个联动液压千斤顶),使螺旋机在卡住的状态下通过液压千斤顶能自由伸缩。

　　③ 适当降低螺旋输送机的转速,并且按时向螺旋输送机添加泡沫、泥浆,以

此来减小砂砾卵石土对螺旋输送机的磨损，而且还能起到减震作用。

④ 为避免螺旋输送机振动造成故障频率升高，维修保养人员须在日常工作中加强对螺旋输送机的维修保养。在日常工作中加强螺旋输送机维修与保养。

(4) 闸门设置技术。

本段砂土及砂砾卵石土多为饱和状，且局部位于地下水位附近，为防止在出渣过程中出现喷涌现象，盾构机螺旋机设置了两道闸门，出土装置应能应对较大的地下水压力。前后闸门依次开启和关闭，使土舱内渣土进入螺旋机后，一股一股地出来，不会发生喷涌现象。

2) 盾构施工控制

盾构掘进与施工管理在隧道变形控制中属于主动的保护措施，主要是通过优化施工参数，从盾构开挖的起始位置，采取有效措施来预防盾构开挖对周边环境的扰动，进而减少掘进对相邻建筑物造成不利的影响。

由于航天城—韦曲南站盾构区间隧道穿越砂砾卵石地层，合理的施工参数一时难以确定，为避免盲目盾构造成地层沉降过大以及建筑物的破坏，必须先进行一段试掘进，优化施工参数，选择最优的掘进模式，然后开始正式掘进。掘进过程中严格掌控盾构掘进方向，及时支护，过程要进行系统管理，确保每一环节正确无误。

(1) 试掘进。

盾构掘进可以分成试掘进和正式掘进两种。航天城—韦曲南站的盾构区间由竖井处掘进，盾构运转以及流体的输送等必要设备全部进入隧道坑内之前的掘进，统称为试掘进，以后的掘进则称为正式掘进。

试掘进为盾构开始掘进土体反复试验、不断调整状态的过程，所以此阶段需要收集盾构向前推进时的相关数据，以及相邻建筑物地基的沉降量等。结合这些原始数据能够判断开挖断面的压力、壁后注浆压力、壁后注浆量等设定值是否合理，这些是盾构在掘进初期一个非常重要的阶段。在试掘进过程中必须要多次观测记录盾构机以及管片的位置，准确地掌握盾构机推进方向特性，例如，及时发现由机械自重引起的机头下沉或因为盾构机有斜度也能直接向前推进等特性，这样做的目的就是保证盾构机掘进的方向能沿着设计的路线正确推进。

① 盾构试掘进各项参数的确定。

为了确保隧道盾构施工安全掘进，减少盾构施工对邻近建筑物变形的影响，根据试掘进阶段的地层情况和地面建筑物变形情况，确定始发试掘进的参数，见表 8.29。

表 8.29　试掘进阶段盾构掘进参数和指标

掘进参数	设定值	备注
泥水仓中心压力/MPa	0.12～0.15	考虑地层土体侧压系数 0.4，底面荷载 20kN/m²；系数取 1.1～1.3
进浆比重	1.05	始发端处于黏性土层
进浆黏度 mPa·s	20	始发端处于黏性土层
掘进速度/(mm/min)	0～20	最快掘进速度为 40mm；避免泥饼产生
进排泥浆流量差	与掘进速度相匹配	避免大的超挖

② 盾构试掘进注意事项。

盾构试掘进是隧道掘进工程的重点，从盾构的组装到试掘进每一步，都需要精心组织，而且施工的过程中，要特别注意在始发前检查地层加固质量，以确保加固土体的强度以及渗透性符合要求。始发基座导轨必须保持平直，必须要严格控制标高和中心轴线。

试掘进阶段在附近建筑物的地面引发泥浆喷出，导致建筑物附近地面产生较大的沉降，建筑物会发生较大的损害，因为上覆土较浅，泥水的压力设置范围较小。掘进地段的地质条件比较复杂，泥水混合物的形成会对排泥管造成堵塞，无法形成一个循环回路，进而导致地面喷浆的现象，对地基扰动也会很大，因此对泥浆的黏度、比重、过滤特性、屈服值等泥浆指标管理是最重要的。在需要保护的浅埋建筑物地段，应该采取辅助施工法，对地层注浆加固，可以有效地避免地面喷浆的发生。

(2) 正式掘进。

隧道掘进中盾构机完成试掘进后，会得到相应的掘进参数，根据这些参数可以对盾构掘进进行一些必要的调整，保障后续的施工顺利进行。结合 2.4.2 节盾构开挖面稳定性分析可知，盾构推力的合理设定对于开挖面的稳定至关重要，通过理论计算并对试掘进获取的相关施工参数进行修正，得到航天城—韦曲南站区间盾构机调试后的参数，见表 8.30。

表 8.30　调试后的盾构参数

参数名称	上土压	盾构推力	刀盘开口率	刀盘转速
控制值	0.05～0.07MPa	1500～2000t	60%～70%	0.9～1.5r/min
参数名称	膨润土注入量	泡沫剂注入量	推进速度	出土量
控制值	2.5～3m³/环	15kg/环	30～40mm/min	54m³/环

盾构正式掘进必须严格监控掘进施工过程，技术人员必须做到根据地层地质

条件变化、隧道的埋深、地面附加荷载、地表沉降、刀盘扭矩、盾构机姿态、千斤顶推力等各种勘探、测量数据信息正确下达每班的掘进指令，而且要随时跟踪调整。对盾构机操作人员来说，须严格执行盾构机操作指令，谨慎操作，尽量做到避免盾构机出现蛇形盾构姿态，在纠正盾构机方向时，为减少对地层的扰动，一次的纠偏量不宜过大。

(3) 严格控制掘进方向。

在推进过程中盾构机表面与地层之间存在摩擦，并且这种摩擦不均匀，尤其是在砂砾卵石地层，这种不均匀摩擦表现得尤为突出。再加上隧道设计的路线并非完全直线，且存在坡度变化的曲线，这些因素使得盾构机在开挖过程中难以完全按照设置的路线走，最终导致掘进方向发生偏差。倘若掘进方向发生偏差就会加剧地层损失，引起衬砌管片受力不均以及地表沉降增大等后果。因此，盾构施工过程中必须要严格控制掘进方向并能及时修正掘进方向出现的偏差。

在航天城—韦曲南站盾构区间隧道施工过程中，为了保证掘进方向正确，在掘进过程中采用 SLS-T 隧道自动导向系统和人工测量辅助这两种办法对盾构的姿态进行监测，以及分区操作盾构机推进的油缸，进而控制盾构的掘进方向。事实上，无论在何种地质条件下进行盾构施工，都应及时调整盾构机姿态和纠正偏差。

(4) 适当改良土体。

由于盾构开挖面需要穿过厚卵石层，为了便于盾构施工，需要增加该层的流塑性。结合西安地铁盾构施工经验，除利用泡沫增加渣土的流塑性外，还可采用优质膨润土浆液加强刀具的润滑冷却，润滑和冷却刀具，可降低刀盘扭矩，减小刀盘刀具磨损量。提高掘进效率。消除盾构旋转的外力因素，从而防止盾构过度旋转。膨润土经 24h 发酵膨化(比重控制在 1.1 左右)，在刀盘前方加注，注入量控制在每环 2.6~3m^3。泡沫剂注入量为每环 15kg，流量可控制在 30mL/min。

(5) 同步注浆。

为了控制地表的沉降，在盾构掘进的过程中应及时安装衬砌管片，并且向管片与地层之间及时注浆，用来充填盾尾后环形的空隙，减少隧道周围土体发生过大变形。

注浆和盾构掘进同时进行，必要时在安装的管片脱出盾尾后，由管片预留的注浆孔进行强行二次注浆。

同步注浆对于盾构掘进过程非常重要，这是因为同步注浆不但能够填充密实衬砌管片与地层之间的空隙，还可以增强管片稳定性和增加管片外地层强度，减小地层变形。因此，在盾构掘进的过程中必须同步注浆，对建筑空隙采用盾尾内置的注浆管进行同步注浆。

根据本区间的地层条件、地下水情况及周边条件等，得到本工程同步注浆的配比，见表 8.31。

表 8.31 同步注浆材料初步配比

材料	水泥	粉煤灰	膨润土	砂	水
规格	普通硅酸盐水泥	二级粉煤灰	钠基	细砂	
每罐用量/kg （每罐 0.75m³）	80	350	50	100	390

每推进一环的建筑空隙为

$$V = \frac{\pi(D_1^2 - D_2^2)L}{4} \tag{8.4}$$

式中，V 为空隙体积；D_1 为盾构外径，取 6.14m；D_2 为管片外径，取 6m；L 为管片宽度，取 1.5m。

每环的压浆量都为建筑空隙的 180%～200%，即 3.6～4.0m³，在本区间盾构过程中注浆压力应该始终控制在 0.20MPa。

对本区间盾构的工程必须要做到管片和地层环向空间的填补，而不是劈裂。同时注浆压力也不应过大，如果注浆的压力超过一定范围，浆液就会对管片之外的地层产生扰动，会产生较大的地层沉降，尤其是隧道拱顶部将会发生较大沉降，甚至造成跑浆。但是若注浆压力太小，就会降低注浆速度，延长注浆时间，进而引起地表发生较大的变形。

注浆的方式分为手动控制和自动控制两种，根据本工程的实际情况，同步注浆选用自动控制方式，采用设置好的控制程序，自动调整注浆的速度，如果注浆的压力达到设定值，控制程序就会自行注浆，如图 8.43 所示。

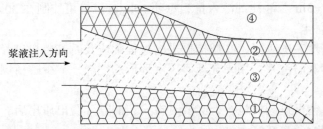

①第一次注入浆液；②第二次注入浆液；③第三次注入浆液；④未充填到部位

图 8.43 同步注浆原理图

(6) 二次补强注浆。

二次补强注浆是一种辅助注浆的措施。一般在管片的衬砌和地层之间的空隙充填密实性较差，会导致隧道自身的变形不能有效控制，管片衬砌出现渗漏时，才会实施二次补强注浆。在施工的同时，通过隧道的变形监测信息反馈，并在洞内采用超声波探测管片衬砌和地层之间有没有空洞,来综合判断隧道是否需要进行第二次补强注浆。

盾构施工过程中,原有浆液固结收缩有可能产生空隙,在管片脱离盾尾后及时对管片进行必要的二(多)次补浆,结合施工单位原有的工程经验,补浆量取同步注浆量的30%,利用多次、低压、少量的注浆方式,及时进行二次补强注浆。

2. 建筑物注浆抬升机制

盾构隧道施工过程中,由于地层受到扰动,隧道邻近建筑物可能发生不均匀沉降、倾覆或者结构破坏。为了确保邻近建筑物的安全稳定,施工过程中必须采取合理有效的措施控制地层变形及建筑物变形。在诸多工程实践中,注浆抬升作为盾构隧道施工邻近建筑物沉降的主要恢复措施,为保证盾构隧道施工过程中建筑物安全稳定,注浆抬升施工伴随施工前、施工中及施工后的各个阶段。注浆抬升是控制建筑物沉降的重要手段[98]。侯艳娟等认为浆液注入土体后在地层中发生运动,运动过程中浆液与土体之间产生相互作用力,随着地层中的浆液越来越多,地基就会受到向上的作用力,最终实现对建筑物的抬升。将注浆抬升建筑物的过程大体上划分为 4 个阶段[99]:①初始填充土体,使其达到密实状态;②产生浆-土固结体;③压密土体,产生向上抬升力;④实现建筑物的抬升。

1) 地层充填密实过程

对土体中进行注浆,地层发生变形及破坏的主要方式包含有充填、渗透、挤密和劈裂等几种[100],要实现注浆抬升建筑物的效果,首先必须要对地基土进行注浆充填和压密,改变土体松散状态,增加土体密实度。目的在于土体自身固有的松散特性,难以抵抗过大的扰动破坏;同时,盾构隧道开挖会扰动隧道周围土体,改变其初始应力,使其变形而形成松散区域,并降低建筑物地基中的承载能力,诱使建筑物发生沉降变形。

航天城—韦曲南站区间隧道沿线邻近建筑物较多,该区间的建筑物大多数为浅基础,埋深在 2m 左右,地基持力层大多是杂填土,该类土体结构一般比较破碎松散且稳定性较差,极易受到地层扰动的影响。加上该区间盾构隧道穿越的地层为砂砾卵石地层,开挖过程中对地层的扰动较大,进而会影响地基土的稳定,使得盾构隧道邻近建筑物的安全稳定受到了严重威胁,也给施工带来了安全隐患。为保证盾构隧道施工过程中邻近建筑物的沉降得到控制,在进行注浆抬升建筑物之前必须首先对地基土周围破碎松散土体进行充填和密实。

结合工程实践经验,以采用花管式分段注浆方式、从地面打设注浆管向土体中注浆为例[99]介绍,如图 8.44 所示。将浆液注入地基土之后,浆液在土体内形成柱体形式的浆泡,随着浆泡体积的增大,其周围的土体受到浆泡挤压而发生变形。土体变形区域中存在一个分界面,界面以内的土体发生塑性变形,界面以外的土体则发生弹性变形。

对于图 8.44(b)中的 3 个区域，以注浆管为中心而形成，可依据圆柱形孔扩张理论[101]，利用浆液和土体变形过程体积守恒条件，可以得到

$$r_{\text{p}} = r_0 \sqrt{\frac{(1+\varDelta)G}{P_0 \sin\varphi + c\cos\varphi + \varDelta G}} \tag{8.5}$$

式中，r_{p} 为塑形变形区半径(m)；r_0 为浆液填充区半径(m)；P_0 为地层初始围压(kPa)；G 为体积模量(MPa)；$\varDelta$ 为塑性区平均体积应变，可通过试验方法确定；c 为黏聚力；φ 为内摩擦角。

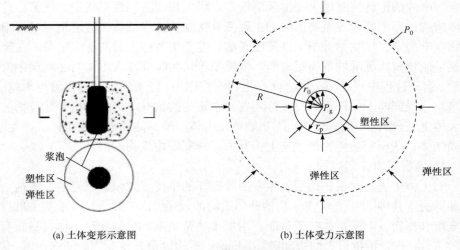

(a) 土体变形示意图　　　　　　　　(b) 土体受力示意图

图 8.44　浆泡对土体作用简化分析图

根据第 6 章研究分析可知，盾构开挖引起的地层变形是建筑物、隧道以及土体三者相互作用的结果。对砂砾卵石而言，盾构隧道施工造成的地层损失远大于一般地层下的盾构施工，而且地层变形具有明显的时空效应，容易造成隧道邻近建筑物发生较大沉降。这一阶段的注浆能够充填密实地层，起到减缓建筑物沉降的作用，但是，砂砾卵石地层盾构隧道施工对邻近建筑物的扰动影响极大，这样减缓沉降还不能够保证建筑物的安全稳定，还需要进一步对其抬升。

2) 止浆围护的形成

在完成对地基土体必要的充填密实后，可进行第二阶段施工。结合建筑物的基础类型、埋深、形状以及工程特点和建筑物周围环境，在建筑物基础周围进行注浆，形成止浆围护结构，充分利用浆液与土之间的固结作用来实现对建筑物基础的有效围护，从而为抬升力的形成提供约束条件。

止浆围护主要对盾构隧道施工邻近建筑物的基础周围一定范围内的土体先行

注浆，通过提高土体密实度和强度，在建筑物的基础周围形成一种横向约束。

止浆围护结构的形成效果至关重要，其形成过程受制于多种影响因素：第一，盾构施工特点以及邻近建筑物的抬升要求不同，则止浆围护结构所要达到的围护效果不同；第二，围护能力在很大程度上受到地层条件、施作位置、范围、注浆参数以及注浆形式等诸多因素的影响；第三，止浆围护结构厚度主要由浆液与土体形成的固结体大小决定，而更进一步则取决于注浆过程中单个注浆孔周围形成的塑性区厚度。从以上三个影响因素可以看出，它们之间存在一定的关联性，只有协调好各种影响因素，才能真正实现止浆围护结构的形成。从理论上讲，止浆围护结构中各相关参数与抬升力之间存在对应的函数关系，找到这种函数关系就可以预测注浆效果，更能为注浆抬升建筑物的施工设计及相关参数的选取提供理论依据。

止浆围护结构应该灵活设定，根据实际工程盾构施工特点、建筑物的重要程度以及抬升要求，严格固定止浆围护结构形状和位置。一般来说，止浆围护结构是在建筑物基础四周一定范围内施作的封闭结构，但是具体工程问题需要具体分析，必要时需对止浆围护结构进行相应调整。需要强调的是，注浆施工过程中，不仅要考虑止浆围护结构的范围，还需考虑其厚度。倘若形成的止浆围护结构厚度太小，围护结构很容易被巨大的注浆压力所"冲破"，不能够形成有效的抬升力。因此，在形成止浆围护结构过程中必须保证围护结构厚度、强度及刚度等主要指标。

3) 注浆抬升力

在完成对地基土的挤压密实和在建筑物基础周围一定范围内形成止浆围护结构后，基本具备了形成抬升力的约束条件和支承，接下来就是对围护结构内的土体进行注浆，实现对建筑物的抬升。根据静力平衡，注浆抬升力 T 必须满足

$$T \geqslant F + G + Q\sin\left(45° + \frac{\varphi}{2}\right) \tag{8.6}$$

式中，T 为抬升力(kN)；F 为房屋重量(kN)；G 为土台重量(kN)；Q 为土体滑动面黏聚力(kPa)。

相应地，有

$$\begin{cases} T = \pi r^2 P_u, \quad F = \iint\limits_{\Omega} q \mathrm{d}A \\[3mm] G = \dfrac{\pi}{3}\gamma_0 H_1\left[3r^2 + \dfrac{3rH_1}{\sqrt{K_P}} + \dfrac{H_1^2}{K_P}\right] \\[5mm] Q = \dfrac{\pi\left[2r + \dfrac{H_1}{\sqrt{K_P}}\right]H_1 c}{\sin\left(45° + \dfrac{\varphi}{2}\right)} \end{cases} \tag{8.7}$$

式中，K_p 为主动土压力系数；P_u 为临界注浆抬升压力(kN)；r 为注浆体半径(m)；H_1 为抬升深度(m)；q 为均布的房屋重量(kN)；γ_0 为土体重度(kN/m³)；c 为黏聚力(kN)；φ 为内摩擦角(°)。

从经济角度看，应尽量选择较小的注浆压力来实现房屋抬升的目的；从抬升力的大小来看，抬升力越大，房屋抬升越明显，需要密度越小的注浆液；从施工角度来看，抬升力必须均匀、可控，合理控制注浆半径和注浆深度。倘若注浆深度太浅且注浆压力较大，容易出现封孔困难，地表鼓包、漏浆，甚至建筑物基础局部抬升破坏等。因此，P_u、H_1、r 都有必要优选。

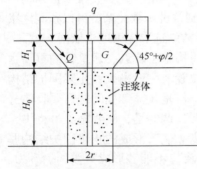

图 8.45　建筑物注浆抬升原理

实践证明，通过多点、多泵同时抬升来增大注浆体半径，建筑物抬升效果良好。同时，在注浆体上方需要一定厚度的覆盖地层，以便在注浆抬升力作用下建筑物均匀抬升。在注浆半径、注浆量以及建筑物抬升区域的最大跨度 B 已知的条件下，结合图 8.45 建筑物注浆抬升原理，按照力学理论，可以得到建筑物抬升的最小覆盖层深度：

$$H_1 = 0.5(B - 2r)\tan\left(45° + \frac{\varphi}{2}\right) \tag{8.8}$$

对于重要建筑物其底板局部不抬裂等要求，结合地层条件的复杂程度和注浆封孔要求，可对注浆深度 H_1 进行适度加深。

在注浆作用下土体受力后变形、开裂，然后压力消散，至一定的距离时产生凝固，使土体裂缝被充填、封堵；此后随着注浆进行，继续施加压力，又在土中产生劈裂，进而浆液继续扩散，最终达到抬升建筑物的效果。实际工程中，注浆主要还是用来减小建筑物在盾构施工扰动下所产生的沉降，使得建筑物沉降在规定的允许范围之内。

4）建筑物抬升条件

由以上分析可知，实现建筑物注浆抬升需要经历地层充填密实过程、形成止浆围护结构、具备抬升力等阶段，但是要实现建筑物的稳定抬升，则还需要一些基本前提条件，这样才能保证建筑物在抬升过程中不会出现抬升不均匀而导致建筑物底板断裂等现象。因此，建筑物抬升过程还需做到以下几点。

(1) 在建筑物四周形成止浆墙。这样能够约束注浆液，避免其向地层四周耗散，从而提高抬升力。

(2) 做到动态补偿注浆。隧道开挖扰乱地层的稳定，使得土体变得松散并不断沉降，倘若没有注浆，建筑物基础下方土体结构松散破碎，难以实现建筑物抬升。因此，在盾构推进过程中，保持动态跟踪补偿注浆对于建筑物注浆抬升至关重要。

（3）根据地层充填率、渗透性要求确定足够的注浆量，由式(8.7)～式(8.9)确定抬升压力和孔深，同时采取合理的注浆孔布置方式。

（4）加固建筑物地基土。目的在于提高建筑物结构的稳定，有效防止抬升过程中局部抬升力不均而造成建筑物底板发生破坏，确保建筑物抬升效果和抬升过程中建筑物的安全稳定。

（5）变形时效性。地层的充填密实、浆液与土体形成固结体以及孔隙水的排出需要经过一定的过程，在注浆抬升力作用下，会出现建筑物短时间内抬升，随后在地层完成一定的固结后，建筑物有可能出现一定的沉降，在注浆抬升过程中建筑物可能出现波动式抬升。因此，在盾构隧道下穿建筑物过程中，为保证建筑物抬升过程安全稳定，必须进行多点、多次、反复抬升。

3. 建筑物注浆抬升实施方案及措施

长安区残联大楼和农业综合开发办大楼建造年代已久，分别为 6 层和 3 层砖混结构。施工之前，通过现场调查，发现建筑物结构总体基本稳定，但是部分墙体已经开裂，结合盾构施工过程该建筑物的安全影响等级为Ⅰ级(非常危险)和预测的建筑物沉降值超过 40mm，必须对该建筑物采取加固措施。根据工程特点及建筑物变形要求，选用注浆抬升法来减小建筑物在盾构施工扰动下的过大沉降。

1) 注浆抬升方案制定

由上述建筑物注浆抬升机制研究分析可知，注浆抬升经过初始充填地层、形成止浆围护结构、产生抬升力和建筑物抬升 4 个过程。因此，为保证注浆抬升建筑物达到理想效果，实际注浆过程严格按照这 4 个过程有序进行。

按照隧道盾构前后开挖时间可将地表注浆加固分为 3 个实施阶段，即开挖前、开挖中和开挖后。开挖前阶段主要是进行基底注浆，并在建筑物周围一定范围内形成止浆围护结构；开挖中阶段主要是动态跟踪注浆，形成抬升力并减小建筑物沉降；开挖后阶段则是补偿注浆，进一步降低建筑物沉降，将沉降控制在允许范围之内。各个阶段具体操作过程如下。

(1) 开挖前基底注浆加固。

结合现场施工环境，首先对盾构隧道下穿的残联大楼和农业综合开发办大楼两建筑物的四周进行止浆帷幕施工，形成一圈封闭的围护墙。然后采用二重管的注浆工艺对残联大楼和农业综合开发办大楼基底进行注浆预加固，这样不仅能够有效地增大地基土密实度，而且能提高建筑物地基的承载力，并且使基础下方土体形成一个封闭区域，为抬升力的形成提供约束条件。

(2) 开挖中动态跟踪注浆。

隧道开挖过程中，邻近建筑物发生沉降的可能性最大，且沉降值也最大，因此必须做到动态跟踪注浆。按照注浆先后顺序可将跟踪注浆分为抬升注浆和补偿注浆两种，这两种注浆的施工方法相同，均为袖阀管注双液浆。在盾构隧道下穿两建筑物过程中，根据建筑物沉降变形对围护结构范围内的地层进行适时注浆：①地基土加固完成后一段时间内，土体发生固结沉降，引起地层变形并引起建筑物发生沉降，此时进行及时补偿注浆可以填补因土体固结沉降而形成的空隙，进一步增大地基土密实性，为抬升建筑物提供条件；②当地层达到一定强度后，土体再次充填密实，此时可开始抬升注浆。

动态跟踪注浆顺序按"自沉降最大处开始，至较小处结束；基础沉降值大的地方应多进行注浆，沉降值小的地方则少注浆；多次反复进行，结合监测建筑物沉降的反馈信息，严格控制注浆压力、流量以及抬升速度；采用多台注浆设备进行对称施工"的原则进行。具体施工应根据现场监测得到的建筑物沉降值变化适时进行，倘若盾构施工过程中建筑物沉降速率达到 0.7mm/d 或者累计沉降超过10mm，通过对建筑物进行及时补偿注浆来减小盾构施工引起的建筑物沉降，使建筑物沉降值和差异沉降值控制在合理范围之内。同时，注浆抬升过程中要合理控制单次抬升量，因为抬升过快可能会造成建筑物底板发生断裂。结合工程经验，单次最大抬升量控制在 3mm 以内。

(3) 开挖后抬升注浆。

在盾构隧道穿过邻近建筑物并封闭成环后，受盾构施工扰动的地层仍会在一定时间内发生沉降，并且引起建筑物发生沉降，这是因为盾构施工造成的地层损失和孔隙水排出后土体发生固结未完成。因此，在盾构隧道穿过建筑物后仍需加大建筑物沉降监测，根据监测信息的反馈进行必要的补偿、抬升注浆，这个过程一直要持续到建筑物沉降稳定。

2) 注浆钻孔布置

对残联大楼和农业综合开发办大楼两建筑物的注浆抬升区域较大，合理的注浆孔布置将直接影响注浆抬升效果。根据两建筑物与盾构隧道的几何位置关系和建筑物的基础类型及形状，在注浆抬升区域布置三种注浆孔，分别为止浆帷幕注浆孔、建筑物基底预加固注浆孔和动态跟踪注浆孔。

(1) 止浆帷幕。

在残联大楼和农业综合开发办大楼两建筑物南侧(左右隧道中心位置)采用旋喷咬合桩作为止浆帷幕，旋喷桩距离建筑物边缘 4.0m，桩的深度为 14m。在两建筑物北侧距离建筑物边缘 4.0m 处施作 3 排排距为 0.5m 的止浆帷幕注浆孔，注浆孔呈梅花形布置，孔间距 0.75m，孔深 14.1m，通过垂直注浆在两建筑物北侧 4m 处形成围护结构。在建筑物东、西两侧(位于隧道开挖轮廓线外 2.5m 处)设置 3 排排距为 0.5m 的垂直注浆孔为止浆帷幕，注浆孔呈梅花形布置，孔间距和孔深与建筑物北侧的止浆帷幕注浆孔相同。抬升注浆孔平面布置如图 8.46 所示。

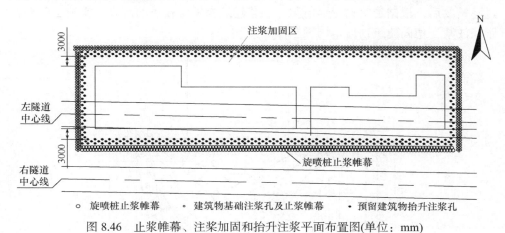

图 8.46　止浆帷幕、注浆加固和抬升注浆平面布置图(单位：mm)

(2) 建筑物基底注浆预加固。

对建筑物基础周围的地层进行注浆加固，提高建筑物地基土的强度，增强抵抗变形的能力。在两建筑物东西两侧施作 2 排排距为 0.5m 的注浆孔对建筑物基底进行注浆加固，其中最靠近建筑物的一排注浆孔距离房屋东西侧边缘 3m。在两建筑物南、北两侧施作 3 排排距为 0.5m、孔间距为 1.5m 的注浆孔，3 排注浆孔呈梅花形布置，与建筑物边缘距离分别是 3.0m、3.5m、4.0m。为了能够在注浆区域形成一个封闭较好的止浆围护结构和更好地实现建筑物抬升，各排注浆孔并非垂直而是与水平面的夹角分别为 30°、45°、60°，并且每排注浆孔的深度不同，分别为 12m、14m 和 16m。通过以上注浆孔的合理布置，可以增大建筑物地基承载力。地层注浆加固纵剖面如图 8.47 所示。

在注浆施工时，浆液要遵循先稀后稠，注浆压力要先小后大，等第一层的斜孔注浆完成后，才可以进行下部的深层注浆加固，要随时监测建筑物和地表变形的情况，要将变形控制在许可的范围内，每次的注浆隆起量不超过 2mm，需要特别对建筑物外墙角、门窗边角、建筑物突出部位及地下室地面上加强变形的监测，当观测数据超限时，立即停止施工。

(3) 动态跟踪注浆孔。

在两建筑物东西两侧距离隧道开挖轮廓线外 2.0m 和 2.5m 处施作两排注浆孔，在建筑物南北两侧距建筑物边缘分别为 3.0m、3.5m、4.0m 处施作 3 排跟踪注浆孔。第一、二排动态跟踪注浆孔中心距为 1.5m，与水平面的夹角分别为 30° 和 45°，孔深分别为 12m 和 14m。与第一、二排动态跟踪注浆施工不同，第三排动态跟踪注浆孔按照注浆进程分为两序：① 1 序跟踪注浆孔中心距 1.5m，孔深 16m，与水平面的夹角为 60°；② 2 序跟踪注浆孔中心距为 1.5m，孔深 14m，与水平面的夹角为 80°。在盾构隧道穿越建筑物过程中先进行第 1 序施工，待盾构隧道穿过建筑物后，根据建筑物变形监测，倘若建筑物发生较小的沉降，实施 2 序动态跟踪注浆，稳固建筑物地基周围土体。

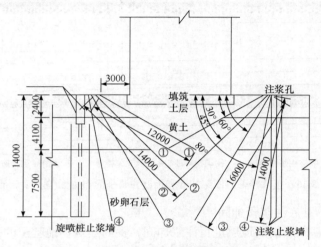

图 8.47　地层注浆加固纵剖面图(单位：mm)

3) 注浆参数设计

注浆参数的选取对建筑物抬升效果很关键，本书首先根据西安地铁类似工程的建筑物基底地层加固经验，结合本工程特有的砂砾卵石地层特征，设计出相关注浆参数，注浆参数主要包括基底加固注浆参数、补偿注浆参数和抬升注浆参数。通过现场注浆试验不断对参数进行优化，最终得到合理的注浆参数，并且应用到整个建筑物注浆抬升的过程中。

(1) 基础加固注浆参数。

普通水泥+水玻璃双液浆广泛应用于基底加固中，对于基底加固有很好的效果，因此在对残联大楼和农业综合开发办大楼两建筑物基础进行加固时注浆采用普通水泥+水玻璃双液浆。结合类似工程经验和现场注浆试验确定出浆液配比如下：水玻璃：水泥(S：C)(质量比)=1：1，水玻璃浓度 $1.318\sim1.381\text{g/cm}^3$，水泥浆水灰比(W：C)(质量比)=0.8：1～1：1。

注浆结束标准也是进行建筑物基础加固的关键，在实际注浆施工过程中结合注浆量和注浆压力控制注浆结束时间。一般来说，当注浆压力达到设计压力范围或注浆量达到设计注浆量时就可结束注浆施工。其中，注浆压力对于整个注浆过程起到至关重要的作用，注浆压力过小无法完成基底的加固和止浆围护，注浆压力过大会对地层造成巨大扰动，甚至造成建筑物破坏，因此需要根据地层条件经过多次试注浆，最终确定合理的注浆压力。对于残联大楼和农业综合开发办大楼两建筑物的基础注浆加固，根据多次试验和校正最终确定注浆压力为 0.8～1.5MPa，注浆量控制在 250～300L/m 范围内。

(2) 抬升注浆及补偿注浆参数。

抬升注浆和补偿注浆是进行建筑物抬升的主要过程，浆液的设计关系到建筑物抬升效果。本工程采取常用的袖阀管进行建筑物注浆抬升施工，为了避免袖阀管被浆液阻塞，保证袖阀管注浆的持续性，要求浆液流动性较好、凝胶时间可控以及强度不能过高，从而满足建筑物抬升施工要求。

浆液配比和基础加固注浆参数一样，也是结合类似工程经验和现场注浆试验确定出来的。

根据建筑物变形的监测结果和注浆压力变化控制注浆标准和注浆量，当注浆压力在 0.5～1.0MPa 范围内时，抬升注浆和补偿注浆可以结束。

通过对两建筑物进行注浆抬升，可有效降低建筑物沉降量，将楼房的安全影响等级降为 Ⅳ 级(安全)，确保建筑物的变形在允许范围之内。

8.2.7 采取控制措施后盾构隧道引起的建筑物变形规律的 FLAC 预测及现场监测

8.2.6 节分析研究得到了航天城—韦曲南站区间砂砾卵石地层盾构施工引起隧道邻近两栋建筑物变形的控制措施，提出通过提高盾构机刀盘强度、控制掘进方向以及注浆抬升等措施保证盾构隧道施工中残联大楼和农业综合开发办大楼两建筑物的安全使用。为了验证提出的建筑物变形控制措施的可行性，严格按照研究得到的盾构施工参数，采用 FLAC 对采取控制措施后盾构隧道引起邻近两建筑物的变形规律进行预测。

1. 采取控制措施后 FLAC 预测计算工况

FLAC 预测计算工况：采取控制措施后盾构隧道引起邻近两建筑物的变形规律。

该计算工况与 8.2.5 节中未采取控制措施计算工况的不同点在于:该计算工况将 8.2.6 节研究得到的控制措施应用到 FLAC 预测计算中，分别考虑了注浆后地层参数变化、管片壁后等代层厚度变化以及盾构推力。

2. 模拟范围及计算参数

该工况下的模拟区域与 8.2.5 节中的模拟区域相同。

对两建筑物实施注浆抬升以及盾构过程进行多次注浆，使得建筑物基础周围及隧道周围的地层强度发生变化。同时，进行多次注浆增大了衬砌管片壁厚的等代层厚度和强度。因此本节在进行数值计算时，对于建筑物基础边缘 3m 范围之内的地层，则选用注浆后地层的实际参数见表 8.32，其他部分地层参数与 8.2.5

节中的计算参数相同。

表 8.32　采取控制措施后楼房基础及隧道周围的地层计算参数

名称	密度/(kg/m³)	体积模量/MPa	剪切模量/MPa	厚度/mm
凝固后注浆层	2020	66.7	60	—
等代层	2200	11500	9000	120

3. 采取控制措施后盾构隧道施工过程的模拟

盾构隧道的开挖及支护按照刀盘掘削土体、盾构机向前推进、管片的拼装以及壁后注浆 4 个步骤进行。它们对周围地层的影响可以采用应力释放的方法来模拟，通过设置一定的计算步骤进行应力释放，同时在掘削面施加顶进压力。根据 5.4 节研究得到西安地铁砂砾卵石地层盾构推力 $T = 0.15 \sim 0.2\mathrm{MPa}$，此次计算中采取盾构推力为 0.2MPa；在保持盾构推力不变时，完成剩余应力的释放，激活管片衬砌，分步开挖，每步开挖 6m。

按照盾构施工的各种工况分步顺序进行数值模拟，施工后及时进行管片的拼装及壁后注浆，并进行地表及建筑物沉降观测，隧道的施工顺序为先施工左线隧道，然后再施工右线隧道。

4. 采取控制措施后残联大楼变形预测

该工况数值模拟严格按照盾构的施工技术要求进行开挖计算，施工后及时进行管片的拼装及壁后注浆，考虑了盾构开挖后短时间内的应力释放，开挖顺序为先左后右。

为了研究采取控制措施后盾构隧道施工引起地表沉降及残联大楼基础变形，分别设置 3 排监测点，第一排地表沉降监测点设在残联大楼东墙外 1m 处(x=14m)，第二排地表沉降监测点设在两建筑物之间(两建筑物间距 3m，x=57.5m)，第三排监测点设在农业综合开发办大楼西墙外 1m 处(x=88m)，监测点布置和 8.2.5 节相同，见图 8.31。

1) 地表沉降

第一排、第二排监测点的沉降监测结果如下。

(1) x=14m 沉降监测点结果分析。

从图 8.48 可以看出，对两建筑物采取变形控制措施后，盾构隧道施工引起 x=14m 处横断面的地表最大沉降发生在右线隧道拱顶上方，最大沉降量为 11.82mm，左线隧道拱顶上方沉降量为 9.87mm。右线隧道拱顶上方地表沉降略大于左线隧道拱顶上方地表沉降，但小于规范允许值 30mm。

(2) x=57.5m 沉降监测点结果分析。

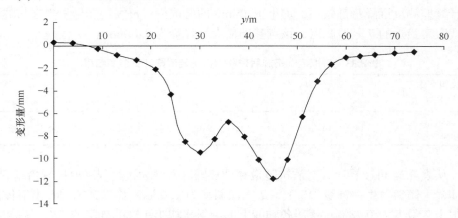

图 8.48 采取控制措施后沿 x=14m 处地表变形曲线

从图 8.49 地表变形曲线可以看出，对两建筑物采取变形控制措施后，沿 x=57.5m 处断面地表最大沉降发生在右线隧道拱顶上方，最大沉降量为 8.81mm，左线隧道拱顶上方的最大沉降量为 8.46mm，分别小于 x=14m 处断面的 11.82 mm(右线隧道)和 9.87mm(左线隧道)，原因在于沿 x=57.5m 处断面由于左右两侧建筑物基础结构层可以平衡土体因盾构施工而产生的扰动力，因此，该处断面的抗变形能力优于其他位置地层。该处断面地表最大沉降量小于规范允许值 30mm。

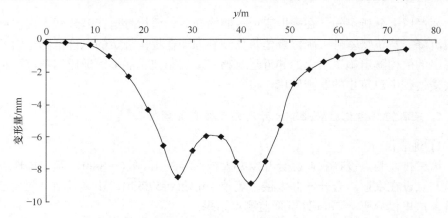

图 8.49 采取控制措施后沿 x=57.5m 处地表变形曲线

2) 残联大楼变形

盾构施工下穿残联大楼时，预测采取控制措施后盾构隧道施工引起建筑物变形情况可通过在建筑物上布置一些监测点监测。通过分析各监测点墙顶和墙底位移差值，研究建筑物的倾斜率。

从表 8.33 可以看出，对盾构隧道穿越残联大楼过程采取控制措施后，其基础各计算监测点沉降量都较小，均小于 15mm 的警戒值，最大沉降量发生在与隧道轴线距离最近的 7 号监测点，该点基础最大沉降量为 9.44mm。

表 8.33 采取控制措施后残联大楼基础沉降计算监测结果

监测点号	1	2	3	4	5	6	7	8	9	11	14
沉降量/mm	4.48	5.14	10.2	9.21	9.11	9.01	9.44	6.25	5.19	5.32	3.8

从表 8.34 可以看出，对盾构隧道穿越长安区残联大楼过程采取控制措施后，墙体最大倾斜发生在轴线 DE 上，最大倾斜率为 1.78‰，轴线 AD、BE 上墙体倾斜很小，最大为 0.48‰；楼房各轴线上的倾斜率均小于规范规定的 3‰，盾构隧道施工过程中不会引起楼房倾覆。

表 8.34 采取控制措施后残联大楼计算所得倾斜率

监测点号	轴线 AD				轴线 BE			轴线 DE		
	1	2	3	14	7	8	9	4	5	6
倾斜率/‰	0.07	0.15	0.18	0.06	0.43	0.21	0.48	1.74	1.78	1.69

注：轴线 AD 和轴线 BE 沿 x 轴倾斜，轴线 DE 沿 y 轴倾斜。

通过以上分析可知，在采取变形控制措施后，盾构隧道穿越残联大楼引起的地表沉降、建筑物基础沉降以及建筑物倾斜率均在规范规定的允许范围之内，表明提出的盾构隧道施工引起的邻近建筑物变形控制技术能够保证盾构隧道穿越残联大楼过程中建筑物的安全使用。

5. 采取控制措施后农业综合开发办大楼变形预测

1) 地表沉降

第三排监测点设在农业综合开发办大楼西墙外 1m 处($x=88$m)，第二排地表沉降监测点设在农业综合开发办大楼东墙外 1m 处($x=57.5$m)，该测点结果前面已经分析，这里仅分析 $x=88$m 处沉降监测点结果。

从图 8.50 可以看出，经过对两建筑物采取变形控制措施后，盾构隧道施工引起 $x=88$m 处横断面的地表最大沉降量为 11.77mm，发生在右线隧道拱顶上方，左线隧道拱顶上方沉降量为 9.52mm。右线隧道拱顶上方地表沉降量相对来说更大，但小于规范允许值 30mm，左线隧道拱顶上方地表沉降相对来说小一些。

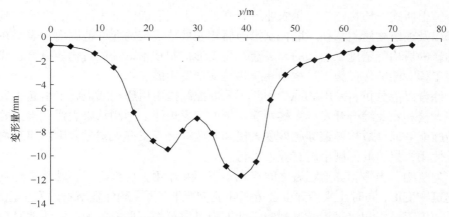

图 8.50 采取控制措施后沿 $x=88\text{m}$ 处地表变形曲线

2) 农业综合开发办大楼变形

盾构下穿农业综合开发办大楼施工时, 在建筑物上布置一些监测点, 预测采取控制措施后盾构隧道施工引起的建筑物变形情况。通过分析各监测点墙顶和墙底位移差值, 研究建筑物的倾斜率。

从表 8.35 可以看出, 采取控制措施后, 盾构隧道穿越农业综合开发办大楼时最大沉降量为 10.27mm, 发生在与隧道轴线距离最近的 20 号监测点, 并且各计算监测点沉降量都较小, 并小于警戒值 15mm。

表 8.35 采取控制措施后农业综合开发办大楼基础沉降计算监测结果

监测点号	15	16	17	18	19	20	21	22	23	26
沉降量 /mm	4.21	6.37	8.32	9.19	9.27	10.27	6.9	3.58	3.75	3.39

从表 8.36 可以看出, 采取控制措施后, 盾构隧道穿越长安区残联大楼过程中, 墙体最大倾斜率为 2.14‰, 发生在轴线 CF 上, 轴线 EF 上墙体倾斜很小, 最大倾斜率为 0.27‰, 即倾斜率均小于规范规定的 3‰, 所以盾构隧道施工不会引起建筑物倾覆。

表 8.36 采取控制措施后农业综合开发办大楼计算所得倾斜率

监测点号	轴线 EF			轴线 CF		
	17	18	19	20	21	22
倾斜率/‰	0.21	0.23	0.27	1.88	1.99	2.14

注: 轴线 CF 沿 x 轴倾斜, 轴线 EF 沿 y 轴倾斜。

综上所述，盾构隧道穿越农业综合开发办大楼引起的地表沉降、建筑物基础沉降以及建筑物倾斜率在采取控制措施后均在规范规定的允许范围内，表明在提出的新的盾构隧道施工引起的邻近建筑物变形控制技术下开展盾构隧道穿越残联大楼工程，能够保证施工过程中建筑物是安全使用的。

综合以上分析，采用 FLAC 预测了采取控制措施后盾构隧道施工引起邻近的残联大楼和农业综合开发办大楼两建筑物的变形规律。预测结果表明，提出的控制措施能够保证盾构隧道穿越残联大楼和农业综合开发办大楼过程中两建筑物的安全使用，提出的控制措施有效、可行。

建筑物、土体和隧道三者之间存在动态相互作用，盾构施工扰动地层必然引发建筑物变形，同时注浆抬升也会造成建筑物变形，为了确保建筑物的安全稳定，在盾构施工过程和注浆抬升过程中必须加强对建筑物变形的监测，以便随时掌握建筑物的变形情况，并为建筑物加固保护措施的制定提供参考依据。

6. 监测仪器

监测仪器采用德国蔡司精密电子水准仪，并配套徕卡全站仪、条形码尺及配套游标卡尺、棱镜组、配套工具和钢尺、连通器水准仪、摄像机、无线电信号发送器、太阳能电池板。

7. 监测项目及测点布置

1) 监测项目

根据设计资料以及现场实际情况，在下穿建筑物过程中需对建筑物及周围环境进行的常规监测项目有建筑物基础的沉降、建筑物倾斜、地表沉降。

辅助监测项目主要有照相摄影对比、建筑物裂缝观察、地面巡视观察。

实时监测项目：建筑物每个拐角及中隔墙交叉处各布置 1 个实时沉降测点。

2) 常规测点布置

常规测点布置如图 8.51 所示。

8. 监测实施方案

1) 地表及建筑物沉降监测

地层受盾构施工扰动影响而发生地表沉降的过程按照产生时间的先后顺序可以划分为 5 个不同阶段：①盾构到达之前产生的地表沉降；②盾构到达之时产生的地表沉降；③盾构通过时引起的地表沉降；④盾构通过后瞬时产生的地表沉降；⑤盾构完成后地表在一定时间内发生的固结沉降。其中，盾构隧道掘进过程所造成的地层损失和隧道周围地层受到盾构施工扰动或剪切破坏的再固结是地表沉降的主要原因。

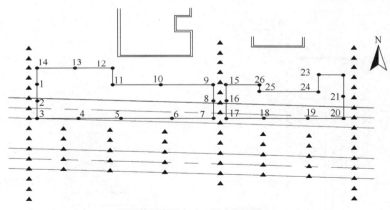

●建筑物沉降测点 ▲ 地表沉降测点

图 8.51 建筑物监测布置图

该区间盾构隧道下穿的地层是砂砾卵石地层。砂砾卵石地层是典型力学不稳定的地层，颗粒间的孔隙大，流塑性差。盾构掘进对地层的扰动，使地表产生不均匀沉降。

(1) 测点埋设：根据本工程的施工特点，预设两种埋设方法。

按照监测点设计要求，施工前要在混凝土路面上设置沉降监测点。但是，为了防止路面变形对监测点稳定产生影响，保证钢筋与下部土体固结而与上部路面分离，测点埋设如图 8.52 所示。要在穿过混凝土路面层部分使用套管隔离，从而避免测点不稳定造成地表监测不精确。

同时，为了监测盾构施工引起的建筑物沉降，在建筑物的基础或墙上钻孔，置入半圆头弯曲钢筋，用水泥砂浆将其四周填实，如图 8.53 所示。

(2) 测量方法：采用精度较高的电子水准仪，测量精度能够达到±1mm。运用闭合的路线观测，采集初始值时为了减小误差，需连续观测三次，且三次高程差在±0.5mm 范围时，取三次高程观测值的平均值作为各测点初始值。

(3)盾构施工地表沉降监测的注意事项：①制定详细的监测计划；②妥善协调好施工和监测的关系；③保护好监测范围内所有测点，使监测时容易进入和通视，避免测点的移动和破坏。

2) 建筑物倾斜的监测

建筑物主体倾斜监测，是测定隧道下穿建筑物时影响建筑物基础桩的影响而造成的建筑物倾斜率，为设计和施工部门提供相关的参考数据以便及时采取措施，达到安全施工、杜绝隐患的目的。该盾构区间主要监测残联大楼、农业综合开发办大楼的倾斜。

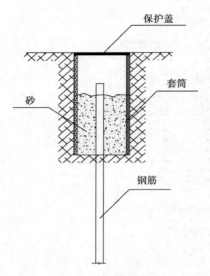

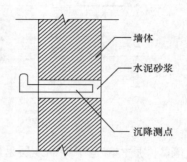

图 8.52　地面测点埋设示意图　　　　图 8.53　建筑物测点埋设示意图

测点布置时采用墙体标志或贴反射片进行。在建筑物的不同高度上建立上下两个观测点，用自动全站仪，按照国家二级观测标准，测定两点之间的坐标值，以及两次观测值坐标差，可计算该建筑物倾斜率的变化量。

对于建筑物变形的监测，应从施工前开始一直持续到施工完成后。在隧道盾构穿越建筑物和注浆抬升建筑物期间，应加强监测，做到随时掌握建筑物变形情况。

9. 监测控制标准及监测频率

根据规范要求，结合第 4 章确定的建筑物变形控制标准，该区间盾构施工过程中地表变形值应控制在−30～+10mm，倾斜率为 3‰。鉴于现场调查分析及已掌握的类似工程经验，按照以下控制标准执行。

(1) 建筑物基础最大允许沉降 15mm，其中 5mm 时为预警值，10mm 为报警值，15mm 为警戒值；最大允许隆起 5mm，倾斜率不能超过 3‰。

(2) 地表最大允许沉降 30mm，地表最大允许隆起 5mm。

(3) 监测频率。距掘进面大约 50m 时开始加强监测，监测频率是：距掘进面小于 20m 时，1 次/2h；距掘进面小于 50m 且大于 20m 时，2 次/d；距掘进面大于 50m 时，2 次/周。

10. 实测变形与预测变形对比分析

通过改造盾构机，严格控制盾构施工水平以及注浆抬升建筑物等措施后，盾构施工过程中残联大楼和农业综合开发办大楼两建筑物的变形得到了有效控制。为了验证 8.2.6 节所提出的盾构下穿残联大楼和农业综合开发办大楼控制措施的有效性，通过在盾构施工过程中对建筑物及地表变形的监测，对比分析两种不同工况下的地表沉降与建筑物变形。

1) 地表沉降

地表典型断面实测和预测沉降变形对比如图 8.54 所示。

从图 8.54 可以看出，采取控制措施后，三个典型断面预测变形曲线与实测变形曲线在趋势上能够较好地吻合。从图 8.54(a)可以看出，$x=14m$ 处断面右线隧道拱顶上方实测沉降量为 14.82mm，左线隧道拱顶上方实测沉降量为 12.48mm；从图 8.54(b)可以看出 $x=57.5m$ 处断面右线隧道拱顶上方实测沉降量为 11.92mm，左线隧道拱顶上方实测沉降量为 11.35mm；从图 8.54(c)可以看出 $x=88m$ 处断面右线隧道拱顶上方实测沉降量 15.64mm，左线隧道拱顶上方实测沉降量 12.43mm。三个典型断面地表实测沉降量均小于规范规定的 30mm，表明 8.2.6 节研究提出的盾构隧道施工引起邻近建筑物变形控制措施有效。

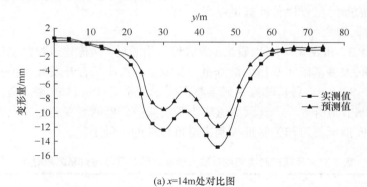

(a) $x=14m$ 处对比图

(b) $x=57.5m$ 处对比图

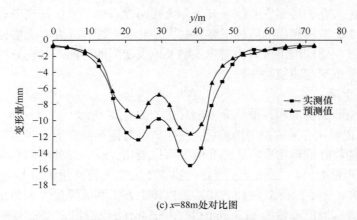

(c) *x*=88m处对比图

图 8.54　采取控制措施后地表典型断面实测与预测变形曲线对比

　　预测值略小于实测值，原因在于采用 FLAC 计算过程中未能考虑土体渗流和地层损失的影响，但是数值模拟预测可为提出的盾构隧道施工引起的邻近建筑物变形控制措施的可行性验证提供参考。

　　2) 建筑物变形

　　从表 8.37 和表 8.38 可以看出，采取控制措施后，两栋建筑物的基础沉降明显减小，残联大楼基础实测最大沉降量 13.1mm，农业综合开发办大楼基础实测最大沉降量 13.2mm，各监测点基础实测沉降量均小于 15mm 的警戒值，表明本书提出的控制措施有效。尽管预测值略小于实测值，但两者变化趋势大致相同，表明 FLAC 模拟预测可作为验证控制措施可行性的一种手段。

表 8.37　采取控制措施后残联大楼基础预测沉降与实测沉降对比　　　　(单位：mm)

监测点号	1	2	3	4	5	6	7	8	9	11	14
预测值	4.48	5.14	10.2	9.21	9.11	9.01	9.44	6.25	5.19	5.32	3.8
实测值	—	7.13	13.1	13.0	12.7	12.2	12.8	—	7.53	7.82	5.0

注：— 表示没有实测值。

表 8.38　采取控制措施后农业综合开发办大楼基础预测沉降与实测沉降对比　　　(单位：mm)

监测点号	15	16	17	18	19	20	21	22	23	26
预测值	3.7	5.6	8.4	9.6	9.0	10.4	7.4	4.7	4.6	4.1
实测值	5.5	—	11.2	12.1	12.4	13.2	9.6	5.6	5.9	5.4

从表 8.39 和表 8.40 可以看出，采取控制措施后，两栋建筑物的实测倾斜率均小于允许值 3‰，其中残联大楼最大倾斜率发生在轴线 *DE* 上，倾斜率为 1.84‰，农业综合开发办大楼最大倾斜率发生在轴线 *EF* 上，倾斜率 2.34‰，表明本书提出的控制措施有效，能够保证盾构隧道穿越残联大楼和农业综合开发办大楼过程中两建筑物的安全使用。尽管预测值略小于实测值，但两者变化趋势大致相同，表明 FLAC 模拟预测可作为验证控制措施可行性的一种手段。

表 8.39　采取控制措施后残联大楼倾斜率预测值与实测值对比　　（单位：‰）

监测点号	轴线 *AD*				轴线 *BE*			轴线 *DE*		
	1	2	3	14	7	8	9	4	5	6
预测值	0.07	0.15	0.18	0.06	0.43	0.21	0.48	1.74	1.78	1.69
实测值	0.08	0.15	0.21	0.08	0.42	0.29	0.5	1.82	1.84	1.74

注：轴线 *AD* 和轴线 *BE* 沿 *x* 轴倾斜，轴线 *DE* 沿 *y* 轴倾斜。

表 8.40　采取控制措施后农业综合开发办大楼倾斜率预测值与实测值对比　　（单位：‰）

监测点号	轴线 *CF*			轴线 *EF*			
	20	21	22	17	18	19	20
预测值	0.21	0.23	0.27	1.88	1.99	2.14	2.09
实测值	0.24	0.26	0.31	2.02	1.98	2.34	2.33

综上所述，采取控制措施后，地表沉降、建筑物基础沉降和建筑物倾斜率的实测值及预测值变化趋势基本吻合，地表沉降、建筑物基础沉降和建筑物倾斜率均在规范允许值范围内，表明研究提出的盾构隧道施工引起邻近建筑物变形控制措施合理有效，能够保证盾构隧道穿越残联大楼和农业综合开发办大楼过程中两建筑物的安全使用，FLAC 模拟预测可作为验证控制措施可行性的一种重要手段。

8.3　通化门—胡家庙区间盾构施工对管线的变形减控技术研究

本节及 8.4 节将已建立的西安地铁隧道施工对地下管线的变形影响等级划分与控制技术理论用于分析通化门—胡家庙区间地铁隧道盾构施工、暗挖施工对其邻近管线的变形影响，提出不同施工方法的管线保护措施。

8.3.1　工程简介

通化门—胡家庙区间位于西安市金花北路地下，区间从通化门站起，连续下穿三栋建筑物后，沿金花北路地下向北，沿线经东二环长桥、西北电力设计院、西玛机电有限公司家属楼等建筑物，在长缨路南侧到达胡家庙站。线路纵坡为单面坡，最大纵坡坡度 11.719‰。该区间段采用盾构法施工的区间起讫里程为 YDK31+365.965～YDK30+926.761(ZDK31+381.186～ZDK30+926.761)，右线全长 439.204m，左线全长 454.425m。其中 YDK31+365.965～YDK30+926.761 处，位于左右线隧道轴线中间有一条与盾构左右线隧道平行的 DN1200 直埋混凝土排水管线，该管线最大埋深约 3.8m。此处隧道拱顶覆土 8.3～11.0m，由 4.7.3 节可知，该管线为Ⅱ级风险源。

8.3.2　盾构施工对邻近管线变形影响 FLAC 建模

根据 4.7.3 节可知，盾构施工时该混凝土管线处于Ⅱ级风险，在盾构施工时如果不采取有效的保护措施，将使该管线处于比较危险的状态，故在盾构施工前对管线的变形进行预测并提出合理的治理措施，具有重要的理论意义与工程运用价值。

根据上述条件可知，在盾构施工时必须采取措施后再进行盾构的施工，否则管线会因为过大的变形而产生破坏。现为了验证措施的合理性，在盾构施工前先用 FLAC 进行变形预测分析。

根据通化门—胡家庙区间岩土工程勘察报告可知，盾构下穿管线施工时，地层计算参数见表 8.41。管片、等代层、管线的物理力学计算参数见表 8.42。

表 8.41　盾构施工对邻近管线变形影响的 FLAC 模型地层计算参数

地层名称	密度/(kg/m³)	体积模量/MPa	剪切模量/MPa	黏聚力/kPa	内摩擦角/(°)	泊松比	层厚/m
杂填土	1820	3.80	3.60	22.0	15.0	0.22	2
新黄土	1900	4.90	2.30	20.0	16.0	0.25	4
古土壤	1990	7.80	3.60	20.0	11.0	0.27	7
老黄土	2030	8.80	4.10	21.8	23.2	0.30	7
粉质黏土	2040	10.7	5.00	25.0	16.0	0.31	6

表 8.42　盾构施工对邻近管线变形影响的 FLAC 模型管片、等代层、管线计算参数

名称	密度/(kg/m³)	体积模量/MPa	剪切模量/GPa	厚度/mm
管片	2500	16.7	12.5	300
等代层	2300	14.5	11.5	300
管线	2350	13.6	11.7	200

根据现场勘察及相关资料的收集可知，在管线处于左右线隧道正中间时，两隧道轴线距离为 16m，管线轴线埋深为 3.8m，隧道拱顶覆土为 10m。根据盾构施工后对周围土体影响的大小不同，在建模时按影响程度不同划分为不同的网格单元。按此思想最终可建立如图 8.55 所示的 FLAC 计算模型。

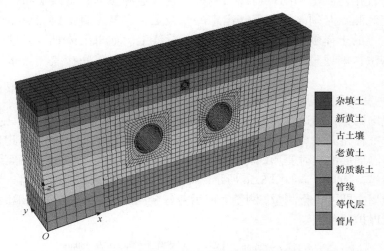

图 8.55 盾构施工对两轴线间地下管线的变形影响 FLAC 模型图

8.3.3 盾构施工对邻近管线变形影响 FLAC 数值模拟工况

盾构施工参数如下：盾构不产生超挖与欠挖，土仓压力控制在 0.09MPa，壁厚注浆饱满，盾构保证匀速连续推进。

8.3.4 变形监测方案

1. 变形监测目的

(1) 通过对现场监测数据的分析、处理，及时掌握管线的变形情况，为支护参数的调整和施工方法的调整提供依据。

(2) 方便信息化施工，以实现动态管理。在施工过程中，通过监控量测手段及时了解施工方法和手段的可行性及可靠性，及时调整施工参数、设计参数，以确保工程的安全。

(3) 通过对监测结果的分析，预测管线的变形趋势，为盾构施工制定管线的合理保护措施提供依据。

(4) 发生工程环境责任事故时，为仲裁提供具有法律意义的数据。

2. 变形监测内容及方法

在地铁隧道施工中，地层损失将导致地下管线的变形，为了能及时了解施工过程中地下管线的变形情况，需对管线变形进行实时监测。管线变形监测方法可分为直接监测法和间接监测法两种。直接监测法即在管线上布设直接观测点，直接观测点必须布置于暴露出来的管线上，也就是直接监测点布设时，需将管线上方的土体刨开，将点直接布置于管线上。如果土体难以开挖，需采用间接监测法，即通过地表的变形来反映管线的变形，将间接监测点布设在地表即可。

1) 地表变形监测

经现场调查，周边路面为硬化路面，路面下土体沉降时路面不会马上沉降，随时间的推移路面才会沉降，路面结构与地层的变形存在时间差，因此为了能够准确地监测地层的实时变形，将间接监测点布设于地层中，同时在路面结构上做好保护措施，具体措施如图 8.56 所示。需要测量时，只要打开金属盖，将铟钢尺放进观测槽内即可进行测量，测量完成后盖好金属盖，这样不会影响地面的交通，同时又能保护监测点。

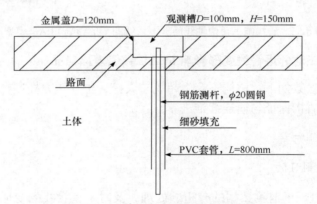

图 8.56　土体深层变形观测点埋设图

2) 地下管线监测

地下管线由于深埋在地层中，无法直接监测，因此在工程中特制定了如图 8.57 所示的监测方案对地铁施工引起的管线变形进行监测。

管线变形监测点应严格按照图 8.57 所示的监测方案来进行布设，沿管线轴线上每隔 1m 布设一个监测点，同时监测点应尽可能布设在管线的检查井处以方便监测和减少土体的开挖。间接监测点与隧道走向垂直方向呈断面布置，断面间距为 1m。各管线均埋设间接监测点，加盖保护，监测点间距及监测频率等根据管线管理部门的要求进行调整。具体监测点布设如图 8.58 和图 8.59 所示。

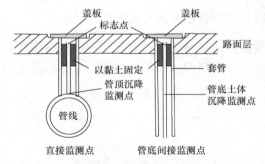

图 8.57 地下管线变形监测示意图

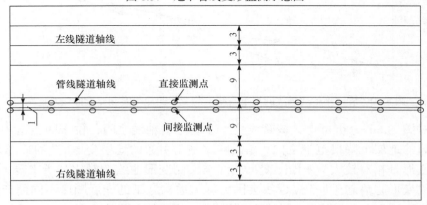

图 8.58 监测点布设平面示意图(单位：m)

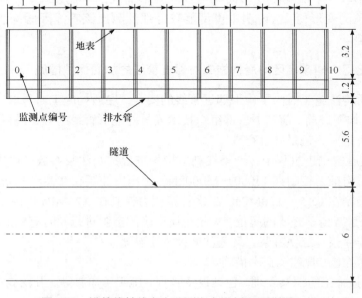

图 8.59 沿管线轴线方向监测点布设剖面图(单位：m)

8.3.5　实测变形曲线与预测变形曲线对比分析

为了能更好地检验预测管线变形的有效性，现将预测变形曲线与现场实测变形曲线进行对比分析，预测变形曲线与实测变形曲线如图 8.60 所示。

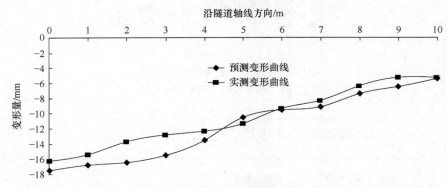

图 8.60　盾构施工两轴线间地下管线预测变形曲线与实测变形曲线对比图

对图 8.60 分析可得，该管线位于左右隧道轴线之间，位于两隧道盾构施工引起的地层沉降槽范围之内，是两隧道施工引起的地层变形的累加，故该管线的变形量相对较大。从预测变形曲线与实测变形曲线的对比分析来看，两者的管线变形趋势趋于一致，管线会因为隧道盾构施工的先后顺序不同而产生差异沉降。从变形曲线来看，位于隧道先施工部分的管线变形较大，而后施工处的管线变形较小。从实测变形曲线与预测变形曲线的对比来看，大体上实测变形值小于预测变形值，这说明本模型能较好地预测出该管线因盾构法施工引起的变形趋势。

8.3.6　通化门—胡家庙区间盾构施工对邻近管线的加固保护措施

地铁盾构法施工时为了确保邻近管线的安全，在盾构施工时采取以下措施。

(1) 盾构掘进前，前期项目部组织技术人员对地下管线的资料进行详细调查，对现状进行拍照、记录并且存档。

(2) 在盾构掘进过程中，严格控制盾构掘进参数及注浆参数。盾构下穿管线施工时，盾构推力控制在 13000～15000kN、土压力控制在 0.08～0.10MPa、同步注浆压力控制在 0.15～0.20MPa、二次补浆压力控制在 0.25MPa 以内。

(3) 尽量减少不必要的超挖。对超挖所产生的空隙进行及时有效的注浆填充。注浆分同步注浆、二次补浆、环箍注浆及多次补浆。

(4) 加强施工管理及技术措施。

① 加强施工组织及管理，包括设备管理、施工工序管理、开挖线形管理、注浆量管理、管片拼装管理等。

② 采用超前地质雷达探明隧道开挖前方是否存在空洞等不良地质现象,如需进行加固则在盾构到达之前必须完成加固,加固后方可进行盾构施工。

③ 加强监测频率,确保信息化施工。确保监控量测数据能够及时反馈到技术和施工部门,并由项目总工程师根据监测数据调整掘进指令单指导盾构施工。

④ 盾构施工时,刀盘启动应采取均匀加速,而刀盘停止时应均匀减速。

⑤ 根据每环实际出土量的不同,及时调整同步注浆量,注浆时应采用低压、多次连续注浆。

⑥ 盾构掘进时应保持匀速掘进。盾构机长时间停止施工,会导致地面发生较大的沉降变形,因此在盾构施工时应保证其匀速掘进。

采取上述保护措施对管线加固后,根据表 4.21 所确定的影响管线变形的相关因素,采用专家调查法对该管线的风险等级进行打分,同时采用孙福东等[90]提出的运用 Excel 巧解模糊综合评价法的基本计算原理进行计算。经计算可得,该管线的 $M_1=52$,则其对应的风险等级降低为 V 级,管线处于安全状态。因此,提出的管线保护措施合理有效。

8.4 通化门—胡家庙区间地裂缝段暗挖施工对邻近管线的变形减控技术研究

8.4.1 工程简介

西安地铁 3 号线的通化门—胡家庙(在长缨路南侧)区间位于金花北路地下。区间隧道起讫里程为 Y(Z)DK30+926.761~Y(Z)DK31+654.698,右线总长727.937m(左线 728.216m,长链 0.279m),洞顶覆土 9.1~11.7m,线间距 11.0~17.0m。线路纵坡为单面坡,最大纵坡坡度 11.719‰。该区间主要包括:单线单洞盾构隧道,浅埋暗挖隧道,盾构始发井、暗挖施工竖井及区间联络通道三部分。其中,浅埋暗挖隧道段包括:过 f_4 地裂缝段及其至胡家庙车站段为浅埋暗挖法施工,区间起讫里程为 YDK31+365.965~YDK31+428.965、YDK31+443.965~YDK31+654.698 (ZDK31+381.186~ZDK31+428.908、ZDK31+443.908~ZDK31+654.698),其中过 f_4 地裂缝暗挖隧道加宽段右线总长 180m,左线总长 179.772m,暗挖标准段右线总长 93.733m,左线总长 78.79m。

通化门—胡家庙区间暗挖段通过 f_4 地裂缝,通过地裂缝区间段为了保证地铁隧道不因地裂缝上下盘间的错动而发生破坏,该段采用加宽的隧道断面,加宽段右线总长为 180m。根据现场调查可知,f_4 地裂缝走向与隧道轴线之间成 36°角,其倾向为 80°。在 YDK31+436.465~YDK31+654.698 处有一条埋深 3.0m 的 DN800直埋混凝土市政排水管线,该管线直径 1.5m,壁厚 0.2m。隧道、地裂缝、管线三者的位置关系如图 8.61 所示。据 4.7.3 节可知，该管线风险等级为 I 级，管线处于最大危险状态。故在暗挖施工前对管线的变形进行预测并提出合理的治理措施，具有重要的理论意义与工程运用价值。

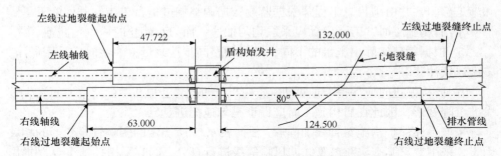

图 8.61 隧道、地裂缝、管线三者的位置关系(单位：m)

8.4.2 工程地质及水文地质条件

1. 工程地质条件

根据通化门—胡家庙区间段的岩土工程勘察报告可知，该区间沿隧道轴线方向剖面如图 8.62 所示。

通化门—胡家庙区间暗挖段工程地质条件如下。

地表分布有厚薄不均的全新统人工填土(Q_4^{ml})：其下为上更新统风积(Q_3^{eol})新黄土及残积(Q_3^{el})古土壤，再下为中更新统(Q_2^{eol})老黄土、冲积(Q_2^{al})粉质黏土、中砂等。区间隧道穿越地层主要为素填土、新黄土、饱和软黄土、古土壤、老黄土。

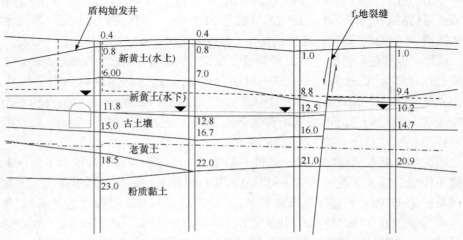

图 8.62 通化门—胡家庙区间沿隧道轴线方向地质剖面图(单位：m)

(1) 第四系全新统 Q_4。

地表为路面(地面铺砖、混凝土或沥青)及灰土碎石垫层等，地层分别如下。

1-1 杂填土 Q_4^{ml}：土体呈现杂色、松散，该层土体由粉质黏土、砖瓦碎片等组成，结构杂乱，土质不均。

1-2 素填土 Q_4^{ml}：土体以黄褐色为主，硬塑，该层土体主要由粉质黏土、少量砖瓦碎片、杂填土等组成，土质呈不均分布。

(2) 第四系上更新统 Q_3。

3-1-1 新黄土 Q_3^{eol}：介于填土底面与地下水位之间。呈黄褐色，可塑，虫孔及大孔隙发育，该层土体具湿陷性，属中偏高压缩性土，局部属高压缩性土。

3-1-3 饱和软黄土 Q_3^{eol}：褐黄色，土的液性指数 $\overline{I}_L = 0.99$，软塑，局部流塑，土质均匀，孔隙发育，含少量蜗牛壳碎片。土的压缩系数 $\overline{\alpha}_{V1\text{-}2} = 0.61\text{MPa}^{-1}$，属高压缩性土。

3-2 古土壤 Q_3^{el}：呈棕红色，$\overline{I}_L = 0.51$，可塑，含有针孔状孔隙，含钙质条纹，局部地段钙质结核富集成层，属中压缩性土。

(3) 第四系中更新统 Q_2。

4-1-2-1 老黄土 Q_2^{eol}：呈褐黄色，$\overline{I}_L = 0.73$，可塑，土质均匀，含有少量孔隙，$\overline{\alpha}_{V1\text{-}2} = 0.34\text{MPa}^{-1}$，属中压缩性土。

4-1-2-2 老黄土 Q_2^{eol}：褐黄色，$\overline{I}_L = 0.40$，可塑，土质均匀，含有少量孔隙，具有钙质结核。$\overline{\alpha}_{V1\text{-}2} = 0.24\text{MPa}^{-1}$，属中压缩性土。

4-4 粉质黏土 Q_2^{al}：呈黄褐色、褐黄色，$\overline{I}_L = 0.41$，土体可塑，该层分布有中砂层夹层或透镜体。$\overline{\alpha}_{V1\text{-}2} = 0.25\text{MPa}^{-1}$，属中压缩性土。

4-7 中砂 Q_2^{al}：灰黄色、土体饱和、密实、级配不良。标贯实测击数单值 $N=62.5$ 击。本层多以夹层或透镜体形式分布于 4-4 粉质黏土中。

2. 工程水文地质条件

对通化门—胡家庙区间地铁施工有直接影响的是地下潜水。

通化门—胡家庙区间勘察期间实测地下水位埋深 10.40～15.60m，相应标高介于 395.72～399.18m，年变幅 2m 左右。区间主要含水层为中更新统的中砂，揭露的最大厚度 5.30m，最浅埋深 34.00m，最高高程 378.60m。

8.4.3 地铁隧道下穿 f_4 地裂缝施工技术措施

浅埋暗挖段工程施工技术多样、工法转换较快。结构断面变化较多，有单跨矩形、双跨矩形、马蹄形、单圆等多种形式。施工方法包括明挖法、暗挖法、盖挖法、盾构等多种施工方法，其中暗挖法需要采取 CRD 法、短台阶+临时仰拱法等施工工序。还有钻孔灌注桩、旋喷桩、袖阀管注浆、大管棚、小导管注浆等多种施工工艺。过地裂缝 f_4 段的断面形式如图 8.63 所示。

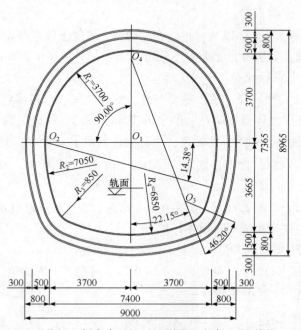

图 8.63　通化门—胡家庙区间过地裂缝 f_4 段断面图(单位：mm)

　　结构支护形式为复合式衬砌，断面拱部采用 ϕ108mm 大管棚支护，初衬 300mm 厚，采用 C25、P6 网喷射混凝土+格栅钢架支护形式；二衬 500mm 厚，采用 C40、P8 模筑钢筋混凝土结构。

　　开挖支护：过地裂缝 f_4 段断面采取 CRD 工法，分两层断面四步开挖，每步之间用临时中隔墙或临时仰拱分割，临时支撑采用型钢+纵向连接筋+网喷混凝土支护体系。

8.4.4　西安地铁 3 号线通化门—胡家庙区间隧道暗挖施工对管线变形影响研究

　　1. FLAC 建模

　　根据图 8.61 可知，在右线隧道的右侧有一条排水管线，管线轴与右线隧道轴线之间的距离为 5m，隧道施工时必然对该管线产生变形影响，同时该管线跨越地裂缝，地铁暗挖施工导致地裂缝的搓动也会造成该管线的破坏。为了保证该管线的安全，现采用 FLAC 对其进行仿真分析。

　　根据现场调查可知，两隧道轴线距离为 11.0～17.0m，隧道拱顶埋深为 9.1～

11.7m，管线轴线埋深 3.0m，管线轴线与右线隧道轴线水平投影距离为 5.0m。根据其他相关条件，现选取如图 8.64 所示的 FLAC 模型区域横断面图和如图 8.65 所示的 FLAC 模拟区域平面图。

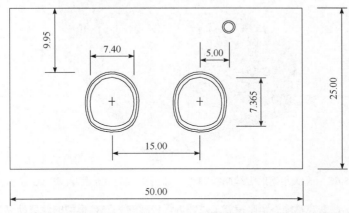

图 8.64　地铁穿越地裂缝暗挖施工对地下管线影响 FLAC 模型区域横断面图(单位：m)

根据上述条件，结合隧道施工对周围环境影响的不同，将模型划分为不同的网格单元，最终可建立如图 8.66 所示的地铁穿越地裂缝暗挖施工对邻近管线变形影响的 FLAC 模型图。

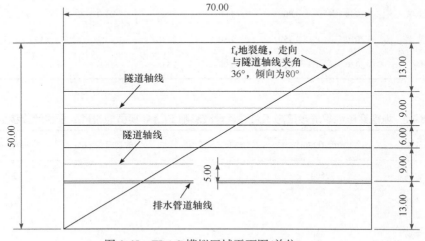

图 8.65　FLAC 模拟区域平面图(单位：m)

2. 计算参数

根据通化门—胡家庙区间岩土工程勘察报告可知，地铁隧道穿越 f_4 地裂缝区间段的土体物理力学参数取值见表 8.43。衬砌、管线的物理力学计算参数见表 8.44。

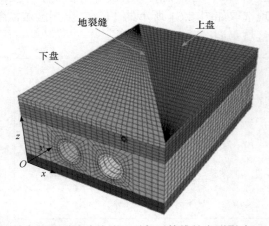

图 8.66　地铁穿越地裂缝暗挖施工对邻近管线的变形影响 FLAC 模型图

表 8.43　地铁穿越地裂缝暗挖施工对邻近管线影响 FLAC 模型的地层计算参数表

地层名称	密度 /(kg/m³)	体积模量 /MPa	剪切模量 /MPa	黏聚力 /kPa	内摩擦角 /(°)	泊松比	层厚/m
人工填土	1780	3.58	3.72	12.5	12.0	0.22	2
新黄土	1820	4.60	3.30	17.6	15.0	0.25	5
古土壤	1950	6.80	4.60	19.3	11.0	0.27	5
老黄土	2010	7.95	5.30	21.8	23.2	0.30	7
粉质黏土	2040	10.7	5.00	25.0	16.0	0.31	6

表 8.44　地铁穿越地裂缝暗挖施工对邻近管线影响 FLAC 模型的衬砌、管线计算参数表

名称	密度/(kg/m³)	体积模量/MPa	剪切模量/GPa	厚度/mm
初衬	2500	16.7	12.5	300
二衬	2200	17.5	14.2	500
管线	2350	13.6	11.7	200

3. 地铁下穿地裂缝 FLAC 模拟处理措施

地铁下穿地裂缝施工时，如果地裂缝上下盘之间发生了相对错动，那么管线将会发生不均匀变形而使其发生破坏，因此在数值模拟中如何考虑地裂缝问题是该工程数值仿真分析的一个重点问题。

西安地裂缝的形成原因主要有以下三种观点：过度地抽取地下水、地质构造原因和不同原因复合作用。大量学者和工程技术人员基于断裂构造发育理论，对西安地裂缝的形成原因展开了大量研究，普遍观点认为地裂缝主要是由于过度开采地下水而形成的。

西安共有 14 条地裂缝，这些地裂缝总体上呈三维特征运动，不同位置处的地裂缝呈现出近似平行分布现象，各主地裂缝的活动状态均表现为南倾南降，同时在主地裂缝运动时也伴随着次生地裂缝的出现。主地裂缝上下盘间的最大相对错动位移值为 300mm，从现场勘察资料可知，地裂缝处不同层间的土体竖向相对错动量趋于一致[102]。

据历史现场监测资料分析可知，西安地裂缝的运动模式共有三个：既有垂直方向运动，也有水平拉张运动，同时还有水平扭动运动。在这三个方向的运动中，以垂直方向运动最为强烈，具体体现在：活动速率为 5~30mm/a，最大位移量为 56mm/a；而水平拉张表现为 2~10mm/a，处于第二位；根据监测结果可知，水平扭动运动量为 1~2mm/a，是三个运动中最小的一个。由上述分析可知，西安地裂缝的活动主要特点是：以地裂缝两侧上下盘之间发生相对错动为主，即上下盘间发生沉降差。当上下盘发生相对运动时，会产生不均匀沉降，不均匀沉降对于影响区域内地表或地层中的建(构)筑物影响是十分严重的，如果变形量大于其允许值，将直接导致这些建(构)筑物发生破坏。

由上述分析可知，西安地裂缝主要以竖向的垂直沉降为主，因此在本书的数值模拟中重点考虑上下盘之间的相对错动问题，而不考虑地裂缝间的水平张拉和水平错动问题。

根据岩土工程勘察报告可知，西安地裂缝内大部分无填充物填充，只有小部分地裂缝内有填充物填充，而这些填充物主要来自地表浮土或水流运动夹带的淤泥质土，这些填充物松散、孔隙率大、密实度差，比地裂缝两侧土体的物理力学参数要小很多，因此在地裂缝变形分析过程中应当将地裂缝内的填充物看成一个弱面来处理，在地铁隧道施工过程中，上下盘的岩土体可能会沿着该弱面发生破坏，弱面两侧的岩土体发生破坏与弱面的走向和倾向有重要的关系。

弱面的存在形式主要有以下两种：平面弱面和空间弱面。平面弱面是指弱面的走向与隧道轴线方向相互平行，对于这种弱面仅需要一个参数就能确定其位置，这个参数就是倾角 β_0。对空间弱面来说，弱面走向与隧道轴线方向两者不平行，而是存在一个夹角 γ_0，且 $\gamma_0 \neq 0$，因此对空间弱面来说，需要两个参数才能确定其具体位置，这两个参数分别是 β_0 和 γ_0。

弱面处土体强度是由以下两部分强度组成的，即土体强度和弱面强度。弱面上的土体强度是由两部分组成的，因此弱面土体的破坏形式也有以下两种形式：一是土体部分拉破坏或压剪破坏，二是弱面本身受拉或压剪破坏。从实际情况来看，土体强度和弱面强度两者在数值上相差较大，一般来说弱面的强度会小于土体的强度，因此一般只考虑弱面的破坏。郑颖人等[103]提出了弱面的强度破坏准则如下。

$$\sigma_1 = \frac{2C_j \cot\varphi_j}{\left(1 - \dfrac{\sigma_3}{\sigma_1}\right)\sin(2\beta - \varphi_j)\csc\varphi_j - \left(1 + \dfrac{\sigma_3}{\sigma_1}\right)} \tag{8.9}$$

式中，β 为弱面与最小主应力 σ_3 的夹角；φ_j 为弱面的内摩擦角；C_j 为弱面的黏结力。

用极坐标应力分量表示为

$$\sigma_0 = \frac{\sigma_r\left(a + \tan\varphi_j\right) - b\tau_{r\theta} + 2C_j}{a - \tan\varphi_j} \tag{8.10}$$

式中，σ_r 为极坐标上正应力；$\tau_{r\theta}$ 为极坐标上切应力；$a = \sin 2\beta_1 - \cos 2\beta_1 \tan\varphi_j$；$b = 2(\cos(2\beta_1) + \sin(2\beta_1)\tan\varphi_j)$；$\beta_1$ 为弱面与给定坐标轴之间的夹角。

空间情况下弱面的破坏准则为

$$\left[\frac{1}{2}(\sigma'_\theta - \sigma'_r)\sin 2\beta_1 + \tau'_{r\theta}\cos 2\beta_1\right]^2 + \left(\tau'_{r\theta}\sin\beta_1\right)^2 + \left(\tau'_{r\theta}\cos\beta_1\right)^2$$
$$= \left\{\left[\frac{1}{2}(\sigma'_\theta + \sigma'_r) + (\sigma'_\theta + \sigma'_r)\sin 2\beta_1 - \tau'_{r\theta}\cos 2\beta_1\right]\tan\varphi'_j - C'_j\right\} \tag{8.11}$$

式中，$\sigma'_\theta = \sigma_\theta$；$\sigma'_r = \sigma_\theta\mu\sin^2\gamma_0 + \sigma_r(\cos^2\gamma_0 + \mu\sin^2\gamma_0)$；$\tau'_{r\theta} = \tau_{r\theta}\cos\gamma_0$。

此外，弱面还存在一个最不利角度，如果一个弱面中存在这样的角度，那么隧道开挖后隧道周围土体最容易发生剪裂破坏。通过大量试验发现，平面弱面和空间弱面的最不利角度分别如下。平面弱面：$\beta_l = 45° + \dfrac{\varphi_j}{2}$；空间弱面情况下：$\beta_i = 45° + \dfrac{\varphi_j}{2}$，$\gamma_0 \neq 0$。当 $\gamma_0 = 0$ 时，空间弱面转化成平面弱面，此时空间弱面比平面弱面更为有利。

根据上述相关理论及通化门—胡家庙区间 f_4 地裂缝的具体工程特点，在本书的研究过程中，主要考虑平面弱面的作用。

4. 计算工况

在本书的计算过程中，考虑到地裂缝两侧相对错动的作用，采取以下几种工况进行计算。

(1) 地表两侧相对错动位移为 30mm(1 年)。

(2) 地表两侧相对错动位移为 60mm(2 年)。

(3) 地表两侧相对错动位移为 150mm(5 年)。

5. 数值计算

根据上述相关条件，对地铁隧道穿越地裂缝施工进行仿真分析，在计算过程中，按照 8.3.4 节的变形监测方案在地下管线上布设监测点，经计算可得到管线的变形曲线如图 8.67 所示。

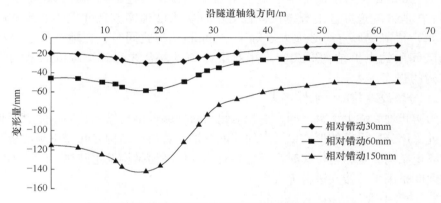

图 8.67　地裂缝上下盘不同错动距离时管线变形曲线

对图 8.67 分析可得，管线在三种不同的地裂缝上下盘不同错动位移时，管线的变形量各不相同。可以得出，管线在地裂缝处的变形量最大，而在邻近地裂缝处的管线变形量也均大于其他段的管线变形量。随着地裂缝上下盘错动位移的增加，管线在地裂缝处与邻近地裂缝段管线的差异变形逐渐增大。同一管线也会因地铁隧道暗挖施工而导致其不均匀变形，最终导致管线的破坏。因此，在地铁穿越地裂缝施工时，应采取一些合理的技术措施以确保管线的安全。

8.4.5　西安地铁穿越地裂缝隧道结构变形控制措施

西安地铁路线大多需要穿越地裂缝，而地裂缝上下盘之间会发生相对错动，这将使处于上下盘的隧道结构发生相对运动，最终将导致结构发生破坏。因此，在隧道施工过程中应采取一些保护措施防止隧道结构发生破坏。

分段式柔性接头隧道大型模型试验证明了分段式柔性接头隧道能较好地

适用地裂缝的变形。西安地铁隧道穿越地裂缝带时采用分段设缝和柔性接头形式的分段隧道是可行的。鉴于上述模型试验的结果，在西安地铁穿越地裂缝施工时采取"防"与"放"相结合的方法来处理地裂缝相对错动而导致的结构破坏。"防"与"放"的具体做法如下："防"是指扩大隧道断面并加强局部衬砌强度；而"放"是指分段设缝并加柔性接头，同时在隧道结构跨地裂缝地段时采取分段结构，段与段之间采用柔性接头进行处理。在具体施工过程中，采用以下保护措施。

1. 结构控制措施

1) 扩大隧道结构断面和加强局部衬砌强度

根据西安地裂缝研究资料可知，未来一百年内西安地裂缝上下盘的最大错动量为 500mm。为了保证地裂缝上下盘发生错动后地铁列车具有足够的运行空间，在地铁隧道穿越地裂缝区间段处必须扩大隧道净空尺寸以预留足够的变形空间，预留变形空间必须大于等于 500mm。与此同时，在地铁隧道穿越地裂缝区间段的支护结构形式应采用双层衬砌或复合式衬砌结构以局部加强衬砌结构的强度。

2) 分段设缝并加设柔性接头

为防止地裂缝上下盘之间发生相对错动时使隧道结构发生破坏，隧道穿越地裂缝处采用分段设缝的形式以适应地层的变形。若两段结构之间采用刚性接头，两侧隧道结构发生相对位移时会发生相对碰撞使隧道结构发生破坏，因此不同段隧道之间采用柔性接头进行连接。

3) "管中管"结构

在地铁穿越地裂缝处可以采用"管中管"结构形式来提高隧道的抗变形能力，而"管中管"是地下连续墙作为外管，内管用简支结构支撑在外管上。外管承担地裂缝的作用，用简支结构将内外管结构隔开，减小地裂缝三维运动时对隧道结构的破坏作用，外管对内管起保护作用，使内管结构处于一个相对安全的状态。

4) 柔性外围护结构

柔性外围护结构是一种通过改变隧道外围所处环境的变形控制措施，该变形控制措施是对隧道结构从外到内采用柔性材料进行变形控制。从外到内的结构层主要有：BQxF(一种波纹板强化橡胶复合防水材料的简称)卷材和聚氨酯泡沫(填料)组成的柔性外围护抗裂防渗变形层和由中、粗砂组成的变形调整层，其结构如图 8.68 所示。这种结构可以在地裂缝上下盘发生相对错动时，起到调整地层变形的作用，及时地消化吸收柔性围护层传来的变形，从而使隧道结构处于安全状态。

2. 结构防水措施

根据西安地铁 1 号线、2 号线和 3 号线地裂缝勘察报告，西安地铁在大部分地段均埋置在地下水位以下。地裂缝处由于隧道采用分段结构，故在该区域内的防水性能较弱，容易产生渗水等现象，使得水压力也较大。

3. 特殊变形缝处理

根据上述内容可知，西安地铁隧道穿越地裂缝段主要是采用分段结构并采用柔性接头来处理，因此工程上通用的中置式橡胶止水带、自黏性改性沥青防水卷材以及密封胶等防水措施均不能满足地裂缝处的防水要求。因此，为了能满足西安地铁穿越地裂缝段工程防水要求，现提出以下几种变形缝防水处理措施，这几种措施可在一定程度上满足防水要求。

1) GINA 止水带法

本防水措施主要是借鉴地下工程中穿越江河湖海的沉管隧道变形缝防水处理技术。GINA(负压密封垫膨胀)止水带防水具体构造如图 8.69 所示。图中橡胶板是可伸缩的，用来阻挡土体进入裂缝；膨润土充填材料为防水的第一道防线；两道GINA 止水带固定在二衬上构成第二道防线，它是防水措施中最主要的防线；Ω 型橡胶止水带是第三道防线。另外，还设置了多个可以多次重复注浆的注浆孔，以便紧急情况时进行堵漏、维修处理。为了减小 GINA 止水带与结构之间的剪切力，在结构上预埋特制的光滑高密度 PE 板。该方法能应对不同方向的变形和防水。

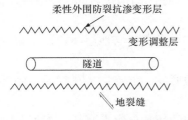

图 8.68　柔性外围护适应变形构造示意图

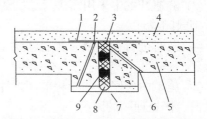

1. 橡胶板；2. 预埋注浆管；3. 膨润土充填材料；4. 初衬；
5. 二衬；6. 预埋注浆管；7. 高密度 PE 板；8. T 型橡胶止
水带；9. 两道 GINA 止水带

图 8.69　GINA 止水带防水构造图

2) 可卸式管片拼装双层结构法

这种方法是将双层衬砌结构和扩大断面两种方法相结合，具备了两种方法的优点，可以有效地解决防水失效补修问题。这种方法能较好地体现出"以防为主，刚柔结合，多道设防，可拆可修，综合治理"的治水原则，具体构造方法如图 8.70所示。

3) BQxF 防裂止水带法

BQxF 可根据不同的需要选取不同厚度、不同波纹的钢板、PVC 板等为夹芯，外裹聚合物材料三元乙丙橡胶、氯丁橡胶、天然橡胶等经模压硫化形成。BQxF 防裂止水带本身能适用较大变形，也可以结构分段串联处理以增加适应变形的能力。这种结构的具体做法如图 8.71 所示。

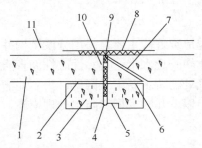

1.二衬；2.橡胶止水圈，下铺膨润土防水毯；3.拼装衬砌；4.T型止水带；5.遇水膨胀橡胶止水带；6.紧固件；7.预埋注浆管；8.橡胶板；9.填缝材料；10.中埋式止水带；11.初衬

图 8.70　可卸式管片拼装双层结构法防水构造图

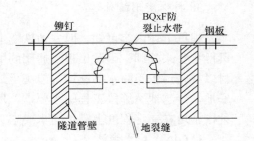

图 8.71　BQxF 防裂止水带法示意图

8.4.6　地铁隧道暗挖施工管线保护措施

(1) 设置超前地质钻孔，及时准确掌握地层情况。

(2) 加强超前支护，注浆加固土体。

(3) 隧道开挖中采用短进尺，尽量缩短各工序间的衔接时间，尽量施作仰拱，使衬砌封闭成环。

(4) 及时进行初支及时背后注浆，保证初衬及二衬与地层间密贴，减少地层变形。

(5) 施工中应坚持"管超前、严注浆、短开挖、强支护、早封闭、勤量测、速反馈、快处理"的原则。

(6) 采用精密仪器对管线位移进行监测，防止意外突发事故，根据监测情况采取相应措施。

(7) 通过管线时应严密监视隧道洞顶是否存在渗漏水现象，一旦出现应立刻停工，撤离人员，查明原因，处理完毕后方能进行下一步施工。

采取上述保护措施对管线加固后，根据表 4.21 所确定的影响管线变形的相关因素，采用专家调查法对该管线的风险等级进行打分，根据孙福东等[90]提出的模糊综合评价法基本原理进行计算可得，该管线的 M_1=58，则其对应的风险等级降为 V 级(图 4.20)，管线处于安全状态。因此，提出的管线保护措施合理有效。

8.4.7　暗挖施工预测管线变形的理论公式与实测变形对比

根据 8.4.1 节可知,西安地铁 3 号线通化门—胡家庙区间过地裂缝区间段采用暗挖施工,其中过 f₄ 地裂缝暗挖隧道加宽段右线总长 180m,左线总长 179.772m,暗挖标准段右线总长 93.733m,左线总长 78.79m。该区间段距右线隧道轴线 5m 处有一条埋深 3.0m 的市政排水管线,该管线直径为 1.5m,壁厚 0.2m。隧道、地裂缝、管线三者的位置关系如图 8.61 所示。

为了验证式(5.58)的正确性,在暗挖施工时,对地表沉降进行监测,确定出该区间段施工的地层沉降槽宽度 i_z,然后采用式(5.58)对该区间暗挖施工对邻近的排水管变形影响展开预测,通过计算得到的管线变形曲线如图 8.72 所示。

在地铁暗挖施工过程中,采用如图 8.58 和图 8.59 所示的管线变形监测方法对管线的变形展开监测,在暗挖施工过程中对管线的变形展开实时监测,待管线变形趋于稳定时,取管线的累计沉降值作为管线的变形量,根据对监测结果的整理分析最终可得到如图 8.72 所示的管线变形实测曲线。

对图 8.72 分析可得,采用式(5.58)计算出来的变形曲线和现场实测曲线能较好地吻合,在距隧道开挖面 0~12m 范围内沉降实测值大于理论值,这主要是因为现场施工条件比较复杂,对地层的干扰比较大,而理论计算是一种理想的状态,故现场实测值大于理论值,而在此范围之外,理论值与实测值较为接近,说明式(5.85)可运用于工程中。

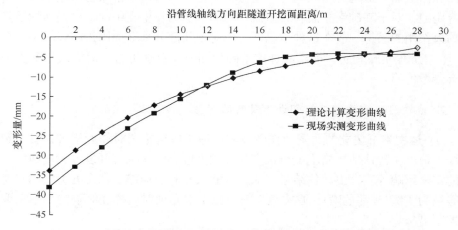

图 8.72　暗挖施工管线理论计算变形曲线与现场实测变形曲线对比图

8.5　小　　结

本章通过四个工程项目对西安地铁隧道施工灾害减控技术进行了工程应用研

究，具体如下。

1. 地铁隧道盾构施工对钟楼的变形减控技术

(1) 采用 FLAC 模拟计算的手段对盾构穿越钟楼施工时基础不加固和加固两种工况的地表变形进行了对比分析研究，得出对钟楼基础不加固时进行盾构施工会对钟楼产生破坏，而地表的变形也比较大的结论；当对钟楼基础进行加固时，钟楼基础的变形在控制允许范围之内，地表变形也明显减小。因此，为了保证钟楼在盾构隧道施工时不发生破坏，必须进行预加固。

(2) 完成了盾构穿越钟楼施工时的地表和钟楼基础变形规律监测研究。结果表明，实测变形曲线与预测变形曲线趋势基本一致。从整体来看，在加固范围以外，地表实测变形值比预测值大，加固范围内的地表实测变形值比预测值小。出现这种情况是由于数值模拟是在特定的条件下进行的，而现场施工条件是复杂多变的，例如，壁后注浆量的多少、正面附加推力的大小等因素是多变的，在加固范围内由于钻孔灌注桩的隔断作用，地表变形受盾构施工的影响比较小，而未加固一侧影响大，地表变形也相对比较大。

(3) 监测结果表明，盾构施工引起的钟楼基础变形均没有超过允许范围，这说明采取的预加固措施是有效的。从基础测斜监测来看，盾构施工引起的倾斜很小，远远小于其控制范围，故不会发生倾斜破坏。从基础变形监测来看，基础东立面和西立面变形趋势与预测变形趋势基本符合，这对于采取措施减小变形是非常有用的；对于基础南立面和北立面，变形最大的发生在中间，这是两端受到侧面约束作用的结果，故在这种情况下，应对中间部分采取加固措施以减小变形。

(4) 工程实践表明，提出的钟楼基础加固方案合理可行，研究成果对类似工程有参考价值。

2. 地铁隧道盾构施工对邻近建筑物的变形减控技术

(1) 运用本书建立的西安地铁砂砾卵石地层盾构施工对邻近建筑物安全影响等级评估方法，评估盾构施工对长安区残联大楼和农业综合开发办大楼两栋建筑物的安全影响等级，由评估结果可知，残联大楼和农业综合开发办大楼的安全影响等级为Ⅰ级(非常危险)，盾构施工前及施工中必须对两栋建筑物的变形采取保护控制措施。

(2) 盾构施工引起残联大楼和农业综合开发办大楼两建筑物变形 FLAC 预测结果表明，盾构施工引起地表变形和建筑物沉降较大，地表最大沉降量为 32.02mm，基础最大沉降量为 33.34mm，均超出规范允许值 15mm，残联大楼倾斜率 1.83‰，农业综合开发办大楼倾斜率 2.53‰，倾斜率满足规范规定的 3‰的要求。盾构施工时必须采取可靠的技术方案控制建筑物沉降。

(3) 通过提高盾构机刀盘强度、控制盾构掘进方向以及注浆抬升建筑物，将残联大楼和农业综合开发办大楼两建筑物在盾构施工扰动下的安全影响等级由非常危险降为安全；研究得到建筑物注浆抬升机制，注浆抬升包括四个过程：①初始充填地层；②在建筑物周围形成止浆帷幕；③产生抬升力；④建筑物抬升，减缓沉降。提出残联大楼、农业综合开发办大楼两建筑物的注浆抬升方案及注浆措施。

(4) 采用 FLAC 计算对采取控制措施后的残联大楼和农业综合开发办大楼两建筑物盾构施工后的变形进行了预测。预测结果表明，采取控制措施后，两建筑物的变形量满足警戒值的要求。

(5) 制定了盾构施工过程中两建筑物的变形监测方案。实测表明，地表最大沉降量为 15.64mm，基础最大沉降量为 13.2mm，均在规范允许范围内，残联大楼倾斜率 1.74‰，农业综合开发办楼房倾斜率 2.33‰，均在规范允许范围 3‰内，表明提出的盾构施工引起的邻近建筑物变形控制技术合理有效。FLAC 预测的采取控制技术后的变形值与实测值基本吻合。

(6) 2014 年 3 月，西安地铁 2 号线南段开始试运行，表明采取控制措施后，盾构隧道施工可以保证建筑物的安全使用，所提出的盾构隧道施工引起邻近建筑物变形控制技术合理有效。

3. 地铁隧道施工对既有管线的变形减控技术

(1) 采用 FLAC 模拟预测了盾构施工对位于两隧道轴线间的钢筋混凝土排水管线的变形规律，并制定了现场变形监测方案。现场监测结果表明，实测沉降曲线与预测沉降曲线趋势基本一致，不同施工顺序管线产生的沉降不同，从变形曲线来看，位于隧道先施工部分的管线变形较大，而后施工处的管线变形较小。但实测沉降量小于预测沉降量，这说明本模型能较好地预测出该管线由盾构法施工引起的变形趋势。

(2) 给出了地铁 3 号线通化门—胡家庙区间隧道盾构施工对周围邻近管线的保护措施。在盾构掘进过程中，严格控制盾构掘进参数及注浆参数，盾构推力、土压力、同步注浆压力、二次补浆压力分别应该控制在 13000～15000kN、0.08～0.10MPa、0.15～0.2MPa、0.25MPa 以内；尽量减少不必要的超挖，加强监测频率，确保信息化施工。YDK31+365.965～YDK30+926.761 处 DN1200 直埋混凝土排水管采取加固保护措施后，将风险等级从 II 级降低为 V 级。

(3) 采用 FLAC 模拟了地铁暗挖对邻近管线的变形影响，预测了地铁穿越地裂缝施工后管线的变形趋势，并提出地铁隧道下穿 f_4 地裂缝的施工技术措施。

(4) 对地铁 3 号线通化门—胡家庙区间隧道提出了暗挖施工对周围邻近管线的保护措施。加强超前支护，注浆加固土体，及时进行初支及时背后注浆，保证初衬及二衬与地层间密贴，减少地层变形；采用精密仪器对管线位移进行监测，并根据监测数据及时加密监测频率。采取加固保护措施后，YDK31+436.465～YDK31+654.698 处 DN800 直埋混凝土排水管的风险等级将从 I 级降低为 V 级。

(5) 以通化门—胡家庙区间 YDK31+365.965～YDK31+428.965 段为工程背景，验证了暗挖施工对平行于隧道的刚性接口管线影响的理论预测公式。实践表明，理论预测公式计算结果与实际相符。

(6) 2013 年 11 月 15 号，通化门—胡家庙区间起讫里程 YDK31+365.965～YDK30+ 926.761 及 YDK31+365.965～YDK31+428.965 段施工已顺利完成，整个施工过程中管线安全。实践表明，管线保护措施合理有效。

参 考 文 献

[1] Lee K M, Ji H W, Shen C K, et al. Ground response to the construction of Shanghai Metro Tunnel-Line 2[J]. Soils and Foundations, 1999, 39(3): 113-134.

[2] Mair R J, Taylor R N, Bracegirdle A. Subsurface settlement profiles above tunnels in clays[J]. Géotechnique, 1993, 43(2): 361-362.

[3] 侯学渊, 廖少明. 盾构隧道沉降预估[J]. 地下工程与隧道, 1993, 3(4): 24-32.

[4] 刘建航. 上海地铁 1 号线地下工程的技术概要[J]. 地下工程与隧道, 1995, 3: 2-8.

[5] Sagaseta C. Analysis of undrained soil deformation due to ground loss[J]. Géotechnique, 1987, 37(3): 301-320.

[6] Loganathan N, Poulos H G. Analytical prediction for tunneling-induced ground movements in clays[J]. Journal of Geotechnical and Geoenvironmental Engineering, 1998, 124 (9): 846-856.

[7] Mindlin R D. Stress distribution around a tunnel[J]. Transactions of the American Society of Civil Engineers, 1940, 105(1): 1117-1140.

[8] 魏纲. 顶管工程土与结构性状的理论研究[J]. 岩石力学与工程学报, 2006, 25(7): 1512.

[9] 魏新江, 张金菊, 张世民. 盾构隧道施工引起地面最大沉降探索[J]. 岩石力学与工程学报, 2008, 29(2): 445-448.

[10] 阳军生, 刘宝琛. 挤压式盾构隧道施工引起的地表移动及变形[J]. 岩土力学, 1998, (3): 10-13.

[11] 施成华, 彭立敏, 刘宝琛. 浅埋隧道开挖对地表建筑物的影响[J]. 岩土力学与工程学报, 2004, 23 (19): 3310-3316.

[12] 陈枫, 胡志平. 盾构偏航引起的地表位移预测[J]. 岩土力学, 2004, 25(9): 1427-1431.

[13] Lee K M, Rowe R K. Finite element modelling of the three-dimensional ground deformations due to tunnelling in soft cohesive soils: Part 2—Results[J]. Computers and Geotechnics, 1990, 10(2): 111-138.

[14] 孙钧, 刘洪洲. 交叠隧道盾构法施工土体变形的三维数值模拟[J]. 同济大学学报(自然科学版), 2002, 30(4): 379-385.

[15] 朱合华, 丁文其. 地下结构施工过程的动态仿真模拟分析[J]. 岩石力学与工程学报,1999, 18(5): 558-562.

[16] 郭建峰, 郑金雷, 李卫娟, 等. 浅埋暗挖地铁大断面隧道施工引起的地层变形特性[J]. 铁道建筑, 2018, 58(5): 74-76.

[17] 王忠昶, 王海涛, 朱训国, 等. 地铁盾构双隧道施工诱发的地层变形规律分析[J]. 中国铁道科学, 2013, 34(3): 53-58.

[18] Rowe R K, Lee K M. An evaluation of simplified techniques for estimating three-dimensional undrained ground movements due to tunnelling in soft soils[J]. Canadian Geotechnical Journal, 1992, 29(1): 39-52.

[19] 马险峰, 王俊淞, 李削云, 等. 盾构隧道引起地层损失和地表沉降的离心模型试验研究[J]. 岩土工程学报, 2012, 34(5): 942-947.

[20] 吴波, 高波. 复杂条件下城市地铁隧道施工地表沉降研究[J]. 中国铁道科学, 2006, 27(6):

129-131.

[21] 易宏伟, 朱忠隆. 盾构法施工中土体扰动的静力触探试验研究[J]. 武汉城市建设学院学报, 1999, 16(2): 41-45.

[22] 曾小清, 张庆贺, 曹志远. 地铁工程双线盾构平行推进的相互作用[J]. 同济大学学报(自然科学版), 1997, 25(4): 386-389.

[23] 方从启, 孙钧. 软土地层中隧道开挖引起的地面沉降[J]. 江苏理工大学学报(自然科学版), 1999, 20(2): 5-8.

[24] 施建勇, 张静, 佘才高, 等. 隧道施工引起土体变形的半解析分析[J]. 河海大学学报(自然科学版), 2002, 30(6): 48-51.

[25] Chen L T, Poulos H G, Loganathan N. Pile responses caused by tunneling[J]. Journal of Geotechnical and Geoenvironmental Engineering, 1999, 125(3): 207-215.

[26] 曾晓清, 张一弼. 系统工程方法在隧道围岩稳定分析中的应用[J]. 地下空间, 1995, (2): 106-110, 158.

[27] 刘建航. 上海软土隧道盾构施工技术专家系统综述[J]. 地下工程与隧道, 1995, (2): 2-8.

[28] 刘宝琛. 急待深入研究的地铁建设中的岩土力学课题[J]. 铁道建筑技术, 2000, (3): 1-3.

[29] Shi J S, Ortigao J A R, Bai J L. Modular neural networks for predicting settlements during tunneling[J]. Journal of Geotechnical Land Geoenvironmental Engineering, 1998, 124(5): 389-395.

[30] 孙钧, 袁金荣. 盾构施工扰动与地层移动及其智能神经网络预测[J]. 岩土工程学报, 2001, 23(3): 261-267.

[31] 王穗辉, 潘国荣. 人工神经网络在隧道地表变形预测中的应用[J]. 同济大学学报(自然科学版), 2001, 29(10): 1147-1151.

[32] 安红刚, 孙钧, 胡向东, 等. 盾构法隧道施工地表变形的小样本智能预测[J]. 成都理工大学学报(自然科学版), 2005, 32(4): 362-367.

[33] Attewell P B, Yeates J, Selby A R. Soil Movements Induced by Tunnelling and Their Effects on Pipelines and Structures[M]. Glawsgow: Blackie, 1986.

[34] 吴波, 高波. 地铁区间隧道施工对近邻管线影响的三维数值模拟[J]. 岩石力学与工程学报, 2002, 21(S2): 2451-2456.

[35] 苏留锁. 地铁隧道施工扰动对地表沉降和管线变形影响的理论和方法[J]. 中华建设, 2015, 29(5): 146-147.

[36] 吴小刚, 张土乔, 张仪萍, 等. 管道埋深对管-土耦合应力的影响规律浅析[J]. 水利水电科技进展, 2003, 23(6): 4-6, 64.

[37] 吴为义, 孙宇坤, 张土乔. 盾构隧道施工对邻近地下管线影响分析[J]. 中国铁道科学, 2008, (3): 58-62.

[38] 叶跃平. 市政工程和基础工程施工中地下管线的保护[J]. 施工技术, 1996, (12): 38-39.

[39] 王霆, 刘维宁, 李兴高, 等. 地铁施工影响邻近管线的研究现状与展望[J]. 中国铁道科学, 2006, 27(6): 117-123.

[40] 吴贤国, 曾铁梅, 张立茂, 等. 地铁施工邻近管线安全风险管理研究[J]. 铁道工程学报, 2013, 9: 127-132.

[41] 毕继红, 刘伟, 江志峰. 隧道开挖对地下管线的影响分析[J]. 岩土力学, 2006, (8):

1317-1321.

[42] 王绍君. 暗挖隧道施工对平行地下管线性状影响研究[J]. 土木工程学报, 2014, 47(S2): 334-338.

[43] 高丙丽, 陈立成. 地铁隧道暗挖施工引起刚性接口管线变形的理论分析[J]. 防灾减灾工程学报, 2017, 37(2): 288-293.

[44] 高丙丽, 任建喜. 地铁施工邻近管线安全风险评估研究[J]. 现代隧道技术, 2016, 53(3): 118-123.

[45] 乔世范, 殷建华, 刘宝琛. 圆形断面隧道开挖引起的地表及岩土体的位移和变形计算研究[J]. 岩石力学与工程学报, 2008, (S2): 3611-3617.

[46] 李兴高, 王霆. 柔性管线安全评价的简便方法[J]. 岩土力学, 2008, (7): 1861-1864, 1876.

[47] 魏纲, 林雄, 金睿, 等. 双线盾构施工时邻近地下管线安全性判别[J]. 岩土力学, 2018, 39(1): 181-190.

[48] 吴波, 高波, 索晓明, 等. 城市地铁隧道施工对管线的影响研究[J]. 岩土力学, 2004, (4): 657-662.

[49] 朱叶艇, 张桓, 张子新, 等. 盾构隧道推进对邻近地下管线影响的物理模型试验研究[J]. 岩土力学, 2016, 37(S2): 151-160.

[50] 吴锋波, 金淮, 尚彦军. 城市轨道交通隧道周边地下管线变形预测研究[J]. 岩石力学与工程学报, 2013, 32(S2): 3592-3601.

[51] Skempton A W, MacDonald D H. The allowable settlements of buildings[J]. Proceedings of the Institution of Civil Engineers, 1956, 5(6): 727-768.

[52] Mair R J, Taylor R N, Burland J B. Prediction of ground movements and assessment of risk of building damage due to bored tunnelling[C]// Mair R J, Tayloy R N. Geotechnical Aspects of Underground Construction in Soft Ground. Rotterdam: A. A. Balkema, 1996: 713-718.

[53] Boone S J. Ground-movement-related building damage[J]. Journal of Geotechnical Engineering, 1996, 122(11): 886-896.

[54] Finno R J, Voss F T, Jr., Rossow E, et al. Evaluating damage potential in buildings affected by excavations[J]. Journal of Geotechnical and Geoenvironmental Engineering, 2005, 131(10): 1199-1210.

[55] Mroueh H, Shahrour I. Three-dimensional finite element analysis of the interaction between tunneling and pile foundations[J]. International Journal for Numerical and Analytical Methods in Geomechanics, 2002, 26(3): 217-230.

[56] Mroueh H, Shahrour I. A full 3-D finite element analysis of tunneling-adjacent structures interaction[J]. Computers and Geotechnics, 2003, 30(3): 245-253.

[57] 任建喜, 张引合, 冯超. 地铁隧道盾构施工引起的古城墙变形规律及其控制技术[J]. 岩土力学, 2011, 32(s1): 445-450.

[58] 雷江松. 上下重叠地铁盾构隧道施工对邻近建筑物影响及控制措施研究[J]. 铁道标准设计, 2018, 62(7): 115-119.

[59] 王长虹, 柳伟. 盾构隧道施工对地表沉降及临近建筑物的影响[J]. 地下空间与工程学报, 2011, 7(2): 354-360.

[60] 贺美德, 刘军, 乐贵平, 等. 盾构隧道近距离侧穿高层建筑的影响研究[J]. 岩石力学与工

程学报, 2010, 29(03): 603-608.

[61] 张旭辉, 邢懿, 杨平. 大盾构隧道施工对周边敏感性建筑物的影响研究[J]. 地下空间与工程学报, 2015, 11(6): 1539-1544.

[62] 姜忻良, 贾勇, 赵保建, 等. 地铁隧道施工对邻近建筑物影响的研究[J]. 岩土力学, 2008, (11): 3047-3052.

[63] 张海彦, 何平, 胡友刚, 等. 盾构隧道穿越既有混凝土桥梁结构的风险控制指标[J]. 中国铁道科学, 2014, 35(3): 47-55.

[64] 徐帮树, 丁万涛, 刘林军, 等. 复杂地铁车站施工对邻近建筑物变形影响数值分析的位移叠加法[J]. 岩土力学, 2014, 35(S2): 619-625.

[65] 宋建, 顾保廷, 樊赟赟. 地铁施工对邻近建筑物和地表变形影响的分析[J]. 工程勘察, 2014, 42(5): 6-9.

[66] 孔文涛, 何亚伯, 李祺, 等. 城市隧道施工期间既有建筑物安全性模糊综合评判[J]. 现代隧道技术, 2014, 51(1): 124-129.

[67] 于丹丹, 双晴. 地铁隧道施工邻近建筑物安全风险评价[J]. 城市轨道交通研究, 2013, 16(4): 32-37, 102.

[68] 孙曦源, 衡朝阳, 周智. 北京地铁隧道下穿砌体结构建筑物诱发基础沉降规律实测研究[J]. 土木工程学报, 2015, 48(S2): 304-308.

[69] 漆泰岳. 地铁施工引起地层和建筑物沉降特征研究[J]. 岩土工程学报, 2012, 34(7): 1283-1290.

[70] 黄龙湘, 肖志军, 聂卫平, 等. 基于统计分析隧道施工对邻近建筑物影响评估[J]. 地下空间与工程学报, 2015, 11(5): 1310-1315.

[71] 孔恒, 王梦恕. 城市地铁浅埋暗挖法隧道邻近施工理论与关键控制技术[J]. 市政技术, 2011, 29(1): 17-23, 49.

[72] 漆泰岳, 白永学, 李斌. 复杂断面地铁隧道开挖优化及对建筑物的影响[J]. 西南交通大学学报, 2012, 47(1): 68-77.

[73] Sturk R, Olsson L, Johansson J. Risk and decision analysis for large underground projects, as applied to Stockholm Ring Road Tunnels[J]. Tunnelling and Underground Space Technology, 1996, 11(2): 157-164.

[74] 黄宏伟. 隧道及地下工程建设中的风险管理研究进展[J]. 地下空间与工程学报, 2006, (1): 13-20.

[75] 吴贤国, 陈晓阳, 丁烈云, 等. 地铁隧道施工邻近建筑物安全风险等级评价[J]. 施工技术, 2011, 40(7): 78-80.

[76] Reilly J J. The management process for complex underground and tunnelling projects[J]. Tunnelling and Underground Space Technology, 2000, 15(1): 31-44.

[77] 杨小伟, 闫天俊, 倪正茂, 等. 武汉地铁越江隧道施工风险分析与控制[J]. 安全与环境工程, 2012, 19(3): 107-110.

[78] 王岩, 黄宏伟. 地铁区间隧道安全评估的层次-模糊综合评判法[J]. 地下空间, 2004, (3): 301-305, 422.

[79] 陈自海, 陈建军, 杨建辉. 基于模糊层次分析法的盾构隧道施工风险分析[J]. 地下空间与工程学报, 2013, 9(6): 1427-1432, 1464.

[80] 苏洁, 张顶立, 周正宇, 等. 地铁隧道穿越既有桥梁安全风险评估及控制[J]. 岩石力学与工程学报, 2015, 34(S1): 3188-3195.

[81] 吴贤国, 张立茂, 陈跃庆. 地铁施工邻近桥梁安全风险管理研究[J]. 铁道工程学报, 2012, 29(7): 87-92.

[82] 李兴高, 孙河川. 地铁施工环境影响定量风险指标研究[J]. 岩土力学, 2009, 30(9): 2733-2736.

[83] 李俊松, 张兴刚. 基于层次分析法的地铁区间隧道邻近公路桥的风险评估与专项设计[J]. 现代隧道技术, 2013, 50(6): 152-157.

[84] 王晶, 王鹏飞, 谭跃虎. 地铁隧道工程施工过程中风险管理研究[J]. 地下空间与工程学报, 2009, 5(2): 385-389.

[85] 郑余朝, 周贤舜, 李俊松. 盾构隧道下穿高速铁路站场安全风险评估管理方法[J]. 地下空间与工程学报, 2018, 14(2): 523-529, 557.

[86] 侯艳娟, 张顶立. 浅埋大跨隧道穿越复杂建筑物安全风险分析及评估[J]. 岩石力学与工程学报, 2007, (S2): 3718-3726.

[87] Peck R B. Deep excavations and tunnelling in soft ground[C]//Proceedings of the 7th International Conference on Soil Mechanics and Foundation Engineering. Mexico City: Mexico City Press, 1969: 225-290.

[88] O'Reilly M P, New B M. Settlement above tunnels in the United Kingdom—Their magnitude and prediction[C]. Tunnelling '82 Symposium, London: Institution of Mining and Metallurgy, 1982: 173-181.

[89] 兰继斌, 徐扬, 霍良安, 等. 模糊层次分析法权重研究[J]. 系统工程理论与实践, 2006, (9): 107-112.

[90] 孙福东, 魏凤荣. 应用 Excel 巧解模糊综合评价法[J]. 统计与决策, 2011, (23): 172-173.

[91] 张引合. 西安地铁隧道盾构施工诱发的地表沉降规律及其控制技术[D]. 西安: 西安科技大学, 2011.

[92] 龙驭球. 弹性地基梁的计算[M]. 北京: 人民教育出版社, 1981.

[93] Takagi N, Shimamura K, Nishio N. Buried pipe response to adjacent ground movements associated with tunnelling and excavations[C]//Ground Movements and Structures Proceedings of the 3rd International Conference, London: Pentech Press, 1985: 97-112.

[94] 张海波, 殷宗泽, 朱俊高. 地铁隧道盾构法施工过程中地层变位的三维有限元模拟[J]. 岩石力学与工程学报, 2005, (5): 755-760.

[95] 王霆, 刘维宁, 何海健. 地铁车站施工对邻近管线影响的三维数值模拟[J]. 北京交通大学学报, 2008, (1): 32-35.

[96] Lee C J, Wu B R, Chen H T. Tunnel stability and arching effects during tunnelling in soft clays soil[J]. Tunnelling and Underground Space Technology, 2006, 21(2): 119-132.

[97] 姜忻良, 赵志民, 李园. 隧道开挖引起土层沉降槽曲线形态的分析与计算[J]. 岩土力学, 2004, 25(10): 1542-1544.

[98] 张晓丽. 浅埋暗挖法下穿既有地铁构筑物关键技术研究与实践[D]. 北京: 北京交通大学, 2007.

[99] 侯艳娟, 张顶立, 陈峰宾. 隧道施工下穿建筑物注浆抬升机制及预测研究[J]. 岩石力学与工程学报, 2011, 30(12): 2407-2416.

[100] 易小明, 张顶立, 逄铁铮, 等. 房屋注浆抬升实践与监测分析[J]. 岩土力学, 2009, 30(12): 3776-3782.

[101] 冯旭海. 压密注浆作用机制与顶升效应关系的研究[D]. 北京: 煤炭科学研究总院, 2003.

[102] 张家明, 等. 西安地裂缝研究[M]. 西安: 西北大学出版社, 1990.

[103] 郑颖人, 刘怀恒. 弱面体(弱夹层体)力学方法——岩体力学方法[J]. 水文地质工程地质, 1981, (5): 6-12.